F
Pour le Mérite

Peter Stockert

Die Brillantenträger der deutschen Wehrmacht 1941–1945

Zeitgeschichte in Farbe

Pour le Mérite

Das Hauptbild der Titelseite zeigt Oberst Hermann Graf als Major vor einem Jagdflugzeug Me 109 G. Auf der Bilderleiste rechts sind v.o.n.u. zu sehen: SS-Oberstgruppenführer und Generaloberst der Waffen-SS Sepp Dietrich noch als SS-Obergruppenführer und General der Waffen-SS, Generalfeldmarschall Erwin Rommel noch als General der Panzertruppe und Kapitän zur See Wolfgang Lüth (Alle drei Fotos: Walter Frentz).

Vorderer Vorsatz: Die mit Brillanten besetzte Urkunde zur Verleihung des Eichenlaubes mit Schwertern und Brillanten von Hans-Ulrich Rudel.

Hinterer Vorsatz: Die Urkunden über die Verleihung des Eichenlaubes mit Schwertern an Erwin Rommel sowie die Urkunde über die Verleihung des Eichenlaubes mit Schwertern und Brillanten an Werner Mölders.

Rückseite: Generalfeldmarschall Erwin Rommel bei einer Lagebesprechung mit seinen Kommandeuren in Nordafrika im Oktober 1942 (Foto: Sammlung Bernd Peitz).

Die Abbildungen der Marschallstäbe auf den Seiten 64 und 102 sind folgendem Buch entnommen: André Stirenberg u. André Hüsken. Mythos Marschallstab: Der Marschallstab in der preußischen und deutschen Geschichte von 1852 bis 1945. Bremen, 2004.

Bibliographische Information der Deutschen Bibliothek
Die Deutsche Bibliothek verzeichnet diese Publikation in der Deutschen Nationalbibliographie; detaillierte bibliographische Daten sind im Internet unter http://dnb.ddb.de abrufbar.

ISBN 978-3-932381-59-1

Pour le Mérite – Verlag für Militärgeschichte
Postfach 52, D-24236 Selent

Gedruckt in Österreich

Einführung

Das Ritterkreuz des Eisernen Kreuzes 1939 und seine höheren Stufen

Das Ritterkreuz des Eisernen Kreuzes und seine höheren Stufen sind die wohl bekanntesten Auszeichnungen des Zweiten Weltkrieges.

Bei der Erneuerung des Eisernen Kreuzes zu Beginn des Zweiten Weltkrieges am 1. September 1939 wurde eine neue Klasseneinteilung gestiftet, die mit dem Ritterkreuz des Eisernen Kreuzes eine neuartige reichsdeutsche Tapferkeitsauszeichnung schuf. Frühere, während der Monarchie verliehene „höchste Tapferkeitsauszeichnungen", zum Beispiel für Preußen der Halsorden Pour le Mérite und das Goldene Militärverdienstkreuz, für Bayern der Militär-Max-Joseph-Orden, der Militär-Sanitäts-Orden und die Tapferkeitsmedaille, sollten dadurch ersetzt werden.

Das Eichenlaub mit Schwertern und Brillanten

Eine weitere Veränderung ergab sich aus dem Bestreben, dem gesamtdeutschen Charakter Rechnung zu tragen, den das Eiserne Kreuz schon dank der Stellung des Deutschen Kaisers als Oberbefehlshaber des deutschen Heeres im Ersten Weltkriege erlangt hatte.

Das Band, das bisher die preußischen Farben Schwarz und Weiß gezeigt hatte, erhielt jetzt einen breiten roten Mittelstreifen, um die deutschen Reichsfarben zum Ausdruck zu bringen, war doch das Eiserne Kreuz nun auch rechtlich ein Reichsorden geworden.

Für diese Stufe wählte man bei der Erneuerung am 1. September 1939 die Bezeichnung „Ritterkreuz". Das Ritterkreuz war etwas größer als das Eiserne Kreuz 1. Klasse und wurde mit schwarz-weiß-rotem Band am Halse getragen.

Es konnte an alle Angehörigen sämtlicher Waffengattungen (Heer, Luftwaffe, Kriegsmarine und Waffen-SS) ohne Unterschied des Dienstgrades – vom einfachen Soldaten bis hin zum Feldmarschall – verliehen werden.

Laut Verordnung für die Verleihung des Ritterkreuzes des Eisernen Kreuzes sollte diese für besondere persönliche Tapferkeitstaten, für entscheidende Erfolge in der Kampfführung und für hervorragende Verdienste in der Truppenführung erfolgen. Die Verleihungsvorschläge waren von den Truppenführern einzureichen und zwar über die zur Zeit der betreffenden Kampfhandlung zuständigen übergeordneten Dienststellen.

Die genaue Zahl der Verleihungen des Ritterkreuzes im Zweiten Weltkrieg ist nicht mehr exakt feststellbar.

Die nach dem Krieg gegründete Ordensgemeinschaft der Ritterkreuzträger (OdR) verzeichnet die Zahl von 7.361 Ritterkreuzen (einschließlich Verbündete und Nicht-Wehrmacht-angehörige, wie zum Beispiel Seeleute der Handelsmarine oder Volkssturmmänner).

Mit der zunehmenden Länge und Ausweitung des Krieges reichten die bei Kriegsbeginn geschaffenen Klassen des Eisernen Kreuzes bald nicht mehr aus, um alle militärischen Verdienste angemessen zu würdigen. So wurden im Verlaufe des Krieges weitere, höhere Stufen gestiftet.

Als erste höhere Stufe wurde am 3. Juni 1940 das Eichenlaub zum Ritterkreuz neu geschaffen und erstmalig am 19. Juli 1940 an Generalleutnant Eduard Dietl – den „Verteidiger von Narvik" – verliehen.

Insgesamt wurden 856 nachweisbare Eichenlaubverleihungen an Angehörige der Wehrmacht und acht an Verbündete vorgenommen.

Verleihung durch Adolf Hitler persönlich

Die Verleihung des Eichenlaubs zum Ritterkreuz hatte sich Adolf Hitler zunächst persönlich vorbehalten. Später erfolgten die Verleihungen auch auf Vorschlag der Truppenführung mit Befürwortung bis zur Ebene der Armee- und Heeresgruppenführer bzw. der Oberbefehlshaber der Luftwaffe und Kriegsmarine.

Ab der Verleihung Nummer 36 erhielten alle Beliehenen die Ehrung mit diesen Worten: „In dankbarer Würdigung Ihres heldenhaften Einsatzes im Kampf um die Zukunft unseres Volkes verleihe ich ihnen als …tem Soldaten der deutschen Wehrmacht das Eichenlaub zum Ritterkreuz des Eisernen Kreuzes."

Die ersten Verleihungen 1940/41 nahm Hitler in der Reichskanzlei und auf dem Obersalzberg vor, ab Sommer 1941 dann im Führerhauptquartier „Wolfschanze" bei Rastenburg in Ostpreußen, vom Sommer bis zum Oktober 1942 im Führerhauptquartier „Werwolf" bei Winniza/Ukraine, dann wieder in der „Wolfschanze" und vom Frühjahr bis Juli 1944 wiederum auf dem Obersalzberg.

Nach dem Anschlag am 20. Juli 1944 im Hauptquartier „Wolfschanze" nahm Hitler dort die Übergabe nur noch bis etwa August 1944 und danach nur noch sporadisch vor, zuletzt im März 1945 im Führerbunker in Berlin.

Statt dessen erfolgte die Übergabe des Eichenlaubs 1944/45 auch durch höhere Truppenführer, durch die Oberbefehlshaber von Luftwaffe und Kriegsmarine und im Herbst 1944 auch durch den Reichsführer-SS Heinrich Himmler.

Am 21. Juni 1941 wurde die neue, höhere Stufe, das Eichenlaub mit Schwertern zum Ritterkreuz des Eisernen Kreuzes an den Oberstleutnant der Luftwaffe Adolf Galland als erstem Soldaten der Wehrmacht verliehen.

Mit den Schwertern zum Eichenlaub wurden nachweisbar 147 Soldaten der deutschen Wehrmacht sowie der japanische Großadmiral Isoroku Yamamoto ausgezeichnet.

Bereits am 15. Juli 1941 wurde die nächsthöhere Stufe, das Eichenlaub mit Schwertern und Brillanten zum Ritterkreuz des Eisernen Kreuzes, an den Oberst der Luftwaffe Werner Mölders erstmalig übergeben.

Beide Neustiftungen wurden am 28. September 1941 in die Klasseneinteilung des Eisernen Kreuzes eingefügt.

Das Eichenlaub mit Schwertern und Brillanten zum Ritterkreuz des Eisernen Kreuzes wurde an 27 Angehörige der deutschen Wehrmacht aller Waffengattungen – Heer, Luftwaffe, Kriegsmarine und Waffen-SS – verliehen.

Jedem Beliehenen wurden zwei Exemplare dieser Auszeichnung ausgehändigt, und zwar eine Auszeichnung mit den echten und die zweite mit Simili-Steinen.

Bis zur Verleihung Nr. 25 an Generalmajor Theodor Tolsdorff nahm der Oberste Befehlshaber die Übergabe der Brillanten selbst vor.

Die schließlich letzte und höchste Stufe des Ritterkreuzes des Eisernen Kreuzes wurde von Hitler am 29. Dezember 1944 gestiftet: das Goldene Eichenlaub mit Schwertern und Brillanten.

Das Goldene Eichenlaub

Im Stiftungserlaß wurde zum Ausdruck gebracht, daß diese höchste Tapferkeitsauszeichnung nur zwölfmal verliehen werden soll, um „höchstbewährte Einzelkämpfer, die mit allen Stufen des Ritterkreuzes ausgezeichnet sind, vor dem deutschen Volke besonders zu ehren".

Diese höchste Stufe des Ritterkreuzes wurde nur einmal, am 1. Januar 1945, an den Oberst der Luftwaffe Hans-Ulrich Rudel verliehen und am selben Tage von Hitler persönlich überreicht.

Das am 3. Juni 1940 gestiftete Eichenlaub zum Ritterkreuz des Eisernen Kreuzes hatte einen Durchmesser von zwei Zentimetern und bestand, ähnlich dem Eichenlaub auf dem Eisernen Kreuz der Erststiftung im Jahre 1813, aus drei sich überlappenden Eichenblättern.

Es war aus 800er Silber gefertigt und wurde von Hitler in einem schwarzen, mit schwarzem Samt ausgeschlagenen Lederetui mit den Maßen 10 mal 7,8 mal 2,4 Zentimeter zusammen mit einem neuen, 4,5 Zentimeter breiten, schwarz-weiß-roten Halsband für das Ritterkreuz überreicht.

Die Verleihungsurkunden wurden von Hitler selbst – zusammen mit den Auszeichnungen – an Eichenlaubträger bis zum Herbst 1942 und an Brillantenträger bis zum Frühjahr 1944 überreicht.

Danach erhielten alle Beliehenen die Verleihungsurkunden in Form eines vorläufigen Besitzzeugnisses, welches durch den Chef des Heerespersonalamtes, später durch Heeresgruppen- und Armeebefehlshaber sowie den Oberbefehlshaber der Luftwaffe unterschrieben war.

Die offiziellen Urkunden sollten nach dem Ende des Krieges anläßlich einer großen Feier den Beliehenen überreicht werden.

Hochwertige Handwerkskunst

Die bei der Überreichung ausgehändigten Urkunden über die Verleihung des Eichenlaubs zum Ritterkreuz lagen in einer Mappe aus antikem Pergament mit aufgelegtem, streng und edel geformten Hoheitsabzeichen, das von Franz sowie Professor Hermann Wandinger entworfen und mit der Hand in Feuergold getrieben wurde.

In der vorliegenden Dokumentation werden die Träger des Eichenlaubes mit Schwertern und Brillanten zum Ritterkreuz des Eisernen Kreuzes in alphabetischer Reihenfolge erfaßt und vorgestellt.

Die biographischen Angaben beschränken sich im wesentlichen auf die militärische Laufbahn der Beliehenen bis Kriegsende sowie auf die Einsätze und Leistungen, die zur Verleihung des Ritterkreuzes und der Nachfolgestufen führten. Es liegt Autor und Verlag fern, persönliche Wertungen über einzelne Personen abzugeben, vielmehr stand allein die Frage im Vordergrund: Wer war dieser Mann, was hat er geleistet und was ist aus ihm geworden?

Literaturverzeichnis

Monographien

Alman, Karl. *Mit Eichenlaub und Schwertern*. Selent: Pour le Mérite-Verlag, 2006.

Ders. *Ritter der sieben Meere*. Rastatt: Pabel-Verlag, 1975.

Ders. *Angriff, ran, versenken*. Rastatt: Pabel-Verlag, 1975.

Ders. *Ritterkreuzträger des Afrikakorps*. 5. Aufl. Rastatt: Pabel-Verlag, 1975.

Ders. *Panzer vor*. Rastatt: Pabel-Verlag, 1966.

Ders. *Sprung in die Hölle*. Rastatt: Pabel-Verlag, 1964.

Bekker, Cajus. *Angriffshöhe 4000*. Oldenburg: Stalling-Verlag, 1964.

Ders. *Verdammte See*. Oldenburg: Stalling-Verlag, 1971.

Borchert, Klaus. *Die Generalfeldmarschälle und Großadmirale der Wehrmacht*. Wölfersheim-Berstadt: Podzun-Pallas, 1994.

Brütting, Georg. *Das waren die deutschen Stuka-Asse*. Stuttgart: Motorbuch-Verlag, 1984.

Busch, Erich. *Die Fallschirmjäger-Chronik*. Friedberg: Podzun-Pallas, 1983.

Carell, Paul. *Unternehmen Barbarossa*. Frankfurt / Berlin: Ullstein, 1963.

Ders. *Verbrannte Erde*. Frankfurt / Berlin: Ullstein, 1966.

Fraschka, Günther. *Mit Schwertern und Brillanten*. Rastatt: Pabel-Verlag, 1961.

Galland, Adolf. *Die Ersten und die Letzten*. München: Schneekluth-Verlag, 1953.

Hartmann, Ursula / Manfred Jäger. *Der Jagdflieger Erich Hartmann*. Stuttgart: Motorbuch-Verlag, 1978.

Haupt, Werner. *Endkampf im Westen*. Friedberg: Podzun-Pallas, 1979.

Ders. *Königsberg–Breslau–Wien–Berlin 1945*, Friedberg: Podzun-Pallas, 1978.

Ders. *Kriegsschauplatz Italien 1943–45*, Stuttgart: Motorbuch-Verlag, 1977.

Hagen, Hans-Peter. *Husaren des Himmels*. Rastatt: Pabel-Verlag, 1964.

Held, Werner. *Die deutschen Jagdgeschwader im Rußlandfeldzug*. Friedberg: Podzun-Pallas, 1986.

Ders. *Die deutsche Tagjagd*. Stuttgart: Motorbuch-Verlag, 1989.

Ders. *Der Jagdflieger Walter Nowotny*. Stuttgart: Motorbuch-Verlag, 1998.

Held, Werner / Ernst Obermaier. *Die deutsche Luftwaffe im Afrikafeldzug*. Stuttgart: Motorbuch-Verlag, 1981.

Heuer, Gerd. *Die deutschen Generalfeldmarschälle und Großadmirale*. Rastatt: Pabel-Verlag, 1978.

Jochim, Berthold. *Oberst Hermann Graf*. Rastatt: Pabel-Verlag, 1975.

Just, Günther. *Stuka-Oberst Hans-Ulrich Rudel*. Stuttgart: Motorbuch-Verlag, 1983.

Keilig, Wolf. *Die Generale des Heeres*. Friedberg: Podzun-Pallas, 1983.

Krätschmer, Ernst. *Die Ritterkreuzträger der Waffen-SS*. Selent: Pour le Mérite-Verlag, 2010.

Kühn, Volkmar. *Mit Rommel in der Wüste*. Stuttgart: Motorbuch-Verlag, 1975.

Kurowski, Franz. *Grenadiere, Generale, Kameraden*. Rastatt: Pabel-Verlag, 1968.

Ders. *Die Schlacht um Deutschland*, München: Heyne-Verlag, 1981.

Manteuffel, Hasso v. *Die 7. Panzerdivision*. Friedberg: Podzun-Pallas, 1975.

Mellenthin, Friedrich Wilhelm v. *Deutschlands Generale des Zweiten Weltkrieges*. Bergisch-Gladbach: Lübbe-Verlag, 1980.

Meyer, Brün. *Die Dienstaltersliste der Waffen-SS*. Osnabrück: Munin, 1987.

Moll, Otto. *Die deutschen Generalfeldmarschälle*. Rastatt: Pabel-Verlag, 1961.

Möller, Hanns. *Ran an den Feind*. Berlin: Verlag E. S. Mittler & Sohn, 1943.

Murawski, Erich. *Der deutsche Wehrmachtsbericht 1939–1945*. Boppard: Boldt-Verlag, 1962.

Obermaier, Ernst. *Die Ritterkreuzträger der Luftwaffe 1939/45*. 2 Bde. Mainz: Hoffman-Verlag, 1966 u. 1976, 1986.

Preradovich, Nikolaus v. *Die Generale der Waffen-SS*. Berg am See: Vowinckel-Verlag, 1985.

Richter, Klaus. *Die Geschichte der deutschen Kavallerie 1919–1945*. Stuttgart: Motorbuch-Verlag, 1978.

Rudel, Hans-Ulrich. *„Trotzdem"*, Preußisch Oldendorf: Schütz-Verlag, 1976.

Ders. *Mein Kriegstagebuch*. 2. Aufl. Wiesbaden u. München: Limes-Verlag, 1987.

Schaulen, Fritjof. *Die deutsche Militärelite 1939–1945 – Zeitgeschichte in Farbe*. Selent: Pour le Mérite-Verlag, 2002.

Ders. *Eichenlaubträger 1940–1945 Band I–III, Zeitgeschichte in Farbe*. Selent: Pour le Mérite-Verlag, 2004 / 05.

Scheibert, Horst. *Die Träger des Deutschen Kreuzes in Gold*. 2. Aufl. Friedberg: Podzun-Pallas, o.J.

Scherzer, Veit. *Ritterkreuzträger 1939–1945*. 2. erg. Aufl. Ranis: Scherzers Militaire-Verlag, 2007.

Ders. *Ritterkreuzträger 1939–1945, Ergänzungsband*. Ranis, 2006.

Schneider, Jost W. *Verleihung genehmigt! Eine Bild- u. Dokumentargeschichte der Ritterkreuzträger der Waffen-SS und Polizei 1940–1945*. San Jose: Bender-Publishing, 1977.

Schramm, Percy E. (Hrsg.). *Kriegstagebuch des OKW*. Bd. 1–8. München: Bernard & Graefe-Verlag, 1972.

Stahl, Friedrich. *Heereseinteilung 1939*. Friedberg: Podzun-Pallas, o.J.

Stockert, Peter. *Die Eichenlaubträger 1940–1945*. Bd. I–IX. Bad Friedrichshall: Selbstverlag, 2007 / 08.

Ders. *Die deutschen Generalfeldmarschälle und Großadmirale 1936–1945: Zeitgeschichte in Farbe*. Selent: Pour le Mérite-Verlag, 2008.

Tessin, Georg. *Verbände und Truppen der Deutschen Wehrmacht und Waffen-SS im Zweiten Weltkrieg 1939–1945*. Bd. 1–14. Frankfurt: Mittler-Verlag und Osnabrück: Biblio-Verlag, 1964 bis 1980.

Toliver, Raymond F. / Trevor J. Constable. *Holt Hartmann vom Himmel*. Stuttgart: Motorbuch-Verlag, 1989.

Dies. *Das waren die deutschen Jagdfliegerasse 1939–1945*. Stuttgart: Motorbuch-Verlag, 1972.

Vollmer, Dieter. *Stuka-As Hans-Ulrich Rudel, Biographie in Bildern*. Kiel: Arndt-Verlag, 2005.

Wübbe, Walter. *Hauptmann Hans Joachim Marseille*. Schnellbach: Bublies-Verlag, 2001.

Zeitungen und Zeitschriften

Völkischer Beobachter. Ausgabe Hamburg / Berlin, 1940–1945.

Die Wehrmacht. Herausgegeben vom OKW, Berlin, 1940–1944.

Die Kriegsmarine. Herausgegeben vom OKM, Berlin, 1940–1944.

Der Adler. Herausgegeben vom Reichsluftfahrtministerium, Berlin, 1940–1944.

Kameraden. Karlsruhe, 1975–1983, 1996–2003.

Das Ritterkreuz: Mitteilungsblatt der Ordensgemeinschaft der Ritterkreuzträger e.V. Freiburg / Köln, 1975–2009.

Der Freiwillige. Mitteilungsblatt der Soldaten der ehemaligen Waffen-SS. Osnabrück, 1965–1998.

Ritterkreuz Archiv. Ranis: Scherzers-Militaer-Verlag, 2008 / 09.

Andere Quellen

Zahlreiche Zuschriften von Mitgliedern der Traditionsverbände der ehemaligen Wehrmacht. Zuschriften, Unterlagen und Dokumente von den Brillantenträgern selbst sowie deren Angehörigen und Hinterbliebenen, Nachlaß von Helmut Dumat und Teilnachlaß von Ernst Malo, Archiv Professor Försching und diverse Akten und Unterlagen des Bundesarchivs, Abteilung Militärarchiv Freiburg.

Graf, Hermann. Fotos, Daten und Berichte an den Autor.

Manteuffel, Freifrau v. Fotos, Daten und Berichte an den Autor.

Mauss, Familie. Fotos, Daten und Berichte an den Autor.

Rudel, Ursula. Fotos, Daten und Berichte an den Autor.

Bedanken möchte ich mich ferner bei Herrn Walter Wübbe für die wertvollen Anregungen zu diesem Buch sowie bei Herrn André Hüsken für die Genehmigung zur Übernahme von Photos aus seinem Buch.

Hermann Balck

Hermann Balck wurde am 7. Dezember 1893 in Danzig-Langfuhr als Sohn des späteren Generalleutnants und Ritters des Ordens Pour le Mérite William Balck geboren.

Sein Großvater war englischer Offizier und sein Urgroßvater Offizier im Stabe von Wellingtons „King's German Legion".

Nach Beendigung seiner Schulausbildung in Thorn trat Balck am 10. April 1913 als Fahnenjunker in das Hannoversche Jägerbataillon Nr. 10 in Goslar ins Heer ein und besuchte ab 12. Februar 1914 die Kriegsschule Hannover.

Bewährung im Ersten Weltkrieg

Kurz nach Ausbruch des Ersten Weltkrieges nahm Balck als Führer eines Zuges der 2. Kompanie des Jägerbataillons 10 am Sturm auf Lüttich teil, wurde bereits wenige Tage später zum Bataillonsadjutanten ernannt und am 10. August 1914 ohne Patent zum Leutnant befördert.

Bereits im Oktober 1914 wurde er als erster Soldat seines Bataillons mit dem damals noch seltenen Eisernen Kreuz 1. Klasse und dem Bayerischen Militärverdienstorden ausgezeichnet.

Blick auf die Danziger Marienkirche, das weithin sichtbare Wahrzeichen der Stadt

Nach der Wiedergenesung von einer schweren Verwundung wurde Balck am 6. Februar 1915 zum Reserve-Jägerbataillon 22 an die Ostfront versetzt und hier am 28. Juni 1915 erneut verwundet. Am 5. Dezember 1915 wurde der junge Leutnant Führer des Jagdkommandos „Balck" bei der 5. Kavalleriedivision.

Im Verband der Division führte er hinter der russischen Front mit seinem Jagdkommando in den Rokitnosümpfen wochenlang erfolgreiche Sondereinsätze durch.

Im Herbst 1916 verlegte Balck als Führer der MG-Kompanie in seinem „alten" Goslarer Jägerbataillon 10 nach Rumänien und anschließend mit dem Deutschen Alpenkorps an die Italienfront.

Für seine außerordentliche Bewährung wurde Leutnant Hermann Balck nach der Herbstoffensive 1917 gegen Italien und den Kämpfen bei Tolmein in der 12. Isonzoschlacht mit dem Ritterkreuz des Königlichen Hausordens von Hohenzollern ausgezeichnet.

Ende April 1918 erlitt er als Führer der 4. Kompanie des Jägerbataillons 10 beim Sturm auf den Kemmelberg in Flandern seine bereits siebente Verwundung und trug nun das Verwundetenabzeichen in Gold.

Zur Verleihung des Ordens Pour le Mérite, für den Balck eingereicht war, kam es infolge des Kriegsendes nicht mehr.

Soldat in schwerer Zeit

Ab dem 25. November 1918 kehrte das Jägerbataillon 10 in seine Heimatgarnison Goslar zurück, und mit den nicht demobilisierten Resten seiner Kompanie stellte sich Balck im Dezember 1918 für den Grenzschutz Ost zur Verfügung, wo seine Einheit bald als einer der besten Freiwilligenverbände galt.

Am 1. August 1919 in das Reichswehr-Infanterieregiment 20 versetzt, wurde Balck am 25. Oktober Adjutant des Reichswehr-Jägerbataillons 10, seines „alten" Bataillons. Dieses nahm 1920 an der Niederschlagung des kommunistischen Aufstandes im Ruhrgebiet teil.

Von 1923 bis 1933 war Balck beim Reiterregiment 18 in Stuttgart-Cannstatt.

Als Major übernahm er am 15. Oktober 1935 das Radfahrbataillon 1 in Tilsit/Ostpreußen, am 12. Oktober 1937 die Radfahrabteilung 1. Hier wurde er am 1. Februar 1938 zum Oberstleutnant befördert.

General der Panzertruppe Hermann Balck noch als Generalleutnant und Kommandeur der 11. Panzerdivision

Foto: Walter Frentz

Foto: Bundesarchiv / 101I-732-0018-03 / Bauer

Generalleutnant Balck, Kommandeur der Panzergrenadierdivision „Großdeutschland", bei Vorbereitungen zum Unternehmen „Zitadelle" im Frühjahr 1943.

Ein deutscher Panzerverband stößt in die Weiten der Donsteppe vor. Vorne im Bild ein Panzerkampfwagen IV der Ausführung F2.

Am 10. November 1938 wurde Balck als Sachbearbeiter ins Oberkommando des Heeres (Inspektion der Kavallerie, dann der Motorisierten Truppen) versetzt und übernahm am 23. Oktober 1939 als Kommandeur das Schützenregiment 1 der 1. Panzerdivision, welches seinerzeit das modernste und einzige vollgepanzerte Schützenregiment des deutschen Heeres war.

Als Regimentskommandeur im Westen

Mit dem Regiment zeichnete sich Balck im Westfeldzug mehrfach aus. Er durchbrach bei Sedan die Befestigungen der verlängerten Maginot-Linie und nahm in siegreichen Verfolgungskämpfen mehrere tausend Mann gefangen.

An der Aisne brach er mit seinen Schützen durch die Front, rollte die feindlichen Stellungen in den Vogesen auf und nahm die Festung Belfort im Handstreich.

Am Rhein-Marne-Kanal konnten außerdem Teile eines französischen Panzerregiments eingekesselt und zur Übergabe gezwungen werden.

Dafür erhielt Hermann Balck am 3. Juni 1940 als Oberstleutnant und Kommandeur des Schützenregiments 1 das Ritterkreuz. Am 1. August 1940 wurde er zum Oberst befördert.

Am 15. Dezember 1940 wurde Balck zum Kommandeur des Panzerregiments 3 der 2. Panzerdivision ernannt, mit welchem er im April 1941 am Balkanfeldzug teilnahm. Mit diesem Regiment brach er durch die Metaxas-Linie, stieß weiter durch das Tempetal bis Mittelgriechenland vor und drang in Saloniki und Athen ein.

Am 15. Mai 1941 wurde Balck zum Kommandeur der 2. Panzerbrigade ernannt, doch bald darauf ins Oberkommando des Heeres (OKH) zum Chef der Heeresrüstung und Befehlshabers des Ersatzheeres kommandiert. Wenig später erfolgte seine Versetzung in die Führerreserve des OKH mit dem Sonderauftrag: Bereinigung der chaotischen Kraftfahrzeuglage des Heeres mit allen Vollmachten.

Während dieser Zeit fiel auch sein Sohn Friedrich-Wilhelm als Offizier im Kradschützenbataillon seiner alten 1. Panzerdivision an der Ostfront.

Am 1. November 1941 erfolgte seine Ernennung zum „General für Schnelle Truppen" beim OKH, ehe er ab 16. Mai 1942 mit der Führung der 11. Panzerdivision an der Ostfront beauftragt wurde.

Am 1. August 1942 erfolgte – unter gleichzeitiger Beförderung zum Generalmajor – seine Ernennung zum Kommandeur der 11. Panzerdivision, mit der er sich in der Abwehrschlacht im Frontbogen von Suchinitschi östlich von Smolensk bewährte. So schoß die Division an einem einzigen Tag 91 Panzer ab und zerschlug damit die Bereitstellungen für eine Gegenoffensive der Sowjets.

Kurz nachdem im November 1942 die Sowjets im Großen Don-Bogen eingebrochen waren, wurden Gegenmaßnahmen eingeleitet. Dazu mußte die 11. Panzerdivision sofort per Bahntransport in die Kalmückensteppe – Zielbahnhof Millerowo – verlegt werden. Gleich nach dem Ausladen erlebten die Angehörigen der Division das übernervöse, ja ängstliche Verhalten der dort befindlichen 8. italienischen Armee.

Kein Wunder, daß sich daraufhin Generalmajor Balck zu dem Ausspruch hinreißen ließ: „Gott schütze uns vor unseren Verbündeten! Mit unseren Gegnern werden wir schon allein fertig!"

Die 11. Panzerdivision kämpfte sich bis auf wenige Kilometer an den Kessel heran, eroberte den Feldflugplatz Tazinskaja zurück und wurde hier zum Wellenbrecher der sowjetischen Durchbrüche.

Im Byrstraja-Abschnitt und am Tschir trug die Division dann wesentlich zum Stabilisieren der Abwehrfront bei und schoß bei nur 16 eigenen Verlusten über 220 Feindpanzer ab.

Maßgeblichen Anteil hatte Balck auch an der erfolgreichen Abwehr feindlicher Angriffe im Don-Bogen. Selbst in vorderster Linie führend und sich rücksichtslos einsetzend, warf er die sowjetischen Verbände zurück, so daß sie ihre Absicht, weiter durchzustoßen, aufgaben. Für ihre Erfolge beim Entsatzangriff auf Stalingrad wurde die 11. Panzerdivision am 20. Dezember 1942 im Wehrmachtbericht genannt.

Hermann Balck erhielt am 20. Dezember 1942 als Generalmajor und Kommandeur der 11. Panzerdivision das 155. Eichenlaub zum Ritterkreuz.

Am 21. Januar 1943 wurde er zum Generalleutnant befördert.

Mit seiner Division bewährte er sich auch weiterhin in den schweren Abwehrkämpfen des Winters 1942/43. Bereits im Februar 1943 nahm sie nach der Abwehrschlacht vor Rostow erneut an einer Gegenoffensive gegen die Woroneschfront teil.

Vernichtung überlegener Feindkräfte

Durch hervorragend geplante und geführte Angriffe konnten die deutschen Verbände die zehnmal stärkere sowjetische Panzerarmee des Generalleutnants Markian M. Popow überflügeln, einkesseln und schließlich völlig vernichten.

Für die Zerschlagung der sowjetischen Stoßarmee „Popow" und die dabei erzielten außerordentlich hohen Panzerabschüsse erhielt Hermann Balck am 4. März 1943 als Generalleutnant und Kommandeur der 11. Panzerdivision das 25. Eichenlaub mit Schwertern zum Ritterkreuz des Eisernen Kreuzes.

Im März 1943 in die Führerreserve des Heeres versetzt, wurde Balck noch auf der Heimreise mit der Führung der Panzergrenadierdivision „Großdeutschland" beauftragt, die er bis zum 30. Juni 1943 führte.

Im Juli nahm er an der Spitze seiner alten 11. Panzerdivision im Verband des XXXXVIII. Panzerkorps am Unternehmen „Zitadelle" teil. Bereits Ende Juli 1943 mußte Balck seine Division erneut abgeben und führte ab 2. September 1943 vertretungsweise das XIV. Panzerkorps bei Salerno in

Italien. Dort stand Balck in schwersten Abwehrschlachten gegen die gelandeten Alliierten im Raum Neapel und Salerno.

Flugunfall und Lazarettaufentalt

Zum Ungemach kam Unglück: Der Fieseler „Storch", der Balck am 5. September zu einer Inspektion bringen sollte, überschlug sich beim Start und prallte gegen einen Baum. Dabei brach sich Balck mehrere Rippen, mußte ins Lazarett und wurde schließlich erneut in die Führerreserve des OKH versetzt. Von dort wurde Balck am 12. November 1943 – unter gleichzeitiger Beförderung zum General der Panzertruppe – zum Kommandierenden General des XXXX. und kurz darauf auch des XXXXVIII. Panzerkorps an der Ostfront ernannt.

Mit dem Korps gelang ihm nach schwersten Kämpfen die Rückeroberung von Schitomir, wobei die Sowjets über 600 Panzer verloren. Danach folgten weitere schwere Schlachten bei Kiew, Berditschew und Brussilow, wobei zwei sowjetische Armeen zerschlagen wurden.

Im Frühjahr 1944 stand Balck mit seinem Korps im Kampfraum Tarnopol in Galizien sowie im Gebiet um Kowel im Einsatz. Bei Radomsyl kesselten seine Verbände nach schweren Kämpfen vier sowjetische Divisionen ein und rieben sie völlig auf. Nach Beginn der sowjetischen Sommeroffensive am 22. Juni 1944 und schweren Abwehrkämpfen wurde Balck Ende Juli 1944 als Nachfolger von Generaloberst Josef Harpe mit der Führung der 4. Panzerarmee beauftragt.

Brillanten für Hermann Balck

Als die Sowjets in Galizien durchbrachen, stellte sich Balck mit der Armee bei Baranow und Brody dagegen und stoppte den Gegner, warf ihn weit über dessen Ausgangsstellungen zurück und brachte ihm abermals, durch die Zerschlagung seiner Durchbruchsverbände, hohe Verluste bei.

Dafür erhielt Hermann Balck am 31. August 1944 als General der Panzertruppe und Führer der 4. Panzerarmee das 19. Eichenlaub mit Schwertern und Brillanten zum Ritterkreuz des Eisernen Kreuzes.

Am 9. September 1944 wurde ergänzend zum Wehrmachtbericht gemeldet: „Im Weichselbrückenkopf, westlich Baranow, haben die unter dem Oberbefehl des Generals der Panzertruppe Balck und dem Befehl der Generale der Panzertruppe Breith und Gräser sowie des Generals der Infanterie Recknagel stehenden Truppen im vergangenen Monat den Durchbruch massierter sowjetischer Kräfte vereitelt und den feindlichen Brückenkopf durch erfolgreiche Gegenangriffe eingeengt. Der Feind erlitt schwere Verluste an Menschen und Material.

Vom 3. August bis 7. September wurden 650 Panzer und Sturmgeschütze, 942 Geschütze aller Kaliber vernichtet oder erbeutet und 3.000 Gefangene eingebracht.

Panzerkampfwagen III, vorn im Bild in der Ausführung F, bei einem Technischen Halt an der Ostfront. Um die Fahrzeuge in dieser Marschpause zu überprüfen, sind die Kettenabdeckungen im vorderen Bereich hochgeklappt, einige Soldaten tragen den als Arbeitsanzug vorgesehenen grünen Drillichanzug.

Fliegende Verbände und Flakeinheiten einer Luftflotte unter Führung von Generaloberst Ritter von Greim vernichteten 80 weitere Sowjetpanzer, 156 Geschütze sowie über 1.000 Fahrzeuge aller Art und schossen 374 Flugzeuge ab."

Am 21. September 1944 wurde Balck zum Oberbefehlshaber der Armeegruppe G, der späteren Heeresgruppe G, an der Westfront ernannt. Hier leisteten seine Verbände den materialmäßig weit überlegenen Amerikanern im Raum Metz–Belfort in Ostfrankreich zähen Widerstand und brachten den Vormarsch wiederholt ins Stocken.

So ließ er zum Beispiel seine Pioniere entlang der Hauptkampflinie tausende Metallstäbe in den Boden rammen, um großangelegte Minenfelder vorzutäuschen.

Letzte Erfolge im Südosten

Da er aber im Führerhauptquartier für die Rücknahme der 19. Armee hinter den Rhein eintrat, wurde er abgelöst. Doch ab 23. Dezember 1944 erhielt Balck erneut ein Kommando und wurde zum Oberbefehlshaber des Armeeoberkommandos 6 in Ungarn ernannt, wo er die 6. deutsche sowie die ungarische 1. und 3. Armee führte. Nach schweren Kämpfen um Budapest und den folgenden Absetzbewegungen in Richtung Westen, bei denen ostwärts Graz und südlich des Semmerings am 16. April 1945 noch einmal fünf sowjetische Divisionen eingeschlossen und vernichtet werden konnten, übergab er bei der Kapitulation seine Truppen in der Steiermark komplett an die Amerikaner.

Nach seiner Entlassung aus der Kriegsgefangenschaft 1947 arbeitete Balck als Lagerarbeiter, wurde 1948 verhaftet und von einem Stuttgarter Schwurgericht zu drei Jahren Gefängnis verurteilt, von denen er 18 Monate abzusitzen hatte.

Der Grund: Hermann Balck hatte im November 1944 den Artilleriekommandeur Oberstleutnant Johann Schottke erschießen lassen, da dieser sich völlig betrunken in seinem Bunker aufhielt und sich nicht mehr an die Stellungen seiner eigenen Geschütze erinnern konnte. Gerade zu dieser Zeit fand ein Großangriff alliierter Verbände statt. Die Erschießung fand ohne ein Standgerichtsurteil statt.

Nach seiner Entlassung machte sich Balck als Wirtschafts- und Betriebsberater selbständig. Danach weilte er längere Zeit in Afrika, durchquerte zusammen mit seiner Frau in einem Volkswagen die Wüste Kalahari, betrieb Studien und hielt Vorträge in Deutschland und den USA. Dort durchschwamm er mit 80 Jahren noch den Wisconsin River.

Am 29. November 1982 verstarb Hermann Balck – als letzter Träger der Brillanten der Teilstreitkraft Heer – in Erbenbach-Rockenau und wurde am 3. Dezember 1982 in Asperg bei Ludwigsburg/Württemberg mit militärischem Ehrengeleit zu Grabe getragen.

Albrecht Brandi

Albrecht Brandi wurde am 20. Juni 1914 in Dortmund als Sohn eines Bergwerkdirektors geboren.

Nach dem Abitur trat Brandi am 1. April 1935 als Seeoffizieranwärter in die Kriegsmarine ein, besuchte vom Juni 1936 bis zum März 1937 die Marineschule Flensburg-Mürwik und machte als Seekadett seine große Auslandsreise auf dem Kreuzer „Karlsruhe".

Im Oktober 1937 wurde er – als Oberfähnrich – Wachoffizier auf dem Minensuchboot M 125 unter Robert-Richard Zapp (Ritterkreuz am 23. April 1942 als Kommandant von U 66), avancierte am 1. Januar 1938 zum Leutnant z.S. und fuhr bei Kriegsbeginn 1939 auf dem Minensuchboot M 1 unter Hans Bartels (Ritterkreuz am 16. Mai 1940 als Kommandant von M 1).

Auf diesem Boot nahm Brandi im September 1939 dann auch an der Beschießung der Westerplatte zusammen mit dem Linienschiff „Schleswig-Holstein" teil. Am 1. Oktober 1939 erfolgte die Beförderung zum Oberleutnant z.S.

In dieser Zeit bewarb sich Brandi erstmals bei der U-Bootwaffe, wurde aber abgelehnt, nahm im April 1940 am Unternehmen Weserübung teil und erhielt das Eiserne Kreuz 2. Klasse.

Am 25. Mai 1940 wurde Brandi zum Kommandanten des Minensuchbootes M 1 ernannt, nachdem Bartels Kommandeur des „Hafenschutzverbandes Bergen" wurde.

Wechsel zur U-Bootwaffe

Im April 1941 kam Brandi doch zur U-Bootwaffe, wurde nach seiner Ausbildung in Neustadt/Holstein Kommandantenschüler auf U 552, dem Boot von Ritterkreuzträger Erich Topp, und lief mit diesem im Dezember 1941 zu seiner „Konfirmanden"-Fahrt aus, die er so leicht nicht vergessen sollte. Sie führte von St. Nazaire/Bretagne quer über den Atlantik bis vor die Küste Neufundlands. Am 15. Januar 1942 gelang es Topp, den britischen Dampfer „Dayrose" (4.113 BRT) zu versenken. Bereits zwei Tage später hatte U 552 ein weiteres feindliches Frachtschiff im Visier. Doch die Torpedos trafen nicht. Dafür eröffneten zwei begleitende Zerstörer das Feuer auf das deutsche U-Boot. Es entkam nur knapp.

Nach der Einnahme durch deutsche Truppen weht im September 1939 auf der Westerplatte die Reichskriegsflagge.

Fregattenkapitän Albrecht Brandi noch als Kapitänleutnant und Kommandant von U 617, im Frühjahr 1943

Foto: Walter Frentz

Das war die Feuertaufe für den jungen Kommandantenschüler Brandi.

Am 18. Januar versenkte U 552 den US-amerikanischen Frachter „Frances Salman" (2.609 BRT) und auf dem Rückweg das griechische Schiff „Maro" (3.838 BRT). Da zu diesem Zeitpunkt bereits alle Torpedos verschossen waren, feuerte U 552 volle 126 Salven mit dem 8,8 cm-Geschütz auf den Dampfer, bis er in den eiskalten Fluten des Nordatlantiks versank. U 552 mit dem roten Teufel als Emblem auf dem Turm wurde mit 32 Abschüssen zum gefürchtetsten U-Boot vor der amerikanischen Küste. Kommandant Erich Topp erhielt für seine Erfolge 1942 das Eichenlaub mit Schwertern.

Erste Kommandantentätigkeit

Auch das stürmische Wetter und etliche technische Probleme konnten den „Konfirmanden" nicht erschüttern. Mit seinem unverwüstlichen Humor meldete er sich jeden Morgen als: „...Obermatrose Brandi zur Stelle!"

Am 9. April 1942 stellte Brandi bei Blohm & Voss in Hamburg sein eigenes Boot als Kommandant in Dienst: U 617 – ein Boot vom bewährten Typ VIIC.

Von April bis August 1942 folgten mit diesem Boot im Rahmen der 5. U-Flottille Einfahr- und Abnahmefahrten in der Nordsee, bevor es am 29. August 1942 unter Brandi von Kiel zur ersten Feindfahrt in den Nordatlantik auslief. Dort erzielte der junge Kommandant trotz schwerer Stürme Versenkungen.

Am 1. Oktober 1942 erfolgte – noch während der Feindfahrt – seine Beförderung zum Kapitänleutnant. Wenige Tage später lief U 617 wieder in St. Nazaire ein. Die Bilanz von Brandis erster Feindfahrt: Vier Dampfer mit 20.122 BRT versenkt, zwei Dampfer mit 8.000 BRT torpediert.

Die Premiere war geglückt, doch die Bewährungsprobe für U 617 sollte erst noch kommen. Am 2. November 1942 lief Brandi mit U 617 zur zweiten Feindfahrt aus und erhielt kurz darauf den Befehl, durch die Straße von Gibraltar zu stoßen und im Mittelmeer zu operieren. Am 8. November durchbrach er mit U 617 getaucht die Straße von Gibraltar. Am gleichen Tage hatten die alliierten Landungen bei Oran, Casablanca und Algier begonnen.

Am 19. November griff Brandi einen britischen Konvoi an, wurde abgedrängt und erlebte anschließend eine vierstündige Wasserbombenverfolgung. Ein Angriff mit Wasserbomben konnte nicht nur die Nerven der Besatzung strapazieren, in den meisten Fällen wurde das U-Boot beschädigt, zum Auftauchen gezwungen oder gar zerrissen.

In solche gefährlichen Situationen setzte sich Brandi mitten unter seine Männer und spielte mit einem Überschlagpüppchen. Immer wieder kippte

Aus der Hand von Vizeadmiral Erich Förste, Admiral Ägäis, erhält Kapitänleutnant Albrecht Brandi am 21. Januar 1943 das Ritterkreuz. Brandi trägt auf der linken Brustseite unter dem Eisernen Kreuz 1. Klasse das Kriegsabzeichen für Minensuch-, U-Bootjagd- und Sicherungsverbände sowie das U-Bootkriegsabzeichen.

das Figürchen über die kleine Holzstange. Einmal links herum, das andere mal rechts herum. Die Männer starrten auf ihren Kommandanten – er war nicht aus der Ruhe zu bringen. Und wann immer Wasserbomben fielen, ließ Brandi das Püppchen tanzen. Nach überstandenem Angriff pflegte er dann zu sagen: „Na, das war's!", legte die Puppe an ihren Liegeplatz und ging wieder zum Dienst über.

Verwegene Einsätze

Am 28. November 1942 lief er mit U 617 im neu errichteten Stützpunkt La Spezia / Italien ein. Der Kampfraum Mittelmeer war für die deutschen U-Boote ein ausgesprochen schwieriges Einsatzgebiet, und die hier erzielten Erfolge wogen deshalb in der Bewertung höher.

In verwegenen und todesmutigen Einsätzen, unter schwierigsten Bedingungen und gegen eine fast perfekte Feindabwehr erzielte Brandi dort trotzdem einzigartige Erfolge. Seine Männer vertrauten ihm, ließen sich von seiner ausstrahlenden Ruhe anstecken und nannten ihn „Cherry Brandi".

Am 21. Dezember 1942 lief U 617 von La Spezia zur dritten Feindfahrt aus. Operationsgebiet war das Mittelmeer mit der Cyrenaika-Küste. Dort versenkte das U-Boot drei feindliche Schiffe.

Am 21. Januar 1943 erhielt Albrecht Brandi als Kapitänleutnant und Kommandant von U 617 das Ritterkreuz.

Als Brandi am 27. Januar 1943 mit U 617 von Salamis aus zur vierten Feindfahrt auslief, wurde ihm diese fast zum Verhängnis. Ein britisches U-Boot hatte ihm vor der deutschen Minensperre aufgelauert. Mit allen Mitteln versuchten beide Kommandanten, nun zum Schuß zu kommen. Drei Stunden lang umlauerten sich die beiden Boote. Brandi brach das Duell schließlich ab und ging auf große Tiefe, um den Weitermarsch fortzusetzen. Dabei wurde festgestellt, daß einige Geräte nicht einwandfrei funktionierten, so daß das Boot die Fahrt abbrechen und zum Stützpunkt zurückkehren mußte.

Im Stützpunkt wurde das schadhafte Gerät ersetzt, und kurz darauf lief Brandi mit dem Boot erneut aus, versenkte am 1. Februar 1943 vor Tobruk den britischen Minenkreuzer HMS „Welshmann" und lief nach zwei weiteren Abschüssen am 13. Februar in den italienischen Hafen Pola ein.

Während seiner fünften Feindfahrt erhielt Albrecht Brandi am 11. April 1943 die Mitteilung von der Verleihung des 224. Eichenlaubs zum Ritterkreuz.

Am 28. August 1943 lief Brandi mit U 617 von Toulon zu seiner siebten und letzten Feindfahrt mit diesem Boot aus, operierte im westlichen Mittelmeer, östlich von Gibraltar, vor der marokkanischen Mittelmeerküste und vor Melilla, versenkte am 6. September 1943 den britischen Zerstörer

Sechs Tage nach der Verleihung des Ritterkreuzes läuft Brandi am 27. Januar 1943 mit dem festlich geschmückten U 617 zur vierten Feindfahrt aus.

HMS „Puckeridge" und war stundenlang in der Nähe der britischen Flugzeugträger HMS „Illustrious" und HMS „Formidable", ohne jedoch eine Schußgelegenheit zu bekommen.

Sprengung von U 617

Am 12. September – eine Stunde nach Mitternacht – tauchte U 617 auf, und bereits wenig später wurde das Boot von einer britischen Vickers „Wellington" Gr.VIII mit Suchscheinwerfern erfaßt und mit sechs Wasserbomben angegriffen. Dann griff eine andere Maschine mit sechs weiteren Wasserbomben an. Das Boot wurde trotz starken Abwehrfeuers schwer beschädigt.

U 617 lief am frühen Morgen mit halber Fahrt und 400 Meter Abstand von der Küste auch noch auf einen Unterwasserfelsen vor der spanisch-marokkanischen Küste auf. Der Kommandant schickte seine Männer mit Schlauchbooten, aber auch schwimmend an Land. Das Boot wurde gesprengt, um es nicht in feindliche Hände fallen zu lassen.

Bei Tagesanbruch des 12. September 1943 lag U 617 von seiner Besatzung verlassen und gesprengt mit leichter Backbordschlagseite an der Küste. Auf dem Kampfplatz erschienen nun weitere britische Flugzeuge und attackierten das Wrack mit Bordwaffen und Raketen.

Dann kamen auch noch die britische Korvette HMS „Hyacinth", der Trawler HMS „Haarlem" sowie der australische Minenräumer HMAS

„Woolongong" heran. Die drei Kriegsschiffe veranstalteten mit ihrer Artillerie ein Scheibenschießen auf U 617, bis es vollkommen zerstört war.

Abenteuerliche Rückkehr

Albrecht Brandi hatte mit U 617 auf sieben Feindfahrten elf Schiffe mit 30.389 BRT versenkt. In der Stadt Melilla wurde die Besatzung kurzzeitig durch spanisch-marokkanische Truppen interniert und im November 1943 in Zivilkleidung nach Spanien gebracht. Erst auf der Pier des Hafens von Cadiz/Spanien sonderte sich Brandi, dessen Rolle der I. Wachoffizier (WO) Georg Gantier übernahm, unauffällig ab und stellte sich zu einer ihm zuvor bezeichneten Gruppe von Leuten. Mit ihnen fuhr er im Auto nach Madrid zum deutschen Marine-Attaché. Dort blieb er einige Tage als Gast, während für ihn ein Diplomatenpaß auf den Namen Albert Bergmann beschafft wurde. So gelangte Brandi unter abenteuerlichen Umständen wieder zurück ins Deutsche Reich.

Im Dezember 1943 übernahm Brandi als Kommandant U 380 und führte dieses auf einer erfolgreichen Feindfahrt mit 33 Seetagen im östlichen Mittelmeer. Nachdem die Torpedos verschossen waren, ging es wieder zurück in den Hafen von Toulon/Südfrankreich. Hier im Stützpunkt wurde das Boot am 11. März 1944 durch US-Fliegerbomben vernichtet.

Im April 1944 übernahm Albrecht Brandi mit U 967 sein drittes Boot und erhielt am 9. Mai 1944 für seine Leistungen als Kommandant von U 380 das 66. Eichenlaub mit Schwertern zum Ritterkreuz des Eisernen Kreuzes.

Am 8. Juni 1944 erfolgte seine Beförderung zum Korvettenkapitän. Auf der ersten Feindfahrt mit dem neuen Boot U 967 erkrankte Brandi jedoch schwer an einer eitrigen Angina. Die Grenze der menschlichen Leistungsfähigkeit war auch bei ihm erreicht. Auf höheren Befehl mußte er sein Boot abgeben. Nach einem Genesungsurlaub wurde Brandi im Juli 1944 zum Einsatzleiter der U-Boote im Finnischen Meerbusen mit Sitz in Helsinki ernannt.

Für seine überragenden Kampfleistungen im Mittelmeer erhielt Albrecht Brandi noch am 24. November 1944 als Korvettenkapitän das 22. Eichenlaub mit Schwertern und Brillanten zum Ritterkreuz des Eisernen Kreuzes.

Diese Verleihung war – nach seiner persönlichen Meinung – mehr als eine symbolische Handlung für seinen tapferen Einsatz und seine Erfolge unter schwierigsten Bedingungen zu ver-

Um für unliebsame Überraschungen gewappnet zu sein, ist auf See stete Wachsamkeit geboten. Im Bild ist die Brückenwache auf U 177, ein Boot vom Typ IX D2, im Sommer 1943 zu sehen.

Kapitänleutnant Brandi stößt mit seinen Besatzungsmitgliedern auf die Verleihung des Ritterkreuzes und die kommende Unternehmung an.

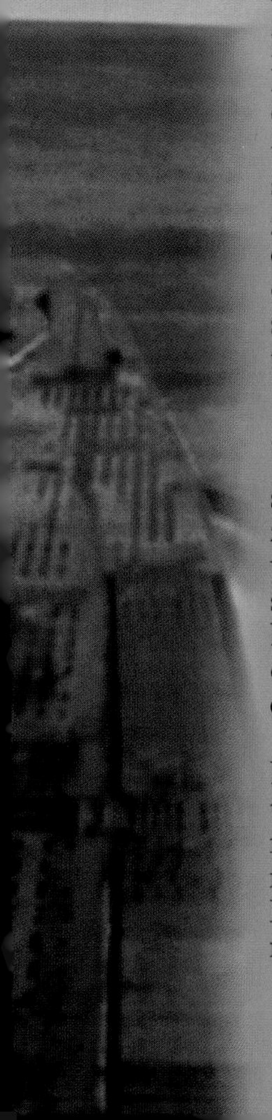

stehen, weil sie das Vertrauen der U-Bootfahrer in ihre Waffe stärkten. Brandi verdankte seine außergewöhnlichen Erfolge seinem persönlichem Mut, gepaart mit hervorragendem Geschick und einer bisher unerreichten Schießkunst. Er hatte diese Eigenschaft im Mittelmeer zu einer derartigen Vollendung entwickelt, daß er der erfolgreichste U-Boot-Kommandant dieses relativ kleinen und deshalb besonders stark überwachten Seegebietes wurde.

„Ritter ohne Furcht und Tadel"

Auf insgesamt neun Feindfahrten versenkte Albrecht Brandi mindestens zwölf Schiffe. Nach eigenen Angaben waren es weit mehr – darunter befanden sich jedoch unbestätigte Versenkungen. Dies war im Mittelmeer häufig der Fall, da die U-Boote sofort nach dem Abfeuern der Torpedos tauchen mußten.

Am 18. Dezember 1944 erfolgte die Beförderung zum Fregattenkapitän und im gleichen Monat ging Brandi nach Ijmuiden/Holland und übernahm dort im Januar 1945 als Chef die Marine-Kleinkampfverbände. Es war nicht leicht für ihn, den Männern klarzumachen, wie gering die Aussichten auf Erfolg waren. Doch diese Männer waren freiwillig gekommen. Es war selbst für das Oberkommando der Kriegsmarine eine Überraschung, daß sich noch Tausende von mutigen Männern zu den Marine-Kleinkampfverbänden meldeten. Mit den Kleinst-U-Booten „Biber" und „Seehund" wurden bei Einsätzen im Englischen Kanal und der Themsemündung immerhin kleinere Erfolge erzielt.

Bei Kriegsende im Mai 1945 geriet Brandi mit 3.000 vollausgerüsteten Männern in Holland in kanadische Kriegsgefangenschaft, aus der er bereits im September 1945 entlassen wurde.

Nun galt es auch für ihn, sich ein neues Leben aufzubauen. Als einfacher Maurer angefangen, erlernte Brandi seinen neuen Beruf als Architekt von der Pike auf. Er studierte, wurde ein erfolgreicher Architekt, und eine Reihe bekannter Gebäude seiner Vaterstadt Dortmund und in Saudi-Arabien wurden nach seinen Plänen gebaut. Ferner war er für drei Jahre Vorsitzender des „Bundes Deutscher Architekten".

Allzu früh verstarb Albrecht Brandi nach schwerer Krankheit am 6. Januar 1966 und wurde mit militärischen Ehren auf dem Dortmunder Hauptfriedhof beigesetzt, wo sein ehemaliger Crew-Kamerad, Fregattenkapitän Reinhard Suhren, ehrende Abschiedsworte sprach. Er bezeichnete den großen Seemann als „Ritter ohne Furcht und Tadel".

Josef Dietrich

Josef („Sepp") Dietrich wurde am 28. Mai 1892 in Hawangen, Kreis Memmingen/Allgäu, als ältester Sohn eines Packmeisters geboren. Nach dem Besuch der Volksschule war er zunächst als Landarbeiter tätig und wanderte dann, wie es damals üblich war, bis nach Zürich, wo er eine Lehrstelle als Hotelfachmann fand.

1911 trat Dietrich als Freiwilliger in das 4. Bayerische Feldartillerieregiment „König" in Augsburg ein, absolvierte die Unteroffizierschule und war danach zwei Jahre Ausbildungsunteroffizier für berittene Truppen.

Am 1. August 1914 rückte Dietrich mit dem Reservefeldartillerieregiment 6 in den Ersten Weltkrieg und wurde 1915 zum 7. Königlich Bayerischen Feldartillerieregiment „Prinzregent Luitpold" versetzt, wo er bis zum Herbst 1917 in der 10. Batterie diente.

Erste Panzereinsätze

Danach trat er zum Bayerischen Infanterieregiment 8 über, kam später als Unteroffizier zum Bayerischen Sturmbataillon 2, kämpfte den ganzen Krieg über in Frankreich und Italien an vorderster Front und landete 1918 schließlich als Wachtmeister bei einem der ersten deutschen Kampfwagenverbände, der mit englischen Beutetanks ausgestatteten Bayerischen Sturmpanzerkraftwagenabteilung 13.

Sein erster Panzereinsatz erfolgte am 21. März 1918 bei St. Quentin. Am 18. Juli 1918 gelangen ihm die ersten Tankabschüsse. Mehrfach verwundet und hoch ausgezeichnet – unter anderem mit beiden Eisernen Kreuzen – ging für Dietrich der Weltkrieg zu Ende.

Ende März 1919 erfolgte seine Entlassung aus der Bayerischen Armee, jedoch trat er als Wachtmeister dem Wehrregiment 1, einem Freiwilligenverband, in München bei, mit dem er im Mai 1919 an der Beseitigung der roten Räteherrschaft teilnahm. Anschließend wurde er als Oberwachtmeister und Zugführer in die Bayerische Landespolizeigruppe 1 eingestellt, in der er von 1920 bis 1927 Dienst leistete.

In den Jahren 1920 bis 1926 gehörte Dietrich dem Freikorps und dem „Bund Oberland" an.

Am 21. Mai 1921 nahm er als Angehöriger der 2. Kompanie des 1. Sturmbataillons „Teja" an den entscheidenden Kämpfen in Oberschlesien gegen die polnischen Insurgenten bei der Erstürmung des Annaberges teil.

Als überzeugt national Denkender lernte Dietrich in München Adolf Hitler kennen. Als Angehöriger eines vom „Oberland" aufgestellten Sturmbataillons beteiligte er sich auch am Marsch auf die Feldherrnhalle am 9. November 1923.

In den Jahren nach Hitlers Festungshaft übernahm Sepp Dietrich mit einer Handvoll Gleichgesinnter den Saalschutz bei Veranstaltungen der im Aufbau befindlichen Partei. Die Sturmabteilung (SA) war nicht überall und nicht immer in der Lage, die Parteiredner vor Angriffen zu schützen.

Aus kleinen Kadern, in vielen Städten langsam wachsend, formierte sich die Schutzstaffel (SS), die eine schwarze Mütze mit Totenkopf, schwarze Binder und schwarze Stiefelhosen trug.

Im Mai 1928 trat Dietrich in die Schutzstaffel ein, wurde am 1. August bereits zum Sturmbannführer ernannt und mit dem Aufbau der SS-Standarte 1 in München betraut. Außerdem betätigte er sich mit seinen Männern als Hitlers Leibwächter und begleitete ihn während der „Kampfzeit" (bis zur Regierungsübernahme 1933) auf fast allen seinen Reisen. Dietrichs Karriere ging nun steil aufwärts.

Nach der Beförderung zum Standartenführer am 18. September 1929 wurde er mit der Führung der SS-Brigade „Bayern" betraut, und am 11. Juli 1930 erfolgte – inzwischen zum SS-Oberführer befördert – seine Ernennung zum Führer der SS-Gruppe „Süd". Zudem wurde er 1930 als Abgeordneter der NSDAP in den deutschen Reichstag gewählt.

Das „SS-Wachbataillon Berlin"

Am 18. Dezember 1931 erfolgte seine Beförderung zum SS-Gruppenführer und am 1. Oktober 1932 seine Ernennung zum Führer der SS-Gruppe „Nord" in Hamburg.

Anfang Februar 1933 erhielt Dietrich von Hitler den Auftrag, eine bewaffnete, kasernierte Einheit der Schutzstaffel aufzustellen, die zunächst die Bezeichnung „SS-Wachbataillon Berlin" hatte. Im September 1933 erhielt die Truppe schließlich die Bezeichnung „Leibstandarte-SS Adolf Hitler".

Militärisch gegliedert und mit MGs ausgerüstet, sollte die „Leibstandarte" zunächst als schlagkräftige Truppe gegen die politischen Gegner der Nationalsozialisten eingesetzt werden.

Große Beachtung fand die „Leibstandarte" auch während der Olympischen Spiele 1936 in Berlin, vor allem bei den ausländischen Gästen. Wenn er mit dem Badenweiler Marsch in außer-

SS-Oberstgruppenführer und Generalleutnant der Waffen-SS Sepp Dietrich noch als SS-Obergruppenführer und General der Waffen-SS. Auf dieser Aufnahme aus dem Zeitraum 1942/43 trägt er noch die erste Version der Kragenspiegel sowie eine privat beschaffte Winterausrüstung.

Foto: Walter Frentz

Als Kommandeur der SS-Leibstandarte „Adolf Hitler" (mot.) begrüßt Sepp Dietrich (links) den Obersten Befehlshaber der Wehrmacht am 25. September 1939 während einer Frontfahrt. An diesem Tag erhält Dietrich die Wiederholungsspange zum Eisernen Kreuz 2. Klasse. Zwischen den beiden steht Hitlers Adjutant, SS-Hauptsturmführer Max Wünsche, rechts hinter Hitler ist Oberst Rudolf Schmundt, Chefadjutant der Wehrmacht beim Führer und Reichskanzler, zu sehen.

gewöhnlich exakter Haltung die Vorbeimärsche vor ausländischen Staatsmännern und Diplomaten ausführte und die Ehrenkompanien stellte, brachen die Zuschauer in brausenden Jubel aus.

Die „Leibstandarte" in den Friedensjahren

Die „Leibstandarte" wurde auf dem Exerzierplatz und im Übungsgelände von Sepp Dietrich zu einer soldatischen Einheit zusammengeschmiedet. Seinen Männern war er dabei stets Vorbild. Er sagte nicht „Herr" oder „Sie" zu ihnen, sondern „Du" und kannte die meisten mit ihrem Namen. Wenn er jemanden mit „Sie" ansprach, den er nach seiner Gewohnheit hätte duzen müssen, war das ein Alarmzeichen allererster Güte.

Der Oberbefehlshaber des Heeres, Generaloberst Werner Freiherr von Fritsch, widmete sich ab 1935 in kameradschaftlicher Weise persönlich der militärischen Weiterbildung Dietrichs zum Truppenführer – denn dieser hatte nie eine Kriegs- oder Offiziersschule besucht.

Die „Leibstandarte" nahm als motorisiertes Regiment im März 1938 am Einmarsch in Österreich teil, rollte im Oktober 1938 in das Sudetenland und im März 1939 nach Böhmen und Mähren. Haltung und Auftreten der „Leibstandarte", wie auch der anderen Einheiten der jungen SS-Verfügungstruppe, bewogen damals manchen jungen Menschen, sich freiwillig zu dieser Truppe zu melden.

Bei Kriegsbeginn im September 1939 führte Sepp Dietrich die Standarte im Polenfeldzug, wo sich diese durch ihren Angriffsschwung und ihre Standhaftigkeit in der Abwehr auszeichnete.

Im Rahmen der 4. Panzerdivision verhinderte er mit seinen Männern die Durchbruchsversuche der Polen aus Warschau und sperrte auf dem Südufer der Weichsel die Festung Modlin. Die verdiente Anerkennung fand Ausdruck durch die Verleihung der Wiederholungsspange zum Eisernen Kreuz 2. Klasse am 25. September 1939 und am 27. Oktober 1939 mit jener zum Eisernen Kreuz 1. Klasse.

Die Standarte sollte nach dem Polenfeldzug bis Kriegsende ihren Friedensstandort, die ehemalige Kadettenanstalt Berlin-Lichterfelde, niemals wiedersehen.

Ritterkreuz im Westfeldzug

Ab dem 10. Mai 1940 nahm Dietrich mit der Standarte am Westfeldzug teil. Der Vormarsch über Holland, Ostbelgien und Frankreich wurde zu einem einzigartigen Siegeszug.

Für seinen selbständigen Entschluß, in Flandern einen Brückenkopf über den Aa-Kanal zu gewinnen, erhielt Sepp Dietrich am 4. Juli 1940 als SS-Obergruppenführer und General der Waffen-SS das Ritterkreuz, welches ihm zwei Tage später von Hitler persönlich überreicht wurde. Damit war Dietrich der erste Angehörige der Waffen-SS, der so geehrt wurde.

Ab 6. April 1941 stand Dietrich mit der inzwischen verstärkten „Leibstandarte" auf dem Balkan im Einsatz. Seinen Einheiten gelang es, rund 50.000 alliierte Soldaten, darunter viele Offiziere, gefangenzunehmen.

Am 29. April 1941 endete der Kampf in Griechenland. Im Stadion von Olympia dankte Dietrich den Führern und Männern der „Leibstandarte" für ihren Einsatzwillen und gedachte der im Feldzug gefallenen und verwundeten Kameraden.

Kampf im Osten

Aus der „Leibstandarte" wurde nun eine motorisierte Infanteriedivision, mit der er am 27. Juni 1941 in den Osteinsatz rollte. Weit vorauseilend stieß die Standarte gegen den Feind vor. Cherson, Melitopol, die Industriestadt Mariupol mit ihren riesigen Stahlwerken und Werften und Taganrog sahen die Männer der „LAH" in schweren Kämpfen. Im Winter 1941/42 folgten Rostow und die Abwehrkämpfe in der Sambek-Stellung.

Für die entscheidenden Angriffserfolge der „Leibstandarte" in der Schlacht am Asowschen Meer und die Einnahme Rostows, wo zirka 100.000 Gefangene gemacht sowie 212 Panzer und 672 Geschütze erbeutet wurden, erhielt Sepp Dietrich am 31. Dezember 1941 als SS-Obergruppenführer, General der Waffen-SS und Kommandeur der SS-Division (mot.) „Leibstandarte-SS Adolf Hitler" das 41. Eichenlaub zum Ritterkreuz. Damit war er wiederum der erste Soldat der Waffen-SS, der diese hohe Auszeichnung bekam.

Anfang Juli 1942 wurde die Division nach Frankreich verladen. Im Raum Paris erfolgte die Neuaufstellung und ihre Umrüstung zur Panzerdivision. Sepp Dietrich konnte souverän entscheiden und ließ sich selbst vom Reichsführer-SS Heinrich Himmler nichts sagen, denn die beiden konnten nicht miteinander. Daher hatte sich Himmler streng davor gehütet, sich mit Dietrich irgendwie anzulegen. Auch Hitler hatte Respekt vor den Leistungen und der Persönlichkeit Sepp Dietrichs. Dafür spricht ein Vorkommnis, über das der ehemalige Ia der „Leibstandarte-SS Adolf

Am 27. März 1943 überreicht Adolf Hitler SS-Obergruppenführer und General der Waffen-SS Sepp Dietrich auf dem Obersalzberg das Eichenlaub mit Schwertern zum Ritterkreuz. Die Aufnahme zeigt Dietrich zusammen mit dem Reichsbildberichterstatter Heinrich Hoffmann nach der Verleihung auf der Terrasse des Berghofes.

Der Bildhauer Arno Breker bei der Anfertigung einer Büste Sepp Dietrichs

Hitler", SS-Obersturmbannführer Rudolf Lehmann, berichtete: „Ich hatte also Sepp Dietrich zu Hitler begleitet. Dietrich sprach Hitler auf den Gauleiter in Bayern an, der sich nach Dietrichs Meinung schlecht benehmen würde. Darauf antwortete Hitler: ‚Dietrich, davon verstehen Sie nichts.'

Sepp Dietrich nahm sein Goldenes Parteiabzeichen ab, schob es Hitler hinüber und sagte: ‚Mein Führer, dann will ich dieses Abzeichen auch nicht mehr tragen.' Hitler schob es ihm wieder zurück. Das war der Moment, da ich einsah, ich sollte besser verschwinden. Ich entschuldigte mich und ging aus dem Raum…"

Rückeroberung von Charkow

Ende Januar 1943 führte Dietrich die Division erneut an die Ostfront. In der harten Abwehr- und Angriffsschlacht zwischen Donez und Dnjepr im Februar und März 1943 erfüllte sie ihre Aufgabe in bewährter Manier: zuverlässig und schlagkräftig.

Am 14. März 1943 erhielt Sepp Dietrich für die erfolgreichen Kämpfe zwischen Donez und Dnjepr, insbesondere aber für die Wiedereinnahme von Charkow, als 26. Soldat der deutschen Wehrmacht das Eichenlaub mit Schwertern zum Ritterkreuz des Eisernen Kreuzes.

Im Juli 1943 führte Dietrich die „Leibstandarte" beim Unternehmen „Zitadelle", wobei die Division schwer angeschlagen wurde. Am 12. Juli wurde die „LAH" nach einem massierten sowjetischen Artilleriefeuerschlag von 150 Panzern vom Typ T-34 auf einer Breite von 500 Metern überrannt. Die Sowjets drangen jedoch nur einen Kilometer tief vor. Dann stellten sich ihnen die Panzer der „Leibstandarte" entgegen, und in einem erbitterten Panzerkampf verlor der Gegner über 90 Panzer. Weitere 30 Panzer wurden von den SS-Grenadieren im Nahkampf vernichtet.

Nach Abbruch der Schlacht wurde die Division nach Oberitalien in Marsch gesetzt. Dem soldatischen Geschick Dietrichs war es zu verdanken, daß im Verlauf des Ostfeldzuges seine „Leibstandarte" in mindestens sieben schweren Gefechten mit weit überlegenen sowjetischen Kräften der Vernichtung entging.

Schwere Abwehrkämpfe im Westen

Ab 27. Juli 1943 erhielt Dietrich den Auftrag zur Aufstellung des Generalkommandos des I. SS-Panzerkorps „Leibstandarte", bestehend aus der 1. SS-Panzerdivision „Leibstandarte-SS Adolf Hitler", der 12. SS-Panzerdivision „Hitlerjugend" sowie der Korpstruppen zunächst in Berlin, ab Dezember 1943 in Brüssel.

Ritterkreuzträger der Leibstandarte-SS „Adolf Hitler", Gemälde von Ernst Krause aus dem Jahr 1942. Links neben Sepp Dietrich (mit Kartenbrett) sind die Ritterkreuzträger SS-Obersturmführer Gerd Bremer und SS-Sturmbannführer Kurt Meyer (Panzermeyer) sowie – mit Fernglas – SS-Hauptsturmführer Gerd Pleiß zu sehen; rechts von Dietrich stehen SS-Obersturmbannführer Teddy Wisch, SS-Sturmbannführer Fritz Witt und SS-Hauptsturmführer Heinrich Springer.

Im Juni 1943 war Dietrich – mit Wirkung vom 20. April 1942 – zum SS-Oberstgruppenführer und Generaloberst der Waffen-SS befördert worden.

Zwei Tage nach der alliierten Landung in der Normandie stand Dietrich mit dem Generalkommando des I. SS-Panzerkorps im Einsatz und stoppte im Raum Caen mit der 12. SS-Panzerdivision „Hitlerjugend" und der 1. SS-Panzerdivision „Leibstandarte-SS Adolf Hitler" die mit stärksten Kräften vorgetragenen Angriffe und Durchbruchsversuche der britisch-kanadischen Truppen.

Ab 12. Juni 1944 übernahm er mit seinem Stab als Oberbefehlshaber die in 5. Panzerarmee umbenannte Panzergruppe West. Es gelang ihm, trotz alliierter Überlegenheit zunächst jeden Panzerdurchbruch des Gegners zu vereiteln.

Am 6. August 1944 erhielt Sepp Dietrich als SS-Oberstgruppenführer, Generaloberst der Waffen-SS und Kommandierender General des I. SS-Panzerkorps „Leibstandarte" das 16. Eichenlaub mit Schwertern und Brillanten zum Ritterkreuz des Eisernen Kreuzes.

Nach schweren Rückzugskämpfen aus Frankreich zum Westwall konnte hier mit Erfolg zur Abwehr übergegangen werden. Am 5. November 1944 wurde ihm der Oberbefehl über die neu zu bildende 6. SS-Panzerarmee übertragen.

Mit dieser nahm Dietrich ab dem 16. Dezember 1944 an der Ardennenoffensive teil. Ende Januar 1945 wurde die Armee nach Ungarn abtransportiert und stand hier bald in schweren Abwehrkämpfen am Plattensee.

Während seines Aufenthaltes auf dem Berghof Ende März 1943 hat Sepp Dietrich seinen kompletten Ordensschmuck angelegt. Im Knopfloch der rechten Brusttasche ist das Band des Ehrenzeichens vom 9. November 1923, des sogenannten Blutordens, zu erkennen. Auf der linken Brustseite trägt Dietrich unter dem Goldenen Parteiabzeichen das ehrenhalber verliehene Flugzeugführerabzeichen sowie das Kampfwagen-Erinnerungsabzeichen des Ersten Weltkrieges.

Nachkriegsschicksal

Mit den Resten der Armee kapitulierte er am 8. Mai 1945 im Raum Krems, westlich St. Pölten, vor den Amerikanern und ging in Kriegsgefangenschaft.

Im sogenannten „Malmedy-Prozeß" wurde Sepp Dietrich am 16. Juli 1946 zu lebenslanger Haft verurteilt. Es war ihm unterstellt worden, in seinem Tagesbefehl vor Beginn der Ardennenschlacht seine Truppen zu Terrorhandlungen aufgerufen zu haben.

Die Strafe wurde jedoch am 10. August 1951 auf 25 Jahre Haft abgeändert. Bereits am 22. Oktober 1955 erfolgte dann seine vorzeitige Freilassung aus Landsberg/Bayern.

Daraufhin wurde Josef Dietrich am 14. Mai 1957 auch noch von den bundesdeutschen Behörden wegen Beihilfe zum Totschlag im sogenannten „Röhm-Prozeß" zu einer Haftstrafe von einem Jahr und sechs Monaten verurteilt. Davon verbüßte er einen Teil ab 7. August 1958 erneut in Landsberg. Am 2. Februar 1959 wurde der hochdekorierte Soldat endgültig freigelassen. Danach bewährte er sich – mittlerweile 67jährig – auch im Zivilleben. Im Rahmen der HIAG setzte er sich für die alten Kameraden ein.

Nach einem bewegten Leben verstarb Josef „Sepp" Dietrich am 21. April 1966 in Ludwigsburg/Baden-Württemberg und wurde auf dem Alten Friedhof beigesetzt. An der Beerdigung nahmen 7.000 Trauergäste teil.

Adolf Galland

Adolf Galland wurde am 19. März 1912 in Westerholt, Kreis Recklinghausen/Westfalen, als zweiter von vier Söhnen des Rentmeisters und Güterdirektors des Grafen von Westerholt geboren.

Bereits 1929 legte Galland als 17jähriger die Prüfung für Gleit- und Segelflug ab und bestand im Februar 1932 am Hindenburg-Gymnasium in Buer das Abitur.

1932 bewarb er sich bei der Deutschen Verkehrsfliegerschule Braunschweig und wurde zusammen mit 18 anderen unter 4.000 Bewerbern ausgewählt.

1933 erhielt er – natürlich streng geheim – eine Jagdfliegerausbildung in Italien und ging danach als Flugzeugführer-Volontär zur Deutschen Lufthansa. Danach wurde ihm die Entscheidung nahegelegt, aktiver Offizier zu werden, und so trat er am 15. Februar 1934 als Rekrut in das Infanterieregiment 10 in Dresden ein. Nach dem Besuch der Kriegsschule wurde er bereits Ende 1934 – mit Wirkung vom 1. Oktober 1934 – zum Leutnant befördert.

Im März 1935 wurde Galland zur I. Gruppe des JG 2 „Richthofen" nach Döberitz versetzt und stürzte hier im Oktober 1935 mit einer Heinkel He 51 beim Kunstflugtraining ab. Seine Nase war deformiert, und ein Auge hatte beträchtlich an Sehkraft eingebüßt. Der Stabsarzt stellte fest: „Galland, Sie sind jetzt fliegeruntauglich!"

Sollte alles umsonst gewesen sein? Er suchte Rat bei älteren Kameraden, und schließlich war es sein Kommandeur, der zum Stabsarzt sagte: „Der Junge kann fliegen!" Und so durfte Galland wieder an den Steuerknüppel.

Einsatz im spanischen Bürgerkrieg

1936 brach in Spanien der Bürgerkrieg aus. Die iberische Halbinsel wurde zum Erprobungsplatz der Großmächte. Auch Galland meldete sich freiwillig zum kriegsmäßigen Einsatz und kam im Mai 1937 nach Spanien. Hier führte er zunächst die Stabskompanie und übernahm dann als Oberleutnant und Staffelkapitän die 3. Staffel der Jagdgruppe 88 der „Legion Condor", die mit der Heinkel He 51 ausgerüstet war. Hier war er mit seinen verwegenen Tieffliegerangriffen bahnbrechend für die gesamte spätere Entwicklung der Schlachtfliegerei.

Nach 15 Monaten wurde Galland im Mai 1938 von Werner Mölders abgelöst. Am 6. Juni 1939 erhielt Galland für seine überragenden Erfolge das Spanienkreuz in Gold mit Schwertern und Brillanten.

Ab 1. September 1939 flog Galland als Staffelkapitän in der II. Gruppe (Schlachtflieger)/Lehrgeschwader 2 mit seiner Staffel rund 50 Einsätze über Polen und wurde am 15. September 1939 mit dem EK 2. Klasse ausgezeichnet.

Jagdflieger an der Westfront

Am 1. Oktober 1939 zum Hauptmann befördert, erfolgte im April 1940 seine Rückversetzung zur Jagdwaffe. Er wurde zunächst Geschwaderadjutant des JG 27 und erzielte am 12. Mai 1940 über Belgien seine ersten drei Luftsiege im Zweiten Weltkrieg.

Innerhalb kurzer Zeit kam er auf sieben Abschüsse und erhielt dafür am 22. Mai 1940 von Generaloberst Erhard Milch das EK 1. Klasse überreicht. Bis zum 9. Juni 1940 errang er insgesamt zwölf Luftsiege.

Unerwartet wurde Galland am 10. Juni 1940 schließlich zum JG 26 „Schlageter" versetzt, übernahm hier die III. Gruppe als Kommandeur und führte sich gleich richtig ein: Am 14. Juni, dem Tag der Übernahme, schoß er zwei französische Morane-Jäger ab.

Am 18. Juli 1940 wurde Adolf Galland – außer der Reihe – zum Major befördert und erhielt nach seinem 17. Luftsieg am 29. Juli 1940 das Ritterkreuz.

Anläßlich einer Besprechung in „Karinhall", dem Wohnsitz von Reichsmarschall Hermann Göring, überreichte ihm dieser auch noch das Flugzeugführerabzeichen in Gold mit Brillanten.

Aufgrund seiner überragenden Erfolge wurde er am 22. August 1940 – im Alter von 28 Jahren – zum Kommodore des JG 26 „Schlageter" ernannt und führte dieses in der „Luftschlacht um England" und an der Kanalfront.

Nach seinem 40. Luftsieg über eine britische „Hurricane" (nördlich von Rochester über der Themsemündung) erhielt Adolf Galland am 24. September 1940 als dritter Offizier der deutschen Wehrmacht das Eichenlaub zum Ritterkreuz.

Durch seinen Mut und sein Können wurde Galland zu einem der erfolgreichsten und populärsten Jagdflieger an der Westfront und konnte trotz vielfacher Übermacht die Zahl seiner Luftsiege stetig erhöhen.

Am 1. November 1940 meldete sein Geschwader Gallands 50. Luftsieg. Aus einem großen Pulk holte er sich die „Jubiläums-Spitfire".

Generalleutnant Adolf Galland. Die Aufnahme aus dem Jahre 1942 zeigt ihn noch als Oberst. Er trägt das frisch verliehene Eichenlaub mit Schwertern und Brillanten zum Ritterkreuz des Eisernen Kreuzes.

Foto: Walter Frentz

Zwischen den Feindflügen bespricht sich der Kommodore des Jagdgeschwaders 26 „Schlageter", Oberstleutnant Adolf Galland (rechts), im Spätsommer 1941 mit dem Jagdfliegerführer 2, Oberst Joachim-Friedrich Huth.

Der 21. Juni 1941: Sommeranfang an der Kanalküste. Dieser Tag sollte für Adolf Galland – trotz dreier Abschußerfolge – ein schwarzer Tag werden. Mittags wurde ein Verband britischer „Blenheim"-Bomber – von zirka 50 Jägern begleitet – gemeldet. Hierbei gelang es Galland – aus der Überhöhung angreifend – zwei Bomber (Luftsieg Nr. 68 und 69) abzuschießen. Er selbst wurde dabei jedoch von „Spitfires" schwer getroffen und mußte notlanden.

Rettung mit dem Fallschirm

Am späten Nachmittag stand er – mit seiner zweiten Me 109 – erneut im Luftkampf mit „Spitfires". Dabei ging der 70. Gegner brennend zu Boden. Jedoch wurde auch Gallands Maschine schwer getroffen, er selbst am rechten Arm und am Kopf verwundet. Die Me 109 brannte schon, als es ihm gelang, mit äußerster Kraftanstrengung die Kabine zu verlassen und die Fallschirmleine zu ziehen.

Im Marinelazarett Hardingheim wurde er ärztlich versorgt, durfte auf dem Operationstisch seine Zigarre rauchen und konnte wenig später zu seinem Geschwader zurückkehren.

Am Abend des 21. Juni 1941 traf der Jagdfliegerführer 2, Theo Osterkamp, mit der Nachricht auf dem Geschwadergefechtsstand in Audembert ein, daß Oberstleutnant Adolf Galland nach seinem 70. Luftsieg im Westen als erster Soldat der deutschen Wehrmacht mit dem Eichenlaub mit Schwertern zum Ritterkreuz des Eisernen Kreuzes ausgezeichnet worden war. Zugleich erhielt er striktes Feindflugverbot.

Mitte des Jahres 1941 kam mit der Focke-Wulf FW 190 endlich ein neuer Jägertyp zu den Frontverbänden. Als erster Verband wurde die II. Gruppe des JG 26 mit der neuen Maschine ausgerüstet. Gallands jüngere Brüder – Wilhelm-Ferdinand, genannt „Wutz", und Paul – flogen nun ebenfalls im JG 26.

Inspekteur der Jagdflieger

Am 22. November 1941 stürzte Oberst Werner Mölders, der zum Begräbnis von Generalluftzeugmeister Ernst Udet kommen sollte, in der Nähe von Breslau tödlich ab. Adolf Hitler ordnete ein Staatsbegräbnis an. Am 28. November 1941 fand im Ehrensaal des Reichsluftfahrtministeriums der Staatsakt statt. Galland hielt zusammen mit anderen hochdekorierten Kameraden die Ehrenwache und geleitete die Lafette zum Invalidenfriedhof. Deutschland hatte einen großen Flieger und – in den Augen vieler Zeitgenossen – Kriegshelden verloren. Nach den Beisetzungsfeierlichkeiten winkte der Reichsmarschall Galland zu sich und ernannte ihn als Nachfolger von Werner Mölders zum „Inspekteur der Jagdflieger". Es fiel dem passionierten „Jäger" nicht leicht, Abschied von seinem Geschwader zu nehmen und im Alter von 29 Jahren eine solch schwere, verantwortungsvolle Aufgabe zu übernehmen.

Am 4. Dezember 1941 wurde Adolf Galland zum Oberst befördert, übernahm ab 6. Dezember 1941 die Nachfolge von Mölders und erhielt am 28. Januar 1942, nach 94 Luftsiegen und für seine Leistungen als Kommodore des JG 26 „Schlageter", das zweite Eichenlaub mit Schwertern und Brillanten zum Ritterkreuz des Eisernen Kreuzes. Er bekam es in der „Wolfschanze" bei Rastenburg/Ostpreußen aus den Händen seines Obersten Befehlshabers – Adolf Hitler – persönlich.

Eine Kuriosität am Rande: Galland erhielt die Brillanten in dreifacher Ausfertigung. Kurz nach der Verleihung stellte Göring fest, daß der Orden nicht mit Brillanten, sondern mit Splittern besetzt war. Göring, der nicht nur ein Liebhaber, sondern auch ein Kenner von schönen Dingen war, versprach, richtige Brillanten für die Auszeichnung verarbeiten zu lassen.

Bald darauf erhielt Galland in „Karinhall" von Göring die zweite Ausfertigung des Ordens. Der Reichsmarschall hatte aber zwischenzeitlich auch mit Hitler darüber gesprochen, daß die höchste deutsche Tapferkeitsauszeichnung mit besseren Brillanten versehen werden müsse. Ohne zu wissen, daß Galland von Göring bereits eine perfekte Ausführung erhalten hatte, ließ Hitler seinerseits eine weitere anfertigen und übergab sie Galland.

Kommodore Oberstleutnant Galland,
Gemälde von Leo Poeten (1889–1949)

Ende September 1940 wird Major Galland zur Entgegennahme des Eichenlaubes nach Berlin befohlen. Bei einem Gespräch in der Neuen Reichskanzlei erhält Adolf Hitler einen Eindruck von den schweren Einsätzen über England.

In der Zeit vom 11. bis 13. Februar 1942 bewies Galland beim Unternehmen „Donnerkeil" – dem Durchbruch des deutschen Flottenverbandes von Brest/Frankreich nach Osten durch den Kanal – als Organisator der Luftsicherung exakte Planung und Übersicht.

Durch engstes Zusammenwirken zwischen Kriegsmarine und Luftwaffe gelang in drei Tagen und Nächten die Verlegung eines größeren Kampfverbandes der Kriegsmarine. Durch die engste Stelle des Kanals – also direkt unter den Augen Englands – fuhren die Schlachtschiffe „Scharnhorst" und „Gneisenau" sowie der schwere Kreuzer „Prinz Eugen", geschützt durch Zerstörer, Torpedoboote, Minenräum- und Schnellboote, in die Nordsee.

Tag- und Nachtjäger bildeten pausenlos einen Luftschirm über dem Schiffsverband und wehrten im Zusammenwirken mit der Schiffsflak alle Angriffe britischer Torpedoflugzeuge und Bomber ab. Mehr als 60 britische Flugzeuge wurden dabei abgeschossen.

Erst nachdem die Operation vollständig abgeschlossen war, erfuhr die Öffentlichkeit von dem Unternehmen. Überraschung und Luftschirm hatten perfekt funktioniert.

Galland war pausenlos um „seine" Jagdflieger bemüht, setzte sich für sie ein und versuchte alles nur Mögliche, eine starke Jagdwaffe zu bilden, um den immer stärker werdenden Einflügen in das Reichsgebiet Einhalt zu gebieten.

Jüngster General der Luftwaffe

Seine Leistungen beeindruckten natürlich auch Adolf Hitler, der ihn am 19. November 1942 zum Generalmajor beförderte. Mit 30 Jahren war Galland nun der jüngste General der deutschen Luftwaffe.

Am 22. Mai 1943 flog Galland auf dem Flugplatz Lechfeld bei München den Prototyp des Düsenjägers Messerschmitt Me 262. Er war von dieser epochalen Erfindung so begeistert, daß er sagte: „Es ist, als ob ein Engel schiebt!"

Danach wollte er die Me 262 für alle Jagdgeschwader einsetzen, doch das Flugzeug war leider noch unausgereift.

Seit der Landung der Alliierten in Süditalien flogen deren Bomberverbände nunmehr auch aus dem Süden ins Reichsgebiet ein. Das Verhältnis zwischen dem „General der Jagdflieger" und dem Reichsmarschall wurde dadurch angespannter.

In einer lebhaften Diskussion im Kasino des Flugplatzes Schleißheim, zu der Göring alle Verbandsführer befohlen hatte, verlor dieser die Beherrschung und warf der Jagdwaffe Versagen und Feigheit vor. Als er dann auch noch den höchstausgezeichneten Offizieren vorwarf, „sie hätten sich über England ihre Ritterkreuze zusammengeschwindelt", war für Galland das Maß voll.

Er riß sich seine Auszeichnung vom Hals und warf sie auf den Tisch. Galland: „Eisiges Schweigen lag über dem Raum. Ich sah fest in die Augen des im wahrsten Sinne des Wortes sprachlosen Reichsmarschalls und war auf alles gefaßt. Aber es geschah nichts. Göring führte in gemäßigtem Ton seine Darlegungen zu Ende. Seit jenem Tag trug ich meine Kriegsauszeichnungen über ein halbes Jahr nicht mehr."

Mit dem Jagdverband 44 am Feind

Am 1. November 1944 zum Generalleutnant befördert, erlebte Galland das Kriegsende wieder aktiv als Jäger – in dem von ihm aufgestellten legendären Jagdverband 44, das ausschließlich aus Flieger-Assen bestand. In dieser Einheit kamen noch einmal viele Experten zusammen – Günther Lützow, Heinz Bär, Walter Schuck, Erich Rudorffer, Gerhard Barkhorn, Johannes Steinhoff – die gesamte Elite der Luftwaffe. „Das Ritterkreuz gehörte hier sozusagen zum Dienstanzug", so Galland später.

Am 26. April 1945 flog Adolf Galland seinen letzten Einsatz, wobei er verwundet wurde. In einem Lazarett in Tegernsee geriet er in US-Kriegsgefangenschaft und wurde von den Amerikanern an die Briten überstellt.

1947 wurde der berühmte Gefangene entlassen und ging als wichtiger Berater der argentinischen Luftwaffe nach Südamerika.

Anfang 1955 kehrte er nach Deutschland zurück, wurde hier ein nicht minder erfolgreicher Geschäftsmann und veröffentlichte das Buch *Die Ersten und die Letzten*, in dem er den Opfergang der deutschen Jagdwaffe schilderte, die er wesentlich mitgeprägt hatte.

Auf etwa 425 Feindflügen im Zweiten Weltkrieg und 280 Einsätzen in Spanien erzielte Adolf Galland insgesamt 104 Luftsiege, darunter vier sogenannte Viermots (viermotorige Bomber).

Sein Bruder Wilhelm-Ferdinand – kurz „Wutz" genannt – erhielt am 18. Mai 1943 nach 41 Luftsiegen, als Hauptmann und Kommandeur der II. Gruppe/JG 26 „Schlageter", das Ritterkreuz. Er fiel am 17. August 1943 bei Lüttich/Belgien als Major.

Sein zweiter Bruder Paul fiel als Leutnant, nach 17 Luftsiegen in der 8. Staffel/JG 26, am 31. Oktober 1942.

Am 9. Februar 1996 verstarb Generalleutnant a.D. Adolf Galland, als letzter Brillantenträger der deutschen Wehrmacht, in Oberwinter/Nordrhein-Westfalen.

Die Bundeswehr richtete, in Anwesenheit des Inspekteurs der Luftwaffe Generalleutnant Bernhard Mende und vieler Generale und Kommodore der Bundesluftwaffe, dem Verstorbenen eine außerordentliche und würdevolle Bestattung aus.

Am Altar standen das Ordenskissen, ausschließlich mit der höchsten Auszeichnung, sowie ein Bild des Generals mit Trauerflor, daneben der Kranz des Bundesministers für Verteidigung.

Mit dem Kommandeur des Jagdgeschwaders 3 „Udet", Major Wolfgang Ewald (links), nimmt Generalmajor Galland in seiner Funktion als General der Jagdflieger am 30. Januar 1943 an einem Festakt aus Anlaß des zehnten Jahrestages der nationalsozialistischen Regierungsübernahme im Festsaal des Reichsluftfahrtministeriums teil.

Foto: TimePix/Hugo Jäger

Herbert-Otto Gille

Herbert-Otto Gille wurde am 8. März 1897 in Bad Gandersheim/Harz als Sohn eines Fabrikbesitzers geboren.

In seiner Heimatstadt besuchte er Volksschule und Gymnasium, ehe er an Ostern 1911 mit 14 Jahren in die Königlich-Preußische Kadettenanstalt Bensberg bei Köln eintrat. Ostern 1914 vollendete er seine schulische Vorbereitung auf den Beruf eines preußischen Offiziers an der Hauptkadettenanstalt Groß-Lichterfelde bei Berlin.

Der Kriegsausbruch im August 1914 beendete die weitere Ausbildung vorzeitig, und so kam der 17-jährige am 1. September 1914 als Fähnrich zum 2. Badischen Feldartillerieregiment Nr. 30 nach Rastatt. Acht Wochen später zum Reservefeldartillerieregiment 55 der 75. Reservedivision versetzt, ging er mit diesem an die Front und wurde am 27. Januar 1915 zum Leutnant befördert. Er bewährte sich als Zug- und Batterieführer und erwarb sich beide Eisernen Kreuze.

Am 31. März 1919 wurde Gille als Oberleutnant demobilisiert, absolvierte eine landwirtschaftliche Ausbildung und war danach 15 Jahre lang als Gutsverwalter und Gutsinspektor tätig.

Eintritt in die Schutzstaffel

Im Dezember 1931 trat Gille als SS-Anwärter in die Schutzstaffel ein, diente 1932 im Stabe der 49. SS-Standarte und wurde am 20. April 1933 zum SS-Untersturmführer befördert. 1934 versah er seinen Dienst als Führer z.b.V. bei der 49. SS-Standarte und wurde danach zum II. Sturmbann dieser Standarte kommandiert. Anschließend wurde Gille mit der Führung des 1. Sturmes des III. Sturmbannes der SS-Standarte „Deutschland" beauftragt. Am 20. April 1935 erfolgte seine Beförderung zum SS-Obersturmführer. Nach seinem Aufenthalt an der Infanterieschule Döberitz wurde Gille am 9. November 1935 zum SS-Hauptsturmführer befördert. 1936 war er Führer beim Stab der SS-Standarte „Germania" in Hamburg und führte hier den II. Sturmbann. Am 15. Februar 1937 übernahm er den Befehl über das II. Bataillon der SS-Standarte „Germania" in Arolsen und wurde hier am 20. April 1937 zum SS-Sturmbannführer befördert. Im Mai 1939 gab Gille das Bataillon ab, um als erfahrener Artillerist bei der Aufstellung und Ausbildung des ersten Artillerieregiments der SS-Verfügungstruppe in Jüterbog mitzuwirken.

Als Kommandeur der I. Abteilung des Regiments nahm Gille mit dieser ab 1. September 1939 am Polenfeldzug teil und erwarb sich bereits hier die Wiederholungsspangen zu den Eisernen Kreuzen von 1914. Am 19. Oktober 1939 erfolgte seine Beförderung zum SS-Obersturmbannführer.

Kommandeur Artillerieregiment „Wiking"

Ab 10. Mai 1940 nahm Gille mit seiner Abteilung im Rahmen der SS-Verfügungsdivision – der späteren SS-Division „Das Reich" – auch erfolgreich am Westfeldzug teil. Ab 15. November 1940 oblag ihm die Aufstellung des Artillerieregiments der neuaufzustellenden SS-Division „Wiking" auf dem württembergischen Übungsplatz Heuberg. Am 30. Januar 1941 wurde er hier zum SS-Standartenführer befördert.

Der erste Kommandeur dieser neuen SS-Division, SS-Brigadeführer und Generalmajor der Waffen-SS Felix Steiner, formte hier aus dänischen, niederländischen, flämischen und norwegischen Freiwilligen sowie aus deutschen Kadern den ersten europäischen Großverband, der für eine gemeinsame Sache kämpfte.

Unter deutscher Führung und mit deutscher Kommandosprache entstand innerhalb von sechs Monaten eine voll verwendungsfähige motorisierte Division, die in den folgenden Jahren immer wieder durch ihre außerordentlichen soldatischen Leistungen von sich reden machte.

Ab 22. Juni 1941 kämpfte Gille mit seinem Regiment im Rahmen der Division „Wiking" erfolgreich im Südabschnitt der Ostfront. Vom ersten Tag an beteiligte er sich an allen schweren Kämpfen, unter anderem bei Lemberg, Tarnopol, Uman, Krynka, am Donez, an der Küste des Asowschen Meeres, im Miusbrückenkopf und bei Rostow. Am 1. Oktober 1941 erfolgte seine Beförderung zum SS-Oberführer.

In all diesen Kämpfen zeichnete sich Gille – meistens als Vorausabteilungsführer eingesetzt – immer wieder durch persönliche Tapferkeit aus und erhielt dafür am 28. Februar 1942 das Deutsche Kreuz in Gold.

Bei der großen Sommeroffensive im Juli 1942 führte Gille eine Vorausabteilung in kühnem Angriffsschwung bis in das Kubangebiet vor und ebnete damit den Weg für den Vormarsch der nachrückenden Heeresverbände. Dabei war es der Vorausabteilung gelungen, den Angriff der Division so erfolgreich vorzutragen, daß eine sowjetische Schützendivision zerschlagen, 28 Geschütze,

SS-Obergruppenführer und General der Waffen-SS Herbert-Otto Gille. Diese Aufnahme zeigt ihn noch als SS-Gruppenführer und Generalleutnant der Waffen-SS, unmittelbar nach der Verleihung der Schwerter im Februar 1944.

Foto: Walter Frentz

17 Pak und eine Flak vernichtet bzw. erbeutet und 8.283 Gefangene eingebracht werden konnten.

Dann stürmte er mit einer von ihm hervorragend geführten Kampfgruppe den erbittert verteidigten Flugplatz von Rostow.

Nach der erfolgreichen Schlacht von Jegorslykskaja, wo Teile einer sowjetischen Armee geschlagen wurden, und der Überquerung des Kuban wurde der kühne Soldat zum Ritterkreuz eingereicht.

Ritterkreuz und Divisionskommandeur

Am 8. Oktober 1942 erhielt Herbert-Otto Gille als SS-Oberführer für seine Leistungen als Kommandeur des SS-Artillerieregiments „Wiking" das Ritterkreuz und wurde am 9. November 1942 zum SS-Brigadeführer und Generalmajor der Waffen-SS befördert.

Ab 1. Mai 1943 übernahm Gille als Nachfolger von Felix Steiner die nunmehrige 5. SS-Panzergrenadierdivision „Wiking", die unter seiner Führung zu einer hochgeachteten Einheit an der Ostfront wurde.

Die Division stand zu dieser Zeit am mittleren Donez bei Isjum in schweren Stellungskämpfen und deckte im Herbst 1943 in unerschütterlicher Standfestigkeit die deutschen Absetzbewegungen westlich Charkow zum Dnjepr. So hielten beispielsweise nur 400 „Wikinger" allein bei Klenowoje eine Frontbreite von 32 Kilometern.

Bei Walki und Olchani südwestlich Charkow wurden die durchgebrochenen Sowjets immer wieder zurückgeworfen. „Wiking hält!" hieß stets die Meldung an das Korps. Bei den Kämpfen im Raum von Charkow verhinderte die Division einen Durchbruch des Gegners, der versuchte, in den Rücken der dort kämpfenden deutschen Divisionen zu kommen. Der Abwehrerfolg gelang, obwohl die Division infolge der vorangegangenen Kämpfe schon geschwächt war. Allein am 18. August 1943 wurden 84 Feindpanzer abgeschossen. Infolge der Standfestigkeit der SS-Division „Wiking" gelang es dem Gegner nicht, die großen Absetzbewegungen zu verhindern. Die Division kämpfte sich schließlich als letzte zum Dnjepr zurück.

Dafür erhielt Herbert-Otto Gille am 1. November 1943 als SS-Brigadeführer und Generalmajor der Waffen-SS und Kommandeur der 5. SS-Panzergrenadierdivision „Wiking" das 315. Eichenlaub zum Ritterkreuz und wurde am 9. November 1943 zum SS-Gruppenführer und Generalleutnant der Waffen-SS befördert.

Im Kessel von Tscherkassy

Nachdem die Division die letzte Front am Dnjepr zwischen Kanew und Tscherkassy gehalten hatte, fügte sie sich in den Kampfring um Tscherkassy ein und besetzte hier wichtige Brennpunkte.

Ab 28. Januar 1944 waren hier fünf Divisionen des Heeres, die Division „Wiking" und die von Leon Degrelle geführte SS-Sturmbrigade „Wallonien" eingeschlossen.

21 Tage lang leistete der kleine wandernde Kessel erbitterten Widerstand nach allen Seiten – trotz starker anhaltender sowjetischer Angriffe und widrigster Wetterverhältnisse. In der Nacht vom 16. zum 17. Februar 1944 begann der Ausbruch der eingeschlossenen Verbände unter Zurücklassung des gesamten schweren Materials. Nachdem der Kampfkommandant, General der Artillerie Wilhelm Stemmermann, auf dem Höhepunkt der Schlacht fiel, übernahm Gille das Kommando und führte die Reste der Truppen und alle Verwundeten aus dem Kessel heraus. Daß hier ein erneutes Stalingrad vermieden wurde, war nicht zuletzt dem von Gille unermüdlich vorgetriebenen Stoßkeil zu verdanken. 25 bis 30 Kilometer mußten kämpfend zurückgelegt werden – in ständigen schweren Nahkämpfen Mann gegen Mann. Das bedeutete die Rettung für fast 35.000 der ursprünglich rund 56.000 eingeschlossenen Soldaten. Die erfolgreiche Verteidigung des Kessels von Tscherkassy zählt daher zu den herausragenden Defensivleistungen während des gesamten Krieges.

Nachdem der Ausbruch geglückt war, wurde Herbert-Otto Gille zur Berichterstattung sofort ins Führerhauptquartier geflogen, wo ihm Hitler am 20. Februar 1944 spontan als 47. Soldaten der Wehrmacht das Eichenlaub mit Schwertern zum Ritterkreuz des Eisernen Kreuzes überreichte.

Zahlreiche weitere Kommandeure wurden ebenfalls ausgezeichnet. Hauptsturmführer Leon Degrelle, der ihn begleitet hatte, erhielt das Ritterkreuz.

Halten um jeden Preis

Die Division „Wiking" sollte nach diesen verlustreichen Kämpfen neu aufgestellt werden, doch dazu kam es erst einmal nicht. Kowel, einer der bedeutendsten Eisenbahnknotenpunkte in Weißrußland, war in Gefahr. Die Stadt war ein für die Kriegsoperationen wichtiger strategischer Punkt. Von dort aus konnten die Sowjets einen Flankenstoß gegen die ohnehin geschwächte Heeresgruppe Mitte vorbereiten.

Unmittelbar aus dem Führerhauptquartier erhielt Gille im März 1944 den Befehl, sofort eine Kampfgruppe aus seinen „Wiking"-Männern aufzustellen, nach Kowel zu marschieren und die Stadt um jeden Preis zu halten.

Ab 16. März 1944 rollten einige Kompanien der „Wikinger" in Kowel ein, die nach den Kämpfen um Tscherkassy ausgerechnet hierher zur Auffrischung verlegt worden waren. Stunden später war die Stadt eingeschlossen. Daraufhin bot Gille an, sich selbst in die belagerte Stadt einfliegen zu lassen und dort anstelle des erkrankten Kampfkommandanten Erich von dem Bach-Zelewski den Befehl zu übernehmen.

„Ich komme selbst!" antwortete Gille auf einen ihm aus Kowel zugegangenen Lagebericht. Was er dort an Kräften vorfand, war nicht gerade beeindruckend: das SS-Kavallerieregiment 17, ein Pionierbataillon, eine leichte Flak-Abteilung sowie einige Polizei- und Landesschützenkompanien ohne nennenswerte Kampferfahrung. Um den vielen Verwundeten helfen zu können, wurden Chirurgen und Verbandmaterial mit Lastenseglern eingeflogen.

Das Kampfgeschwader 55 unter Oberstleutnant Wilhelm Antrup warf trotz stärkster sowjetischer Jagd- und Flakabwehr in 255 Einsätzen rund 270 Tonnen Versorgungsgüter ab.

Von außen organisierte der bereits vielfach bewährte Standartenführer Joachim Richter die Entsatzkampfgruppe. Aus dem Reich traf als erste Einheit die 8. Kompanie des SS-Panzerregiments 5 mit 16 Panzern vom Typ „Panther" ein und kam sofort zum Einsatz.

Am 14. Tag der Belagerung, dem 30. März 1944, gelang es der 8. Kompanie unter Führung von Obersturmführer Karl Nicolussi-Leck bei starkem Schneetreiben überraschend mit sieben „Panthern" und 30 Freiwilligen der 131. Infanterie-

Eine 3-t-Zugmaschine Sd.Kfz. 11 mit angehängter leichter Feldhaubitze 18 des Artillerieregimentes der Infanteriedivision „Großdeutschland" wird im Juli 1942 im Dongebiet weiter nach vorn gezogen.

Foto: BPK Berlin / Hanns Hubmann

Der Kommandeur der 5. SS-Panzerdivision „Wiking“, SS-Brigadeführer und Generalmajor der Waffen-SS Gille. Am Hals hängt u.a. das finnische Freiheitskreuz mit Schwertern, auf der rechten Brusttasche trägt Gille das Deutsche Kreuz in Gold und auf der linken Seite neben dem Eisernen Kreuz 1. Klasse das Allgemeine Sturmabzeichen.

division auf dem Bahndamm den Umklammerungsring für kurze Zeit zu öffnen und nach Kowel einzufahren.

Mit dieser Verstärkung gelang es zunächst, weitere Tage durchzuhalten, bis es den vereinten Anstrengungen der 131. Infanteriedivision, der 4. und 5. Panzerdivision und der SS-Kampfgruppe „Richter“ gelang, den Weg nach Kowel freizukämpfen. Rund 2.000 Verwundete konnten dadurch in Sicherheit gebracht werden.

Am 6. April 1944 meldete der Wehrmachtbericht: „Die seit dem 17. März eingeschlossene Besatzung der Stadt Kowel hat unter Führung des SS-Gruppenführers und Generalleutnants der Waffen-SS Gille dem wochenlangen Ansturm weit überlegener feindlicher Kräfte mit beispielhafter Tapferkeit standgehalten. Verbände des Heeres und der Waffen-SS haben unter dem Oberbefehl des Generalobersten Weiß und unter Führung der Generale der Infanterie Hoßbach und Mattenklott nach tagelangen harten Angriffskämpfen durch die Pripjetsümpfe bei ungewöhnlichen Geländeschwierigkeiten den feindlichen Ring um Kowel gesprengt und damit ihre Kameraden aus der Umklammerung befreit. Verbände der Luftwaffe, unter ihnen auch Lastensegler, versorgten ungeachtet schwerster feindlicher Abwehr die Verteidiger der Stadt und ermöglichten dadurch ihr standhaftes Ausharren.“

Die kleine Besatzung von Kowel hatte damit die übermächtige Sturmflut der sowjetischen Offensive gebrochen. Vier sowjetischen Armeen war es nicht gelungen, die Stadt einzunehmen.

Für diese, die Front stabilisierende Bravourtat erhielt Herbert-Otto Gille am 19. April 1944 als SS-Gruppenführer und Generalleutnant der Waffen-SS und Kommandeur der 5. SS-Panzerdivision „Wiking“ das 12. Eichenlaub mit Schwertern und Brillanten zum Ritterkreuz des Eisernen Kreuzes.

Nach diesem schweren Einsatz erfolgte endlich die Neuaufstellung der Division „Wiking“ auf dem Truppenübungsplatz Heidelager im Generalgouvernement. Auch diese Aufgabe löste Gille mit großer Umsicht und Tatkraft, so daß die Division bald wieder eine Stärke von 17.368 Mann hatte.

Als Fels in den Abwehrschlachten

Am 6. August 1944 wurde Gille zum Kommandierenden General des neu gebildeten IV. SS-Panzerkorps ernannt, stand mit diesem ab Ende August 1944 in schweren Abwehrschlachten vor Warschau und wurde am 9. November 1944 zum SS-Obergruppenführer und General der Waffen-SS befördert. Die Leistungen der Verbände wurden im August und September 1944 mehrfach im Wehrmachtbericht erwähnt.

Am 2. September 1944 wurde ergänzend zum Wehrmachtbericht unter anderem folgendes gemeldet: „Bei den erfolgreichen Abwehrkämpfen nordostwärts Warschau zeichnete sich das IV. SS-Panzerkorps unter Führung des SS-Gruppenführers Gille mit den SS-Panzerdivisionen ‚Totenkopf‘ und ‚Wiking‘ und den unterstellten Heeresverbänden durch unerschütterliche Standfestigkeit und schneidig geführte Gegenstöße aus.“

Im Frühjahr 1945 kam es nochmals zu erbitterten Kämpfen in Ungarn, wobei besonders die Abwehrkämpfe um Budapest und die Offensive am Plattensee hervorzuheben sind.

Am 8. Mai 1945 geriet Gille bei Radstadt/Kärnten in US-Kriegsgefangenschaft, kam zunächst ins Gefängnis nach Salzburg und zwei Wochen später nach Augsburg, wo ihm US-Soldaten seine Kriegsauszeichnungen abnahmen.

Dann folgte für ihn ein bitterer Weg durch mehrere Lager und Gefängnisse, ehe er am 21. Mai 1948 zu seiner Familie nach Stemmen bei Hannover heimkehren konnte. Nach einer Tätigkeit als Angestellter gründete Gille eine Versandbuchhandlung und gab im November 1951 das erste Heft des *Wiking-Ruf* heraus, ein Vorläufer der späteren HIAG-Zeitschrift *Der Freiwillige*. Er setzte sich immer wieder für eine Gleichstellung der ehemaligen Angehörigen der Waffen-SS mit den Soldaten der übrigen Wehrmachtteile ein.

Am 26. Dezember 1966 erlag Herbert Otto Gille einem Herzinfarkt und wurde unter großer Beteiligung seiner ehemaligen Kameraden zur letzten Ruhestätte geleitet.

Oben: Am 20. Februar 1944 nimmt Gille im Führerhauptquartier „Wolfschanze" die Schwerter von Hitler entgegen. Links im Bild steht SS-Hauptsturmführer Léon Degrelle, der an diesem Tag mit dem Ritterkreuz ausgezeichnet wird. Rechts von Hitler sind SS-Brigadeführer und Generalmajor der Waffen-SS Hermann Fegelein, Verbindungsoffizier zwischen Adolf Hitler und dem Reichsführer-SS, und Heinrich Himmler, Reichsführer-SS, zu sehen. Unten: Der Sarg mit Gilles Leichnam wird zunächst in seinem Wohnhaus in Stemmen bei Hannover aufgestellt. Geschmückt ist der Raum mit zahlreichen Kränzen von Traditionsverbänden seiner ehemaligen Kameraden.

Gordon Gollob

Gordon Gollob wurde am 16. Juni 1912 in Wien als Sohn eines Künstlerehepaares geboren.

Sein Vater war akademischer Maler, seine Großmutter Zoe Reininghaus war eine geborene von Karajan.

Seinen englischen Vornamen erhielt er nach einem amerikanischen Freund der Familie.

Der junge Gordon wollte schon früh Ingenieur und Flieger werden. 1930 – als Oberrealschüler – baute er am ersten Schulgleiter in Tirol mit und experimentierte damit 1931 auf dem alten Flugplatz bei Innsbruck. Dann erwarb er die A- und B-Gleitflugscheine, wurde bald darauf selbst Fluglehrer, Bauprüfer und Bauleiter. Zu dieser Zeit studierte er an der Technischen Hochschule in Graz Maschinenbau.

Eintritt in das österreichische Bundesheer

Nach dem Studium trat Gollob 1933 als Artillerist in das österreichische Bundesheer ein und erhielt anschließend eine dreijährige Offiziersausbildung an der Theresianischen Militärakademie in Wiener Neustadt, an deren Ende er am 1. September 1936 zum Leutnant befördert wurde.

Am 1. September 1936 übernahm er die verantwortungsvolle Aufgabe der Schulung des Flugzeugführernachwuchses der österreichischen Luftwaffe. Nach dem Anschluß Österreichs im März 1938 wurde er in die deutsche Luftwaffe übernommen und am 1. Juni 1938 zum Oberleutnant befördert.

Wenige Monate später wurde Gollob Staffeloffizier in der I. Gruppe des Zerstörergeschwaders (ZG) 76. Als Zerstörerflieger flog er dann mit der Messerschmitt Bf 110 seine ersten Einsätze im September 1939 über Polen, erzielte dort am 5. September seinen ersten Luftsieg, zerstörte noch am gleichen Tage bei einem Tiefflugangriff auf einen polnischen Flugplatz mehrere Maschinen am Boden und erhielt dafür am 21. September das Eiserne Kreuz 2. Klasse.

Nach dem Polenfeldzug verlegte das Geschwader nach Jever zur Abwehr britischer Angriffe.

Am 18. Dezember 1939 erzielte er mit dem Abschuß eines britischen „Wellington"-Bombers über der Deutschen Bucht seinen zweiten Luftsieg.

Im April 1940 wurde Gollob Staffelkapitän der 3. Staffel des Geschwaders und nahm mit dieser am Unternehmen „Weserübung" – der Besetzung Dänemarks und Norwegens – teil. Zu diesem Zeitpunkt hatte Gollob bereits fünf Luftsiege erzielt und am 13. Juni 1940 das Eiserne Kreuz 1. Klasse erhalten.

Aufgrund eines technischen Verbesserungsvorschlages für die Messerschmitt Bf 109 an höchster Stelle aufgefallen, erhielt Gollob ab Juni 1940 ein Kommando an der Erprobungsstelle der Luftwaffe in Rechlin/Mecklenburg.

Im Oktober 1940 wechselte er endgültig zur Jagdfliegerwaffe, kam zur II. Gruppe/JG 3 an die Kanalfront und verlegte im Sommer 1941 mit der Gruppe in den Osten. Hier stand Gordon Gollob ab 22. Juni 1941 im Kampf gegen die Sowjetunion, übernahm ab 1. Juli 1941 als Kommandeur die II. Gruppe, erhielt nach 24 Luftsiegen am 21. Juli 1941 den Ehrenpokal und nach 34 Luftsiegen am 18. September 1941 das Ritterkreuz.

Am 18. Oktober 1941 konnte Gollob neun sowjetische Jäger (Luftsieg Nr. 62–70) vom Himmel holen, drei Tage später fiel sein 81. Gegner, und nach seinem 85. Luftsieg erhielt er am 26. Oktober 1941 als Hauptmann und Kommandeur der II. Gruppe/JG 3 das 38. Eichenlaub zum Ritterkreuz.

Aufgrund seiner hervorragenden fliegerischen und flugtechnischen Kenntnisse wurde er im Dezember 1941 erneut an die Erprobungsstelle nach Rechlin berufen.

Erprobung neuer Flugzeugmuster

Dort führte er umfangreiche Versuche mit den neuen Versionen der Messerschmitt Bf 109 und der Focke-Wulf Fw 190 durch, flog aber auch Muster, die nie zum Einsatz kamen.

Im Mai 1942 kehrte Gollob wieder in den Einsatz zurück – als Kommodore des JG 77. Unter seiner Führung errang das Geschwader bis September 1942 im Südabschnitt der Ostfront außergewöhnliche Erfolge. Auch er selbst blieb äußerst effektiv. Am 20. Mai 1942 errang Gordon Gollob als zehnter deutscher Jagdflieger seinen 100. Luftsieg und erhielt nach seinem 107. Luftsieg am 23. Juni 1942 als Hauptmann und Kommodore des JG 77 das 13. Eichenlaub mit Schwertern zum Ritterkreuz des Eisernen Kreuzes.

Am 1. Juli 1942 zum Major befördert, führte er in der Schlacht um Sewastopol die dort eingesetzten Jagdverbände. Doch neben diesen Stabstätigkeiten flog er auch weiterhin unermüdlich Jagdeinsätze.

Oberst Gordon Gollob. Die Aufnahme zeigt ihn noch als Hauptmann nach der Schwerterverleihung Ende Juni 1942. Zudem trägt er über der linken Brusttasche die Frontflugspange für Jagdflieger in Gold.

Foto: Walter Frentz

Am 29. August 1942 erzielte er nach vier Abschüssen als erster Jagdflieger der Welt den 150. Luftsieg.

Dafür erhielt Gordon Gollob am 30. August 1942 das dritte Eichenlaub mit Schwertern und Brillanten zum Ritterkreuz des Eisernen Kreuzes.

Ebenso wie auf die hohe Auszeichnung war er stolz darauf, nicht einen einzigen Rottenflieger verloren zu haben. Da er für die Luftwaffenführung nun endgültig zu wertvoll geworden war, erhielt Gollob von höchster Stelle ein strenges Feindflugverbot.

Feindflugverbot nicht aufgehoben

Gollob wäre lieber weiter geflogen. Statt dessen wurde er ab Oktober 1942 zum Jagdfliegerführer 3 an die französische Kanalküste versetzt und bald darauf selbst zum „Jafü" ernannt. Hier bat er zum dritten Mal um die Aufhebung des Feindflugverbotes. Die Antwort mit Fernschreiben vom 15. Januar 1944 lautete: „Feindflugverbot für Oberstleutnant Gollob durch den Führer nicht aufgehoben, sondern bleibt weiter bestehen."

Als Oberstleutnant und „Jagdfliegerführer 5" führte er bis April 1944 die JG 26 und JG 2 an der Kanalfront gegen die britische Royal Airforce (RAF) und später auch gegen die United States Army Air Forces (USAAF). In seiner Eigenschaft als „Jafü" wandte er sich immer wieder an seine Vorgesetzten und höheren Dienststellen und forderte bessere Maschinen.

Im April 1944 wurde er Mitglied im „Jägerstab", der im Rüstungsministerium eingerichtet wurde, und am 1. Mai 1944 erfolgte seine Beförderung zum Oberst. Hier hatte Gollob bei den Entwicklungs-, Erprobungs- und Fertigungsstellen zu tun. Neben weiteren Einsätzen als Testflieger arbeitete er unter anderem mit Funkmeßtechnikern am sogenannten Funkmeßgerät (FuG) „Neptun J". Dieses frontreife Gerät war das erste seiner Art und hätte den Luftkrieg revolutioniert. Damit wären die deutschen Flugzeugführer in der Lage gewesen, feindliche Flugzeuge bereits auf eine Entfernung von über sechs Kilometern zu orten.

Doch durch Verzögerungen in der Bürokratie kam das Gerät nicht rechtzeitig

Foto: BPK Berlin

Hauptmann Gollob ergänzt im Sommer 1941 Eintragungen in seinem Flugbuch. Zu diesem Zeitpunkt ist er Gruppenkommandeur der II. Gruppe des Jagdgeschwaders 3. Auf dem Kotflügel des Wagens ist oben das Wappen der II. Gruppe des JG 3 zu sehen.

zur Fronttruppe. Dagegen gelangten die von ihm mitentwickelten Bordraketen zur Bekämpfung alliierter Bomber zum Einsatz. Trotz der massiven alliierten Bombenangriffe auf die Industrie schaffte die Jägerproduktion im Herbst 1944 ihren höchsten jemals erreichten Stand.

Adolf Hitler gratuliert Major Gollob zur Verleihung der dritten Brillanten. Auf dem linken Oberarm trägt Gollob den Narvikschild.

General der Jagdflieger

Bei der Ardennenoffensive ab 16. Dezember 1944 führte Gollob den „Jägersonderstab" und wurde ab 31. Januar 1945 noch zum „General der Jagdflieger" ernannt, nachdem Adolf Galland von Hermann Göring seines Postens enthoben worden war.

Am 10. April 1945 verließ Gollob Berlin, nachdem sein Stab bereits nach Süddeutschland in Marsch gesetzt worden war. Die letzten Monate hatten ihm gesundheitlich schwer zugesetzt. Eine fällige Operation schob er lange vor sich her. Gollob hatte seine Einsätze trotz eines erheblichen Magenleidens geflogen, das ihn immer wieder in ärztliche Behandlung zwang. Acht Tage später wurde er im Lazarett Igls bei Innsbruck operiert.

Am 24. April 1945 ließ sich Gollob in das Luftwaffenlazarett Kitzbühel überweisen, wo er auf den verwundeten Generalfeldmarschall Robert Ritter von Greim traf. Der letzte „General der Jagdflieger" meldete sich beim letzten „Oberbefehlshaber der Luftwaffe".

Wenige Tage später besetzten amerikanische Truppen Kitzbühel, und noch im Mai 1945 wurde Gollob zu seiner Familie, die im Ort wohnte, entlassen. Von dort holte ihn am 1. Juni 1945 österreichische Hilfsgendarmerie im Auftrag des amerikanischen Counter Intelligence Corps (CIC) – Heeresnachrichtendienst – jedoch wieder ab. In Zivil wurde er ins Gefängnis gebracht, durch verschiedene Lager nach Ludwigsburg in Württemberg geschleust und schließlich per Flugzeug nach England gebracht.

1946 wurde er zwar aus US-amerikanischer Kriegsgefangenschaft entlassen, doch als er wieder in Kitzbühel eintraf, wurde er von den Franzosen „empfangen".

Auf seinen „nur" 340 Feindflügen hat Gordon Gollob insgesamt 150 Luftsiege erzielt, davon 144 im Osten. Er verlor nie einen Rottenflieger und wurde selbst nie abgeschossen.

Neben seiner Fronterfahrung konnte er auf Hunderte von Testflügen mit über einhundert verschiedenen Flugzeugtypen – wie zum Beispiel der Messerschmitt Me 262, Focke-Wulf Ta 152, Messerschmitt Me 163 und dem Volksjäger Heinkel He 162 sowie der ersten erbeuteten US-amerikanischen Republic P-47 „Thunderbolt" zurückblicken – er war der einzige Flieger mit solch einer einzigartigen Flugerfahrung.

In den Nachkriegsjahren ging Gollob in die österreichische Politik und war 1948 Generalsekretär des „Verbandes der Unabhängigen", einem Vorläufer der FPÖ. Im November 1951 wechselte er in die Industrie und war in verschiedenen leitenden Positionen tätig. Bis zu einem Herzinfarkt 1975 flog er regelmäßig noch Motor- und Segelflugzeuge.

Am 7. September 1987 starb Gordon Gollob in Sulingen bei Bremen.

Hermann Graf

Hermann Graf wurde am 24. Oktober 1912 in Engen bei Konstanz/Baden als Sohn eines Bäckermeisters und Gastwirtes geboren.

Graf war schon vor dem Eintritt in die Luftwaffe begeisterter Segel- und Motorflieger und kam 1932 zur ersten Segelfliegergruppe seiner Heimatstadt.

Nach der Schule wurde er nicht Soldat, sondern absolvierte eine Verwaltungslehre und meldete sich, nachdem er als Segelflieger alle Prüfungen bestanden hatte, 1936 als Reservist zur Wehrmacht.

NSFK-Obersturmführer und Fußballspieler

Danach war er Kommunalbeamter, der bis Kriegsbeginn die Fürsorgeverwaltung seiner Vaterstadt leitete, außerdem Politischer Leiter und NSFK-Obersturmführer. Dazu war er als einer der besten Fußballspieler bekannt. Reichstrainer „Sepp" Herberger zog ihn wiederholt zu seinen Kursen heran.

Seit 1936 übte Graf – mit kurzen Unterbrechungen – bei der Luftwaffe als Flieger, machte mehrere Reserveoffizierslehrgänge mit und wurde im April 1939, nach einem Lehrgang in München, Unteroffizier und Reserveoffizieranwärter. Er wollte auch weiterhin fliegen, doch für einen Jagdflieger war er – mit seinen mittlerweile 27 Jahren – zu alt.

Dennoch gab er nicht auf, und ein hübsches Mädchen vom Luftgaukommando 7 in München ebnete ihm, unter Umgehung der Dienstvorschriften, den Weg zur Jagdfliegerei.

So kam Graf am 31. Juli 1939 zur 2. Staffel des JG 51 nach Bad Aibling, wo er am 1. September 1939 zum Feldwebel d.R. befördert wurde und an der Westgrenze 21 Fronteinsätze flog, ohne auch nur einen Schuß abzufeuern.

Am 20. Januar 1940 wurde er als Jagdfluglehrer zur Ergänzungsgruppe nach Merseburg versetzt. Am 1. Mai 1940 erfolgte seine Beförderung zum Leutnant d.R.

Anfang Oktober wurde Graf zur 9. Staffel/JG 52 versetzt, ging mit ihr nach Rumänien, wo er als Jagdfluglehrer bei der deutschen Militärmission tätig war und unterrichtete hier rumänischen Flieger im lufttaktischen Verhalten. Während des Griechenlandfeldzuges kam Graf zu ersten scharfen Einsätzen über Kreta, wobei er auch hier keinen Luftsieg erringen konnte.

Am 1. August 1941 verlegten der Geschwaderstab sowie die III. Gruppe nach Bjelaja Zerkow, rund 80 Kilometer südlich von Kiew. Die 9. Staffel startete am 4. August mit zehn Maschinen. Der Auftrag lautete: Begleitschutz für einen Stuka-Verband, der einen sowjetischen Flugplatz angreifen mußte. Alle Maschinen kehrten zum Einsatzplatz zurück. Bei diesem Einsatz erzielte Graf endlich seinen ersten Luftsieg.

Die III. Gruppe flog auch von Signajewka aus Einsätze. Am 5. August 1941 war seit den frühen Morgenstunden Begleitschutz für Stukas befohlen worden. Der vierte Einsatz an diesem Tag hieß „freie Jagd" über Kiew.

Als die 9. Staffel den dortigen Luftraum erreichte, war die 8. Staffel unter Führung von Günther Rall (134. Eichenlaub) schon in Luftkämpfe mit sowjetischen Jägern verwickelt. Aus 1.000 m Überhöhung griff die 9. Staffel an. Trotz starken Beschusses gelang Graf dabei sein zweiter Luftsieg.

Am 9. August 1941 erhielt Graf das Eiserne Kreuz 2. Klasse.

Am 11. August 1941 war erneut Stuka-Begleitschutz angesagt, und die 9. Staffel startete mit drei Rotten. Auf dem Rückflug kam es dann zur Feindberührung mit sowjetischen Jägern, wobei Leutnant Graf seinen dritten Luftsieg – über eine MIG 3 – melden konnte. Am 25. August 1941 erhielt er die Frontflugspange für Jäger in Silber und bereits am 31. August 1941 das Eiserne Kreuz 1. Klasse.

Luftkämpfe im Osten

Die Kesselschlacht von Kiew tobte in ihrer ganzen Härte vom 10. bis 18. September 1941. Zur Unterstützung der Heeresverbände wurde die III. Gruppe von Berislaw abgezogen und am 15. September nach Gradistsch, 80 Kilometer nordwestlich von Krementschug, verlegt. Von hier wurden wiederholt Begleitschutzeinsätze für Stuka geflogen.

Die III. Gruppe verlegte am 24. September 1941 abermals, diesmal nach Poltawa, und am 27. September erzielte Graf mit dem Abschuß eines zweimotorigen Bombers vom Typ DB-3 seinen achten Luftsieg. Am 1. Oktober 1941 wurde Leutnant Graf mit der Führung der 9. Staffel beauftragt. Am 3. Oktober flog er mit einem Schwarm mehrere Tiefflugangriffe auf drei Charkower Flugplätze, die mit zahlreichen sowjetischen Flugzeugen belegt waren. Am 11. Oktober schoß er einen zweimotorigen Bomber vom Typ SB-2

Oberstleutnant Hermann Graf. Die Aufnahme zeigt ihn noch als Major mit dem Eichenlaub mit Schwertern und Brillanten zum Ritterkreuz des Eisernen Kreuzes.

Foto: Walter Frentz

ab, wenige Minuten danach konnte er noch einen Doppeldecker vom Typ J-153 bezwingen. Mit 59 Luftsiegen rückte die 9. Staffel nun an die Spitze der III. Gruppe JG 52.

Am 10. November 1941 erhielt Graf die Frontflugspange für Jagdflieger in Gold und nach 20 Luftsiegen am 9. Dezember 1941 den Ehrenpokal für besondere Leistungen im Luftkrieg.

Am 27. Dezember 1941 erzielte er seinen 38. bis 41. und am 28. Dezember den 42. Abschuß. Dafür wurde er zum Ritterkreuz eingereicht.

Am 7. Januar 1942 malte der Staffelmaler den 43. und 44., am nächsten Tag den 45. Abschußbalken auf das Leitwerk der „Gelben Eins". Am 24. Januar 1942 erhielt Hermann Graf als Leutnant d.R. und Flugzeugführer in der 9. Staffel/JG 52 das

Ritterkreuz. Bereits am nächsten Tag – dem 25. Januar 1942 – fiel der 46. und am 3. Februar 1942 der 47. Gegner.

Nach seinem 50. Luftsieg am 23. März 1942 wurde er Staffelführer der 9. Staffel/JG 52, die als „Karaya"-Staffel in die Geschichte der deutschen Jagdfliegerei einging und die unter seiner Führung eine ganze Reihe erfolgreicher Jagdflieger hervorbrachte, unter anderem Leopold Steinbatz, Heinrich Füllgrabe, Ernst Süß und Alfred Grislawski.

Major Graf im Gespräch mit Prof. Willy Messerschmitt. Neben den Brillanten trägt Graf die Frontflugspange für Jagdflieger in Gold mit Anhänger sowie das Gemeinsame Flugzeugführer- und Beobachterabzeichen. Im Hintergrund steht eine Jagdmaschine Me 109 G.

Im April 1942 erhielt Hermann Graf das Deutsche Kreuz in Gold.

Am 29. April 1942 verlegte die III. Gruppe nach Zürichtal auf der Krim. Der 1. Mai 1942 ging als „Großkampftag" in die Geschichte der 9. Staffel ein. In 10 Stunden wurden sechs Feindflüge durchgeführt, wobei Graf sechs Luftsiege erzielte.

Mit einem Anerkennungsschreiben würdigte Generaloberst v. Richthofen (26. Eichenlaub) am 2. Mai 1942 die Leistung der 9. Staffel. Es war erst 3.30 Uhr, als der erste Start in den noch nächtlichen Himmel erfolgte. Die Staffel, bestehend aus zwei Schwärmen, ging auf Ost-Kurs Richtung Halbinsel Kertsch. Zwei soeben gestartete Maschinen wurden hierbei abgeschossen. Die restlichen sieben Me 109 wurden von sowjetischen Jägern aus der Überhöhung angegriffen. Bei dem sich entwickelnden Luftkampf konnten Feldwebel Grislawski und Feldwebel Steinbatz je einen sowjetischen Jäger bezwingen. Ohne Verluste kehrten die zwei Schwärme zum Einsatzplatz zurück.

Im Sturmlauf an die Spitze

Der fünfte Start zum Feindflug der 9. Staffel erfolgte um 10.45 Uhr. Auftrag: Abwehr eines Schlachtfliegerangriffes auf deutsche Panzer. Es wurden ein Kampfflugzeug und ein Jäger abgeschossen. Nach der Landung gab es eine kurze Verschnaufpause, die nur so lange dauerte, bis die Maschinen wieder aufgetankt und gefechtsklar gemacht worden waren. Zum sechsten Start an diesem Tag waren es nur noch vier Maschinen – ein Schwarm. In wenigen Minuten war die HKL erreicht. Plötzlich sah sich die geschrumpfte 9. Staffel 20 sowjetischen Jägern gegenüber. Trotzdem konnten bei einem Überraschungsangriff zwei Gegner abgeschossen werden.

Die 9. Staffel des JG 52 erkämpfte in nur zwei Wochen, die sie auf der Krim eingesetzt war, 93 Luftsiege ohne eigene Verluste.

Grafs 1942 erzielte Erfolgsbilanz als Jagdflieger muß als sensationell bezeichnet werden, denn innerhalb von nur acht Monaten schoß er sich in einem wahren Sturmlauf an die Spitze der deutschen Jagdflieger und erhielt dafür die höchsten deutschen Kriegsauszeichnungen.

Innerhalb von drei Wochen erzielte Graf 48 Luftsiege (Nr. 61–108), darunter je sechs am 30. April und 13. Mai, jeweils sieben am 2. und am 8. Mai und sogar acht am 14. Mai 1942 (Nr. 97–104).

Am 14. Mai 1942 erreichte Hermann Graf als siebter deutscher Jagdflieger die magische Abschußzahl „100" und erhielt dafür am 17. Mai 1942 als Leutnant d.R. und Staffelführer der 9. Staffel/JG 52 das 93. Eichenlaub zum Ritterkreuz. Nur einen Tag später, nach seinem 106. Luftsieg, bekam er als elfter Soldat der Wehrmacht das

Eichenlaub mit Schwertern zum Ritterkreuz des Eisernen Kreuzes.

Am 25. Mai 1942 hatte Graf Gelegenheit, die hohen Auszeichnungen in der „Wolfschanze" entgegenzunehmen – zusammen mit seinem Freund Adolf Dickfeld von der 7. Staffel, der mit dem Eichenlaub ausgezeichnet wurde.

Am 1. Juni 1942 erfolgte seine Beförderung zum Oberleutnant d.R. und am 12. Juni 1942 seine Ernennung zum Staffelkapitän.

Von Abschuß zu Abschuß

Im Sommer 1942 überbot er beim Vorstoß auf Stalingrad alles bisher Dagewesene. Es begann mit vier Abschüssen am 13. August (112–115), am 30. August fiel der 140. Gegner und am 4. September errang er, als zweiter Jagdflieger, seinen 150. Luftsieg. Bis an die Grenzen der psychischen und physischen Leistungsfähigkeit beansprucht, brachte er im August und September 1942 insgesamt 62 Gegner zum Absturz.

Nach seinem 172. Luftsieg am 16. September 1942 erhielt Hermann Graf das fünfte Eichenlaub mit Schwertern und Brillanten zum Ritterkreuz des Eisernen Kreuzes. Zwei Tage später erfolgte die Beförderung zum Hauptmann d.R. Gleich am nächsten Tag erzielte Graf erneut fünf Abschüsse.

Anläßlich der Verleihung des Eichenlaubs mit Schwertern und Brillanten sandte der Oberbefehlshaber der Luftwaffe, Reichsmarschall Göring, dem Oberleutnant d.R. folgendes Glückwunschtelegramm: „Mein lieber Graf!

In bewunderungswürdiger Einsatzfreudigkeit und heldenmütigem Angriffsgeist haben Sie sich als einer meiner erfolgreichsten Jagdflieger unvergänglichen Ruhm erworben. Dankbar und voll Stolz beglückwünsche ich Sie herzlich zu der Ihnen vom Führer verliehenen höchsten Tapferkeitsauszeichnung. Immerwährendes Soldatenglück soll Sie, mein tapferer Staffelkapitän, auf dem Wege zu neuen Siegen begleiten!"

Foto: SV-Bilderdienst

Major Graf zusammen mit Reichsmarschall Hermann Göring. An der rechten Brusttasche ist neben dem Deutschen Kreuz in Gold das rumänische Flugzeugführerabzeichen zu sehen.

Am 23. September 1942 erzielte Graf zehn Luftsiege (Nr. 188–197), und am 26. September schoß er über dem Flugplatz Pitomnik bei Stalingrad seinen 200. bis 202. Gegner ab. Damit wurde er als „Jäger von Stalingrad“ berühmt. Als erster Jagdflieger der Welt meldete er den 200. Luftsieg.

Als Graf am 26. September 1942 das Geschwader auf höheren Befehl verlassen mußte – nicht bevor ihm Start- und Feindflugverbot erteilt wurde – flog er noch einmal über Stalingrad und verabschiedete sich von den Leit- und Bodenstellen: „Lebt wohl, Kameraden von Stalingrad, Karaya eins meldet sich ab...auf höheren Befehl!“

Die roten Jäger

Nun konnte sich Graf etwas intensiver der von ihm gegründeten Luftwaffen-Fußballmannschaft „Die roten Jäger“ widmen, der unter anderem auch Fritz Walter angehörte. Auch der „General der Jagdflieger“ Adolf Galland wußte von dieser Marotte Grafs, und bei jedem Kommandowechsel pflegte er zu sagen: „Ich weiß, der geht und kommt mit einem Rattenschwanz von Fußballspielern.“

Am 1. Oktober 1942 zum Major d.R. befördert, wurde Graf Ende Januar 1943 zum Kommandeur der Ergänzungsgruppe „Ost“ in Südfrankreich ernannt und im März 1943 mit der Aufstellung einer Höhenjagdgruppe – Jagdgruppe „Süd“ – zur „Mosquito“-Jagd beauftragt. Daraus entstand das JG 50, welches er schließlich als Kommodore übernahm. Über Groningen / Holland schoß er selber eine britische „Mosquito“ und am 6. September 1943 zwei US-amerikanische B-17-Bomber (Nr. 204 und 205) ab.

Am 16. Dezember 1943 wurde Graf zum Kommodore des JG 11 in Rotenburg bei Bremen ernannt, welches in sehr schweren Einsätzen gegen die einfliegenden alliierten Bomberflotten stand.

Er war damit der einzige Brillantenträger der Luftwaffe, der in der Reichsverteidigung Einsätze flog.

Am 29. März 1944 rammte er im Luftkampf, nach Abschuß einer P-51 „Mustang“, eine zweite P-51 und sprang anschließend schwer verwundet mit dem Fallschirm ab. Das waren seine beiden letzten Luftsiege.

Im Lazarett konnten die Ärzte eine Amputation des linken Armes gerade noch verhindern. Vom Krankenbett aus wollte Graf das JG 11 weiterführen. Doch Göring verhinderte dies und beauftragte Graf mit der Führung seines alten Stammverbandes – des JG 52.

Nach seiner Wiedergenesung übernahm Graf ab 1. Oktober 1944, nunmehr als aktiver Oberstleutnant, die Führung seines alten Geschwaders an der Ostfront und führte es in Ostpreußen, Schlesien und Böhmen bis zum Kriegsende.

In rollenden Einsätzen kämpfte das Geschwader im Verband der „Heeresgruppe Schörner“ und unterstützte dabei die schwer ringende Infanterie im böhmischen und schlesischen Raum.

Ab März 1945 lag der Geschwaderstab in Deutsch-Brod. Am Tage der Kapitulation ließ Graf alle noch vorhandenen Maschinen sprengen.

Bei Kriegsende war das JG 52 das erfolgreichste Jagdgeschwader der Luftwaffe, welches fast 11.000 Abschüsse erzielt hatte. 70 seiner Flugzeugführer waren mit dem Ritterkreuz ausgezeichnet worden.

Auf seinen rund 830 Feindflügen hatte Graf 212 bestätigte Luftsiege erzielt, davon zehn im Westen, darunter sechs Viermots und eine „Mosquito“ in der Reichsverteidigung.

Der Kommandierende General des VIII. Fliegerkorps, Hans Seidemann, befahl Oberstleutnant Graf und seinem Gruppenkommandeur Hauptmann Erich Hartmann, ebenfalls Brillantenträger, sofort auszufliegen und sich den Briten in Dortmund zu ergeben, da beide Repressalien der Sowjets zu erwarten hätten. Dennoch blieben beide bei ihren Männern, da sich inzwischen auch viele Angehörige der Männer und Flüchtlinge zum Troß gesellt hatten.

Als letzter Rang wird für Graf immer wieder „Oberst“ genannt. Doch zu solch einer Beförderung gibt es keine authentischen Unterlagen.

Auslieferung an die Sowjets

Am 8. Mai 1945 kapitulierte das JG 52 bei Pisek / Böhmen vor den Soldaten der 90. US-Division. Doch dann lieferten die Amerikaner am 24. Mai 1945 das gesamte Geschwader und die Angehörigen der Männer überraschend an die Sowjets aus.

Das Martyrium begann damit, daß Frauen und Kinder sofort von den Männern und Vätern getrennt wurden. Die sowjetischen Soldaten betrachteten sie als persönliche Beute. Anschließend mußten die deutschen Soldaten unter schärfster Bewachung mit ansehen, wie eine entmenschte Soldateska ihre Frauen und Töchter schändete und erschlug.

Ende Dezember 1949 wurde Graf aus dem Lager geholt und am 1. Januar 1950 kehrte er, nach Berlin entlassen, aus der Kriegsgefangenschaft zurück. Zwei Tage später flog er nach Westdeutschland. Zu Hause fand Graf seine Wohnung geplündert vor, wurde von der französischen Besatzungsmacht noch einmal festgesetzt, doch nach 14 Tagen war er endlich ein freier Mann.

Über zwei Jahre lang erholte sich Graf von den Strapazen der Gefangenschaft und war anschließend in verschiedenen Unternehmen tätig, um sich eine zivile Existenz aufzubauen.

Nach seiner zivilen Tätigkeit lebte er zurückgezogen in seiner Geburtsstadt Engen / Baden, wo der Ehrenbürger Hermann Graf nach schwerer Krankheit am 4. November 1988 verstarb.

Erich Hartmann

Erich Hartmann wurde am 19. April 1922 in Weissach/Württemberg als erster Sohn eines Militärarztes geboren.

Mit 14 Jahren war Erich bereits ein ausgezeichneter Segelflieger, hatte bis zum Ende des Jahres 1937 seine A- und B-Segelflugscheine abgelegt und wurde mit seinem C-Schein Segelfluglehrer in der Flieger-HJ.

Nach dem Abitur trat er am 1. Oktober 1940 beim Fliegerausbildungsregiment 10 in Neukuhren/Ostpreußen in die Luftwaffe ein, kam am 1. März 1941 zur Flugausbildung an die Luftkriegsschule 2 nach Berlin-Gatow und von dort am 1. November 1941 an die Jagdfliegervorschule 2 nach Lachen-Speyerdorf.

Am 1. März 1942 wurde Hartmann an die Jagdfliegervorschule nach Zerbst/Anhalt versetzt und zum Leutnant befördert. Nach dem Ende seiner Ausbildung in der Messerschmitt Bf 109 kam er im August 1942 zur Jagdergänzungsgruppe Ost nach Gleiwitz/Oberschlesien.

Jagd im Kaukasus

Am 10. Oktober 1942 erhielt der 20jährige den Marschbefehl zur 7. Staffel des Jagdgeschwaders 52 nach Soldatskaja am Kaukasus. Dort wurde er Rottenflieger von Feldwebel Edmund „Paule" Roßmann.

Am 14. Oktober 1942 startete Hartmann mit Roßmann zum ersten Einsatz, bei dem er alle nur erdenklichen Fehler eines jungen Jagdfliegers machte und zum Schluß – ohne einen Tropfen Sprit – eine Bauchlandung hinlegte.

Am 5. November 1942 startete der Nachwuchsflieger mit Oberleutnant Rudolf Trepte, dem Adjutanten des Gruppenkommandeurs, mit einem aus vier Flugzeugen bestehenden Schwarm im Alarmstart. Dabei gerieten sie an einen starken feindlichen Verband aus 18 Schlachtflugzeugen vom Typ Illjuschin Il-2 „Schturmowik" und einem aus zehn Lawotschkin LaGG-3 bestehenden Jagdschutz.

Trotzdem griffen die mutigen deutschen Flieger den Verband an, und Hartmann erzielte dabei mit dem Abschuß einer schwergepanzerten Il-2 seinen ersten Luftsieg.

Zwei Tage später bekam er Fieber und lag anschließend vier Wochen lang in einem Lazarett. Seinen zweiten Luftsieg erzielte er dadurch erst am 27. Februar 1943 mit dem Abschuß einer Mikojan-Gurewitsch MiG-1 über Armawir.

Bald danach erschien bei der 7. Staffel der neue Staffelkapitän, Oberleutnant Walter Krupinski, der Hartmann den wesentlichen Anstoß zu seiner Weiterentwicklung geben sollte. Unter seiner Führung brachte es der junge Flieger bis zum 24. März 1943 auf fünf Luftsiege und erhielt dafür das Eiserne Kreuz 2. Klasse.

Bis Ende April 1943 hatte es „Bubi" Hartmann auf 110 Feindflüge und acht Luftsiege gebracht, und am 30. April erzielte er drei weitere Abschüsse.

Bis zum 25. Mai 1943 hatte er weitere sechs Luftsiege erzielt. Doch an diesem Tag stieß Hartmann mit einer sowjetischen LaGG in der Luft zusammen. Nur seinem fliegerischen Können war es zu verdanken, daß er die schwer beschädigte Me 109 auf deutsches Gebiet zurückbrachte und hinter den vordersten deutschen Linien seine fünfte Bauchlandung hinlegte.

Seine Nerven waren nach diesem Zusammenstoß so angeschlagen, daß es gerechtfertigt schien, ihn auf einen vierwöchigen Heimaturlaub zu schicken.

Wieder erholt, schoß Hartmann am 5. Juli 1943 in vier Einsätzen fünf Lawotschkin LaGG-5-Jäger ab – seine bis dahin beste Tagesleistung.

Am 13. Juli war er bei 200 Feindflügen und 34 Luftsiegen angelangt. Nach 300 Feindflügen – am 18. September – waren es bereits 95 Luftsiege, wobei er allein im August 49 davon errang.

Flucht aus der Gefangenschaft

Am 20. August wurde Hartmann selbst abgeschossen, mußte auf sowjetischem Gebiet notlanden und geriet in Kriegsgefangenschaft, aus der er sich aber bereits wenige Stunden später befreien konnte. Nach einem langen Marsch durch die feindlichen Linien kehrte er nach zwei Tagen zu seinem Geschwader zurück.

Am 2. September 1943 wurde Hartmann Staffelkapitän der 9. Staffel des JG 52 und erhielt am 13. September 1943 den Ehrenpokal der Luftwaffe. In denselben Monat fiel auch sein 100. Luftsieg.

Im Oktober 1943 konnte er weitere 33 Luftsiege erringen und erhielt am 17. Oktober 1943 das Deutsche Kreuz in Gold.

Am 29. Oktober 1943 erzielte Erich Hartmann seinen 147. und 148. Luftsieg und erhielt dafür, als Leutnant und Flugzeugführer in der 7. Staffel/JG 52, das Ritterkreuz.

Hauptmann Erich Hartmann. Die Aufnahme vom 2. April 1944 zeigt ihn unmittelbar nach der Überreichung des Eichenlaubes als Leutnant mit der Frontflugspange für Jagdflieger in Gold und mit dem Deutschen Kreuz in Gold.

Foto: Walter Frentz

Seit dem Herbst 1943 war er auf der sowjetischen Seite als der „Schwarze Teufel“ bekannt, nachdem er die Nase seiner Me 109 mit einem auffallenden schwarz gezackten Muster anmalen ließ.

Im Januar und Februar 1944 war Hartmann erneut äußerst erfolgreich und erzielte in einer Zeitspanne von etwa 60 Tagen insgesamt 50 Luftsiege.

Eichenlaubverleihung auf dem Berghof

Nachdem er am 2. März 1944 zehn Gegner abgeschossen und damit seinen 193. bis 202. Luftsieg erzielt hatte, erhielt Erich Hartmann am 2. März 1944, als Leutnant und Kapitän der 9. Staffel des Jagdgeschwaders 52, das 420. Eichenlaub zum Ritterkreuz, welches ihm zusammen mit Gerhard Barkhorn (dieser erhielt das Eichenlaub mit Schwertern), Walter Krupinski und Johannes Wiese – alle vom JG 52 – sowie zwölf anderen Ausgezeichneten auf dem Berghof vom Obersten Befehlshaber überreicht wurde.

Nach seiner Rückkehr aus dem Urlaub erzielte Hartmann gleich am 18. März 1944 fünf weitere Luftsiege. Den ganzen März über gingen die Einsätze ohne Unterbrechungen weiter. Die Hauptlast lag bei der III. Gruppe, die am 21. März 1944 ihren 3.500. Abschuß erzielte.

Am 1. Mai 1944 wurde das Flieger-As zum Oberleutnant befördert.

Als Erich Hartmann am 8. Mai 1944 mit zwei Mechanikern im Rumpf seiner Me 109 die Krim verließ, hatte er es auf insgesamt 223 Luftsiege gebracht, davon je sechs am 5. und 7. Mai 1944.

Neu ausgerüstet und aufgefrischt ging es nach kurzer Pause in Rumänien weiter. Vom 21. Mai bis 24. Juni 1944 konnte Hartmann insgesamt 43 Gegner abschießen, darunter fielen die Luftsiege 244 bis 250 am 4. Juni. Dieses Kunststück gelang ihm als fünftem und letztem Jagdflieger überhaupt.

Am 2. Juli 1944 erhielt Erich Hartmann, als Oberleutnant und Staffelkapitän der 9. Staffel/ JG 52, nach 266 Luftsiegen das 75. Eichenlaub mit Schwertern zum Ritterkreuz des Eisernen Kreuzes.

Am 2. August 1944 wurde ihm diese hohe Auszeichnung zusammen mit anderen hochdekorierten Offizieren der Luftwaffe im Führerhauptquartier „Wolfschanze“ in Rastenburg/Ostpreußen überreicht.

Die nächste große Abschußserie gelang dem Schwerterträger im August 1944 mit 29 Treffern, zu einer Zeit, als die zahlenmäßige Überlegenheit der sowjetischen Luftwaffe bereits erdrückend war.

Am 23. August 1944 erzielte Hartmann über Polen acht (Nr. 283–290) und einen Tag später sogar elf Luftsiege. Mit 301 Erfolgen stand er an der Spitze der deutschen Jagdflieger.

Am 24. August 1944 wurde ergänzend zum Wehrmachtbericht folgendes gemeldet: „Oberleutnant Hartmann erhöhte am gestrigen Tage mit dem Abschuß von acht Sowjetflugzeugen die Zahl seiner Luftsiege auf 290.“

Nennung im Wehrmachtbericht

Bereits am 25. August 1944 berichtete der Wehrmachtbericht erneut über ihn: „In Luftkämpfen und durch Flakartillerie verloren die Sowjets gestern 58 Flugzeuge. Hiervon schoß der mit dem Eichenlaub zum Ritterkreuz des Eisernen Kreuzes ausgezeichnete Oberleutnant Hartmann, Staffelkapitän in einem Jagdgeschwader,

Oberleutnant Walter Krupinski (links) erhält am selben Tag wie sein Geschwaderkamerad Erich Hartmann das Eichenlaub verliehen. Gut gelaunt zeigen sich beide am 2. April 1944 dem Fotografen. Auch Krupinski trägt die Frontflugspange für Jagdflieger in Gold mit Anhänger und das Deutsche Kreuz in Gold. Zusätzlich sind das Verwundetenabzeichen in Silber an der linken Brusttasche sowie der Krimschild am linken Oberärmel zu sehen.

to: Walter Frentz

Oberleutnant Erich Hartmann nach der Überreichung der Schwerter am 2. August 1944 im Führerhauptquartier „Wolfschanze"

Foto: Walter Frentz

allein elf Flugzeuge ab und errang damit seinen 301. Luftsieg."

Damit stand er an der Spitze der deutschen Jagdflieger. Dafür erhielt Erich Hartmann am 25. August 1944, als Oberleutnant und Staffelkapitän der 9. Staffel/JG 52, das 18. Eichenlaub mit Schwertern und Brillanten zum Ritterkreuz des Eisernen Kreuzes.

Am 1. September 1944 erfolgte seine Beförderung zum Hauptmann. Nachdem der leidenschaftliche „Jäger" die Aufhebung seines Feindflugverbots erreicht hatte, übernahm er am 1. Oktober 1944 als Staffelkapitän die 4. Staffel/JG 52 und setzte ab dem 27. Oktober in Ungarn seine Erfolgsserie fort.

Erfolgreichster Jagdflieger der Welt

Bis zum Jahresende 1944 brachte er es dort auf insgesamt 331 Luftsiege, führte im Januar/Februar 1945 vertretungsweise die I. Gruppe des JG 53 und wurde im März 1945 zum Kommandeur der I. Gruppe/JG 52 in Oberschlesien ernannt.

Im März 1945 erfolgte sogar noch eine kurze Umschulung und Einweisung auf den Düsenjäger Me 262 in Lechfeld. Ab dem 25. März 1945 war Hartmann wieder Kommandeur der I. Gruppe/JG 52.

Am 17. April 1945 erzielte er den 350. Luftsieg, und selbst am letzten Kriegstag – 8. Mai 1945 – gelang ihm noch ein Abschuß über Brünn.

Auf über 1.400 Feindflügen, bei denen er selbst nur zweimal abgeschossen wurde, hatte er die unglaubliche Zahl von 800 Luftkämpfen durchgestanden und dabei 352 Abschüsse erzielt, darunter sieben US-amerikanische Jäger in den letzten Kriegstagen. 260 seiner Abschüsse waren Jagdflugzeuge.

Damit war Erich Hartmann der erfolgreichste Jagdflieger des Zweiten Weltkrieges und der Militärgeschichte überhaupt. Er war ein genialer Jagdflieger, unerschrocken, kompromißlos und menschlich außerordentlich sympathisch.

Das Jagdgeschwader 52 war mit über 11.000 Luftsiegen (!) das erfolgreichste der Kriegsgeschichte und gehörte mit über 70 Ritterkreuzverleihungen zu den am höchsten ausgezeichneten Einheiten der deutschen Wehrmacht.

Am 8. Mai 1945 kapitulierte das JG 52 bei Pisek/Böhmen vor den US-Amerikanern. Hartmann geriet in Kriegsgefangenschaft und wurde mit dem gesamten Geschwader und rund 2.000 Angehörigen seiner Männer am 24. Mai 1945 an die Sowjets ausgeliefert.

Schauprozeß der Sieger

Am 27. Dezember 1949 wurde Erich Hartmann in einem Schauprozeß von den Sowjets zu 25 Jahren Zwangsarbeit verurteilt. Doch auch in der Kriegsgefangenschaft blieb er unbeugsam und aufrecht. So organisierte er 1950 im Lager Schachty erfolgreich einen Aufstand, um auf die menschenunwürdigen Bedingungen aufmerksam zu machen. Schwere Erniedrigungen und Schikanen mußten er und seine Kameraden über sich ergehen lassen, ehe der hochdekorierte Ausnahmeflieger am 15. Oktober 1955 endlich aus sowjetischer Kriegsgefangenschaft heimkehren durfte.

Im Herbst 1956 trat Hartmann in die neue Luftwaffe ein, bekam 1957 seinen Pilotenschein, übernahm im Sommer 1959 das Jagdgeschwader 71 „Richthofen" und wurde am 12. Dezember 1960 zum Oberstleutnant befördert.

Doch durch sein kompromißloses Auftreten machte er sich nicht nur Freunde, denn er nannte die Dinge beim Namen, und so intrigierten die „Bürokraten" in der Bundeswehr gegen ihn.

Am 30. September 1970 quittierte er als Oberst den Dienst und war von 1971 bis 1974 hauptberuflicher Fluglehrer in Hangelar bei Bonn.

Am 20. September 1993 verstarb Erich Hartmann in Weil im Schönbuch/Baden-Württemberg.

Erst 1997 erfolgte von sowjetischer Seite aus seine Rehabilitierung, die ihn von allen gegen ihn erhobenen Anschuldigungen entlastete.

Das Familiengrab auf dem Friedhof in Weil im Schönbuch

Hans Hube

Hans Hube wurde am 29. Oktober 1890 in Naumburg an der Saale/Provinz Sachsen als Sohn eines Obristen geboren.

Nach dem Abitur am Dom-Gymnasium seiner Heimatstadt trat Hube am 27. Februar 1909 als Fahnenjunker beim Infanterieregiment „Fürst Leopold von Anhalt-Dessau" in Magdeburg ins Deutsche Heer ein und wurde nach 18 Monaten Dienstzeit am 22. August 1910 zum Leutnant befördert.

Als Zugführer in der 7. Kompanie des Infanterieregiments 26 zog Hube am 1. August 1914 in den 1. Weltkrieg und wurde bereits am 20. September bei Fontenay durch einen französischen Artilleriequerschläger so schwer verwundet, daß ihm, im Alter von 24 Jahren, der linke Arm amputiert werden mußte.

Bataillonskommandeur im Ersten Weltkrieg

Noch nicht vollständig genesen, kehrte Hube als Oberleutnant im Dezember 1915 wieder an die Front zurück und übernahm die Führung einer Kompanie. 1916 erhielt er das Eiserne Kreuz 1. Klasse, und am 27. Januar 1918 erfolgte seine Beförderung zum Hauptmann.

Auch als Bataillonskommandeur bewährte er sich durch seine umsichtige Führung und vorbildliche Tapferkeit so sehr, daß er mit dem Ritterkreuz des Königlichen Hausordens von Hohenzollern mit Schwertern ausgezeichnet wurde.

Mit hohen Verlusten für den Gegner wehrte Hube 1918 den ersten englischen Panzerangriff ab, mußte allerdings kurz darauf mit einer schweren Giftgasverletzung ins Lazarett. Für seine Tapferkeit wurde er sogar zum Pour le Mérite vorgeschlagen, doch war im November der Krieg zu Ende.

Übernahme in die Reichswehr

Nach seinem Einsatz bei einem Freikorps schaffte Hube es trotz Amputation, in das neue 100.000-Mann-Heer der Reichswehr übernommen zu werden. 1921 war Hube als Hauptmann zunächst im Stabe des Infanterieregiments 12 in Halberstadt, dem er von 1924 bis 1928 als Chef der 11. Kompanie in Magdeburg angehörte. Unter seiner Führung wurde sie zur besten Kompanie des Regiments. Wegen seiner außerordentlichen Leistungen und Kenntnisse wurde er 1928 auf eine dienstliche Studienreise in die USA geschickt und nach seiner Rückkehr als Lehrer an die Kriegsschule Dresden versetzt.

Nach einem Zwischenspiel im Stabe des Gruppenkommandos 2 in Kassel, wo er am 1. Februar 1931 – nach 13jähriger Hauptmannszeit – zum Major befördert wurde, erhielt er 1932 wieder ein Truppenkommando als Kommandeur des I. Bataillons des Infanterieregiments 3 in Osterode/Ostpreußen. Hier wurde er am 1. Juni 1934 zum Oberstleutnant befördert.

Aufgrund seines ausgezeichneten Rufes als Ausbilder wurde er am 1. Mai 1935 Kommandeur der Infanterieschule Döberitz/Havelland und avancierte in dieser Funktion am 1. August 1936 zum Oberst.

Erst nach dem Polenfeldzug im Herbst 1939 kehrte Hube als Kommandeur seines alten In-

Der Marktplatz in Naumburg an der Saale. Rechts im Bild das Dürerhaus.

Generaloberst Hans Hube. Die Aufnahme zeigt ihn noch als General der Panzertruppe mit dem Eichenlaub mit Schwertern zum Ritterkreuz.

Foto: Walter Frentz

Generalmajor Hans Hube als Kommandeur der 16. Panzerdivision an seinem Schreibtisch im Feldquartier an der Ostfront

fanterieregiments 3 zur Truppe zurück. Im „Westwall"-Gelände bereitete er sein Regiment auf den kommenden Westfeldzug vor. Es war für die jungen Soldaten höchst beeindruckend, wie der inzwischen 50jährige einarmige Kommandeur an der Spitze das eigene Artilleriefeuer unterlief, nachdem es am Tage zuvor bei derselben Übung mehrere Tote und Verwundete gegeben hatte.

Bewährung im Westfeldzug

Am 14. Mai 1940 übernahm Hube als Kommandeur die 16. Infanteriedivision (mot.) und wurde am 1. Juni 1940 zum Generalmajor befördert.

Im Westfeldzug bewährte er sich voll als Truppenführer. Mit der Division nahm er an den Kämpfen um Sedan teil, stieß im Rahmen der Panzergruppe Kleist bis zur Kanalküste vor und erreichte bereits am 20. Mai 1940 Abbeville. Für die zweite Phase des Feldzuges verlegte er mit seiner Division an die äußerste linke Flanke, wo er an einer schnellen Umfassungsoffensive im Raum Lothringen teilnahm. Kurz vor der französischen Gesamtkapitulation konnte er dann bei Meierhofen (Mirecourt) in Lothringen die Kapitulation des XXI. französischen Armeekorps entgegennehmen.

Nach Ende des Feldzuges erfolgte im Deutschen Reich die Umrüstung der Division in eine Panzerdivision. Die nunmehrige 16. Panzerdivision nahm im Verband der 12. Armee ab dem 6. April 1941 am Balkanfeldzug teil. Dort wurden wiederholt Divisionen der 2. griechischen Armee geschlagen und die stark befestigte Metaxaslinie durchbrochen.

Danach verlegte Hube mit der Division in Bereitstellungsräume in Polen, stand ab 22. Juni 1941 in der Heeresgruppe Süd im Einsatz und bildete einen der Stoßkeile von Generaloberst Ewald von Kleists Panzergruppe 1.

Nach erfolgreichen Kämpfen gegen die 5. sowjetische Armee stieß die Division in schnellem Tempo bis nach Rowno vor, schoß in der Panzerschlacht von Radiziechow über 200 Feindpanzer ab, durchbrach auf Anhieb die Stalin-Linie, und am 6. Juli 1941 warf Hube im Horynabschnitt mit seiner Panzerdivision die Nachhut der Sowjets.

Am 9. Juli setzte er sich trotz Munitions- und Betriebsstoffmangels an die Spitze einer Verfolgungsabteilung und setzte dem Gegner bis in die Nacht hinein nach.

Dafür erhielt Hans Hube am 1. August 1941 als Generalmajor und Kommandeur der 16. Panzerdivision das Ritterkreuz.

Schlacht um Kiew

Anschließend durchstand er mit seiner Division schwere Kämpfe in der großen Schlacht um Kiew, die schließlich mit der Gefangennahme von 665.000 Soldaten der Roten Armee endete.

Später vernichtete die Division bei Nikolajew und Kiew zwei sowjetische Armeen und bewährte sich anschließend in den schweren Abwehrkämpfen des Winters 1941/42. Hier wurden wiederum mehrere sowjetische Brigaden vernichtet, was wesentlich zum Abwehrerfolg der gesamten Heeresgruppe beitrug.

Dafür erhielt Hans Hube am 16. Januar 1942 als Generalmajor und Kommandeur der 16. Panzerdivision das 62. Eichenlaub zum Ritterkreuz.

Vorstoß zur Wolga

Am 1. April 1942 erfolgte seine Beförderung zum Generalleutnant und am 16. September seine Ernennung zum Kommandierenden General des XIV. Panzerkorps, mit dem er im Verband der 6. Armee bis zur Wolga nördlich von Stalingrad vorstieß und dort monatelang, im Frontabschnitt Orlowka–Rynok, schwerste Abwehrkämpfe gegen weit überlegene sowjetische Kräfte zu bestehen hatte.

Am 1. Oktober 1942 zum General der Panzertruppe befördert, erhielt Hans Hube am 21. Dezember 1942 für seine Leistungen das 22. Eichenlaub mit Schwertern zum Ritterkreuz des Eisernen Kreuzes.

Als sich Hube aus diesem Anlaß im Führerhauptquartier einzufinden hatte, trug er Hitler die Auffassung der im Kessel von Stalingrad führenden Kommandeure vor, daß ein weiteres Halten von Stalingrad die Vernichtung der 6. Armee bedeutete. Doch Hitler lehnte einen Ausbruch ab und stellte für Mitte Februar 1943 eine große Entsatzoffensive in Aussicht.

Im Kessel von Stalingrad

Hube flog am 8. Januar 1943 in den Kessel zurück. Dort schonte er sich selbst wieder nicht, sondern begab sich zu einer aus Freiwilligen bestehenden Kampfgruppe, die unter der Führung des Oberst Bernd von Petzold überall dort eingesetzt wurde, wo es besonders heiß herging. Nur widerwillig folgte er einem ausdrücklichen Befehl Hitlers, am 18. Januar 1943 mit einem der letzten Flugzeuge aus dem Kessel auszufliegen und sich im Führerhauptquartier zu melden. Wiederum versuchte er, Hitler umzustimmen, doch dieser lehnte erneut ab. Zu Hubes Wunsch, sofort wieder in den Kessel zurückgeflogen zu werden, verweigerte Hitler die Zustimmung.

Im Februar 1943 beauftragte ihn das Oberkommando des Heeres mit der Neuaufstellung des in Stalingrad untergegangenen XIV. Panzerkorps, das nach Sizilien verlegt wurde.

Im Sommer 1943, als sich das Ausscheiden Italiens aus dem Bündnis bereits abzeichnete, wurde Hube zum Oberbefehlshaber aller Heeres- und Flak-Truppen auf Sizilien ernannt.

Unter seiner meisterhaften Führung leisteten die dortigen deutschen Verbände dem weit überlegenen Gegner fünf Wochen lang erbitterten Widerstand und fügten ihm schwerste Verluste zu, bis schließlich die Räumung unumgänglich war.

Nach 38 kampfreichen Tagen überquerte Hube am 17. August 1943 – als letzter deutscher Soldat – die Straße von Messina. Dank des herrvoragenden Flak-Schirmes gelang es rund 40.000 deut-

General der Panzertruppe Hans Hube, Oberbefehlshaber der 1. Panzerarmee, bei einer Lagebesprechung mit seinem Chef des Generalstabes, Generalmajor Walther Wenck

Hans Hube als General der Panzertruppe

Foto: Walter Frentz

schen und 62.000 italienischen Soldaten, ohne größere Verluste Sizilien zu verlassen.

Danach stand Hube mit seinen Verbänden am Brückenkopf von Salerno im Einsatz, wo der deutsche Gegenangriff schließlich im Feuer schwerster Schiffsgeschütze liegenblieb. Obwohl er nie eine Generalstabsausbildung genossen hatte, übernahm er am 29. Oktober 1943 den Oberbefehl über die 1. Panzerarmee in der Heeresgruppe Süd an der Ostfront.

Mit dieser zerschlug er südlich Pogrebischtsche fünf sowjetische Armeen und drei Panzerkorps. Am 31. Januar 1944 meldete der Wehrmachtbericht folgendes: „Zerschlagung von mehr als zehn sowjetischen Schützendivisionen und mehrerer Panzerkorps im Raum südlich Pogrebischtsche durch Truppen des Heeres und der Waffen-SS unter der Führung des Generals der Panzertruppe Hube."

Im wandernden Kessel

Dennoch wurde die Armee Anfang März 1944 bei Kamenez-Podolsk eingeschlossen. In einem wandernden Kessel gelang es Hube, seine Panzerarmee durch zwei feindliche Armeen hindurch über vier Flüsse hinweg zu führen, nach allen Seiten abwehrend und unter schwersten Wetterbedingungen durch ständige Angriffe die weichen Stellen des Einschließungsringes abzutasten und dank seiner hervorragenden taktischen Truppenführung wieder den Anschluß an die eigenen Truppen zu finden.

Die sowjetischen Verbände standen am 1. April 1944 bereits 60 Kilometer westlich des eingeschlossenen Kessels. Die 4. Panzerarmee unter Generaloberst Erhard Raus stand in schweren Abwehrkämpfen gegen den Einschließungsring. Schließlich stießen die 7. und 16. Panzerdivision aus dem Kessel, und der Durchbruch gelang bei Butschatsch. Danach wurde der Feind selbst eingeschlossen und zerschlagen.

Für dieses Beispiel glänzender Truppenführung erhielt Hans Hube am 20. April 1944 als General der Panzertruppe und Oberbefehlshaber der 1. Panzerarmee – unter gleichzeitiger Beförderung zum Generaloberst – das 13. Eichenlaub mit Schwertern und Brillanten zum Ritterkreuz des Eisernen Kreuzes.

Am Tag nach der Überreichung der Brillanten, am 21. April 1944, stürzte Hans Hube auf dem Rückflug in der Nähe des Obersalzberges tödlich ab.

An einem Staatsbegräbnis nahmen Adolf Hitler und das gesamte Kabinett teil, Generaloberst Guderian hielt die Trauerrede und die Generale Walther Nehring, Hermann Breith, Heinrich Eberbach und Hans Gollnick bildeten die Ehrenwache. Hans Hubes sterbliche Überreste wurden auf dem Invalidenfriedhof in Berlin beigesetzt – unweit der Gräber von Werner Mölders und Ernst Udet.

Im Rahmen eines Staatsaktes im Mosaiksaal der Neuen Reichskanzlei am 26. April 1944 verabschiedet sich Hitler von Generaloberst Hans Hube. Die Totenwache halten v.l.n.r. General der Panzertruppe Walther Kurt Nehring, General der Panzertruppe Heinrich Eberbach, direkt hinter diesem General der Infanterie Hans Gollnick und – zwischen den beiden Ordenskissenträgern – General der Panzertruppe Hermann Breith.

Albert Kesselring

Albert Kesselring wurde am 30. November 1885 in Marksteft/Unterfranken als Sohn eines Stadtschulrates geboren.

Nach dem Besuch des Gymnasiums trat er im Sommer 1904 als Fahnenjunker in das 2. Königlich Bayerische Fußartillerieregiment in Metz/Lothringen ein und wurde 1907 zum Leutnant befördert. Da Elsaß-Lothringen damals Reichsland war, gab es in Metz nicht nur preußische Truppenteile, sondern auch Einheiten aus anderen Provinzen des Deutschen Reiches.

Als Oberleutnant zog Kesselring mit seinem Regiment im August 1914 in den Ersten Weltkrieg, den er teils bei der Truppe, teils im Stab als Brigadeadjutant und Generalstabsoffizier und zuletzt beim 3. Bayerischen Armeekorps – seit dem 27. Januar 1915 als Hauptmann – mitmachte, dessen Demobilisierung er 1918 leitete.

1919 wurde Kesselring in die Reichswehr übernommen, wo er zunächst als Batteriechef im 7. Bayerischen Artillerieregiment seinen Dienst versah, ehe er ab 1922 eine neunjährige Tätigkeit im Zentrum der Reichswehr begann, als er in den Stab der Heeresleitung nach Berlin versetzt wurde. Diese Tätigkeit wurde nur durch eine kurzzeitige Verwendung als 1. Generalstabsoffizier (Ia) der 7. Infanteriedivision unterbrochen. Am 1. Februar 1925 erfolgte seine Beförderung zum Major.

Seit 1. Februar 1930 Oberstleutnant, wirkte Kesselring als Ia des Chefs des Stabes der Heeresleitung und als Referent im Heerespersonalamt. 1931 übernahm er als Abteilungskommandeur im Artillerieregiment Nr. 4 in Dresden wieder ein Truppenkommando und avancierte am 1. Oktober 1932 zum Oberst.

Aufbau der Luftwaffe

Im September 1933 erreichte ihn der Ruf der Luftwaffe, dem er nur widerstrebend folgte. Am 1. Oktober 1933 wurde Albert Kesselring offiziell aus dem Heeresdienst verabschiedet und beteiligte sich zunächst mit dem zivilen Rang als Kommodore am getarnten Aufbau der neuen deutschen Luftwaffe. An diesem Tag – dem 1. Oktober 1933 – übernahm er die sogenannte Abteilung D, das spätere Luftwaffenverwaltungsamt im Reichsluftfahrtministerium, über das er von nun an erheblichen Einfluß auf den Aufbau der jungen Luftwaffe ausübte. Nach Proklamation der deutschen Wehrhoheit übernahm er ab dem 1. März 1935 – unter Beförderung zum Generalmajor – die Leitung des Verwaltungsamtes im Reichsluftfahrtministerium. Hier war er im Zusammenwirken mit dem Finanzministerium für den Millionenhaushalt der Luftwaffe, die Bereitstellung der erforderlichen Gelder, die Überwachung der Flugzeugproduktion, für das Liegenschaftswesen sowie für Besoldungs-, Bekleidungs- und Verpflegungsfragen verantwortlich.

Im Alter von 48 Jahren lernte er 1933 noch fliegen und nutzte dann bis Kriegsende 1945 jede sich bietende Gelegenheit, um sich immer wieder selbst an den Steuerknüppel von Flugzeugen zu setzen.

Hervorragende Führungsleistungen

Am 1. April 1936 avancierte Kesselring zum Generalleutnant und wurde – als Nachfolger des am 3. Juni 1936 über Dresden tödlich abgestürzten Generalleutnants Walter Wever – im Juni 1936 von Göring zum neuen Generalstabschef der Luftwaffe ernannt. Während seiner kurzen Amtszeit stoppte Kesselring in bewußter Abkehr vom Wevers-Konzept den Bau der viermotorigen Langstreckenbomber. Denn er sah die Aufgabe der Luftwaffe weniger im strategischen Luftkrieg als in der operativen und taktischen Unterstützung des Heeres.

Bereits ein Jahr später wurde er wegen verschiedener sachlicher Meinungsverschiedenheiten, unter anderem auch mit Göring und vor allem mit dem Staatssekretär Erhard Milch, abgelöst und am 1. Juni 1937 – unter gleichzeitiger Beförderung zum General der Flieger – zum Kommandierenden General des Luftgaues III in Dresden ernannt. Infolge der Umorganisation der Luftwaffe übernahm er ab dem 1. April 1938 den Oberbefehl über das Luftwaffengruppenkommando 1 Berlin, welches bei der Mobilmachung gegen Polen Ende August 1939 in Luftflotte 1 Ost umbenannt wurde.

Diese führte Kesselring erfolgreich im September 1939 im Polenfeldzug, und es war zum Teil auch sein Verdienst, daß die Operationen des Heeres so schnell und erfolgreich verliefen. Seine Verbände erkämpften zügig die Luftherrschaft und griffen dann sehr wirkungsvoll in die Erdkämpfe ein.

Für seine hervorragenden Führungsleistungen wurde Albert Kesselring bereits am 12. September 1939 mit der Wiederholungsspange für das

Generalfeldmarschall Albert Kesselring. Die Aufnahme zeigt ihn kurze Zeit nach der Verleihung am 18. Juli 1942 mit dem Eichenlaub mit Schwertern zum Ritterkreuz. Zudem trägt er das italienische Flugzeugführerabzeichen.

Foto: Walter Frentz

Während der Siegesparade der deutschen Wehrmacht in Warschau am 5. Oktober 1939 stehen auf dem Podest (oben, v.l.n.r.): General der Flieger Albert Kesselring, Oberbefehlshaber der Luftflotte 1; General der Flieger Alexander Löhr, Oberbefehlshaber der Luftflotte 4; Generalmajor Karl-Heinrich Bodenschatz, Verbindungsoffizier der Luftwaffe beim Obersten Befehlshaber der Wehrmacht; Oberst Wilhelm Brückner, persönlicher Adjutant Adolf Hitlers.

Foto: TimePix / Hugo Jäger

Eiserne Kreuz 2. Klasse von 1914, am 25. September mit jener für das Eiserne Kreuz 1. Klasse und schließlich am 30. September 1939 mit dem Ritterkreuz des Eisernen Kreuzes ausgezeichnet.

Seit Januar 1940 Oberbefehlshaber der Luftflotte 2, unterstützte Kesselring mit dieser ab Mai 1940 erfolgreich die Operationen der Heeresgruppe B gegen Holland, Belgien, Nordfrankreich und England. Hervorzuheben sind hierbei besonders die ersten Luftlandeunternehmen durch Fallschirmjäger zur Sicherung von wichtigen Brücken und gegen Befestigungsanlagen. Nach der Einschließung der alliierten Truppen vor Dünkirchen, nach dem Haltebefehl von Rundstedts am 24. Mai 1940 und angesichts Görings Versprechen, allein mit der Luftwaffe die Alliierten in Dünkirchen vernichtend schlagen zu können, lag es auch in Kesselrings Verantwortungsbereich, diese Operation erfolgreich zu führen. Er verzichtete auf einen Einspruch bei Göring, obwohl die Luftflotte 2 bereits zu geschwächt war. Daher konnte es den Briten immer wieder gelingen, die Luftherrschaft an sich zu reißen und den Rückzug der eingeschlossenen alliierten Soldaten zu decken. Gleichwohl wurde nach dem schnellen siegreichen Ende der Kämpfe im Westen in der Reichstagssitzung vom 19. Juli 1940 Kesselrings Beförderung zum Generalfeldmarschall – unter Überspringen des Ranges eines Generalobersten – bekanntgegeben.

Der Marschallstab von Albert Kesselring

Erfolge seiner Geschwader

Als es nach dem Westfeldzug darum ging, die Luftherrschaft über England – sie war die Voraussetzung für das Gelingen des Unternehmens „Seelöwe" – zu erringen, stand die Luftflotte 2 wieder im Mittelpunkt. Mit dem „Adlertag" – am 8. August 1940 – begann die „Luftschlacht um England" mit dem vergeblichen Versuch, die britische Luftverteidigung, vor allem die Jagdwaffe, auszuschalten. Einen Monat später erfolgte die Verlegung des Angriffsschwerpunktes auf London, Birmingham und sonstige wirtschaftliche Ziele. Hierbei erlitt die deutsche Luftwaffe jedoch erhebliche Verluste.

Ab Juni 1941 an der Ostfront im Einsatz, waren auch hier das rasche Vorgehen und die siegreichen Kesselschlachten im Sommer 1941 mit ein Erfolg seiner Geschwader, die in ununterbrochenem Einsatz die hart kämpfenden Truppen der Heeresgruppe Mitte wirkungsvoll unterstützten.

Am 28. November 1941 traf Albert Kesselring – zum Oberbefehlshaber Süd ernannt – in Rom ein und führte damit sämtliche Luftwaffenverbände im Mittelmeerraum. Mit dem II. und X. Fliegerkorps sowie dem Fliegerführer Afrika hatte er hier die Aufgabe, das Mittelmeer für den britischen Schiffsverkehr zu sperren, den Nachschub für Nordafrika zu sichern und den britischen Stützpunkt Malta niederzukämpfen. Ferner unterstützte er Rommels Afrikakorps mit allen Kräften, und seine Geschwader flogen aktive Heeresunterstützung. Dabei bewies er durchweg bedeutende Fähigkeiten in der Führung *aller* Wehrmachtteile und der italienischen Verbündeten, oblag ihm doch als Oberbefehlshaber Süd die Kriegführung im Mittelmeerraum, welche er mit dem italienischen Comando Supremo zu koordinieren hatte. Es gelang ihm jedoch nicht, Rommel nach der Einnahme Tobruks am 21. Juni 1942 zum Verzicht auf den weiteren gewagten Vorstoß nach Ägypten zu bewegen, um zunächst die Lage zur geplanten Eroberung Maltas zu nutzen. Seine Einstellung und sein auf Ausgleich bedachter Charakter förderte die deutsch-italienische Zusammenarbeit, bis sie nach dem Verlust Nordafrikas im Mai 1943 deutlich konfliktreicher wurde und mit dem Seitenwechsel bzw. Verrat Italiens im September 1943 ihr Ende fand.

Über 200mal war er selbst über der Front geflogen, besonders im Mittelmeerraum und in Nordafrika, um bei seinen Verbänden zu sein. Dafür erhielt Albert Kesselring 1942 die Frontflugspange in Gold.

Als Anerkennung für die Leistungen seiner Truppen und Auszeichnung für seinen persönlichen Einsatz und seine Führungskunst erhielt Albert Kesselring am 25. Februar 1942 als Generalfeldmarschall und Oberbefehlshaber Süd das 78. Eichenlaub zum Ritterkreuz und fünf Monate später, am 18. Juli 1942, als 15. Soldat der Wehrmacht das Eichenlaub mit Schwertern zum Ritterkreuz des Eisernen Kreuzes.

Hinhaltende Rückzugskämpfe

Als Heerführer bewährte sich Albert Kesselring ab dem 13. Juni 1943, als er zum Oberbefehlshaber der Heeresgruppe C in Italien ernannt wurde. Hier verteidigte er fast zwei Jahre lang mit geschickten Maßnahmen die Apennin-Halbinsel in hinhaltenden Rückzugskämpfen. Trotz der alliierten Überlegenheit zu Lande, zu Wasser und in der Luft gelang es ihm, mit zahlenmäßig stark unterlegenen Truppen und mit im Verhältnis geringen Verlusten, immer wieder den Vormarsch der Alliierten zu stoppen und zu verzögern. Zu schweren Kämpfen kam es besonders bei Anzio und Nettuno, danach wich er mit seinen Verbänden nach Norden zurück. Die Alliierten konnten im Juni 1944 zwar

Rom kampflos besetzen, da Kesselring, um sinnlose Zerstörungen zu vermeiden, die Räumung befohlen hatte, aber ungeachtet aller Rückschläge waren die deutsche Führung und die deutsche Truppe durchaus Herr der Lage. Während dieser Kämpfe war er stets um eine möglichst humane Kriegführung bemüht. Und er verzichtete bewußt auf die Verteidigung solcher Orte, die bedeutende Kunstschätze aufzuweisen hatten.

Für seine dabei erneut bewiesenen Führungsleistungen wurde ihm am 19. Juli 1944 – einen Tag vor seinem 40jährigen Dienstjubiläum – als 14. Soldaten der Wehrmacht das Eichenlaub mit Schwertern und Brillanten zum Ritterkreuz des Eisernen Kreuzes verliehen.

Ende Oktober 1944 wurde Albert Kesselring bei einem Autounfall während einem seiner täglichen Truppenbesuche am Nordhang des Apennins schwer verletzt. Zu dem Unfall kam es, als sein Wagen auf ein rückwärts aus einem Seitenweg stoßendes Geschütz prallte. Noch nicht ganz wiederhergestellt, übernahm er ab dem 15. Januar 1945 den Oberbefehl in Italien und wurde schon bald darauf ab dem 9. März 1945 als Nachfolger von Gerd von Rundstedt von Hitler zum Oberbefehlshaber West ernannt. In dieser Funktion konnte er am 2. Mai 1945 nur noch die Genehmigung zum Waffenstillstand südlich der Alpen geben und an der Westfront Kapitulationsverhandlungen mit den US-Amerikanern aufnehmen.

Entwürdigende Behandlung

Bei Kriegsende stellte er sich den US-Amerikanern, und damit begann ein Leidensweg besonderer Art. Er wurde schikanös behandelt und unter bewußt entehrenden Begleitumständen von Lager zu Lager geschleppt. Von den US-Amerikanern an die Briten überstellt, wurde er Anfang 1946 in einem jedem Rechtsempfinden Hohn sprechenden Schauprozeß in Venedig wegen angeblicher Kriegsverbrechen – „völkerrechtswidriger Partisanenerschießungen", Geiselerschießungen nach dem Anschlag in der Via Rasella und so weiter – angeklagt und am 6. Mai 1946 von einem britischen Gericht in Mestre zum Tode durch Erschießen verurteilt.

Am 4. August 1947 wurde die Todesstrafe in lebenslängliche Haft umgewandelt, und im Herbst 1952 erfolgte – nach mehreren Krankenhausaufenthalten und Operationen – seine Freilassung aus dem alliierten Zuchthaus Werl / Westfalen. Danach betätigte er sich publizistisch; der Titel eines seiner Bücher lautet: *Soldat bis zum letzten Tag.*

Am 15. Juli 1960 verstarb Albert Kesselring an Herzversagen in Bad Nauheim / Hessen und wurde unter großer Beteiligung Tausender seiner ehemaligen Soldaten auf dem Bergfriedhof in Bad Wiessee am Tegernsee / Bayern beigesetzt. Der Generalinspekteur der Bundesluftwaffe, Josef Kammhuber, würdigte in der Grabrede die Verdienste des Verstorbenen.

Generalfeldmarschall Albert Kesselring wird während des Nürnberger Prozesses als Zeuge gegen Reichsmarschall Göring vernommen.

Helmut Lent

Helmut Lent wurde am 13. Juni 1918 in Pyrehne, Kreis Landsberg/Warthe, als Sohn eines Pfarrers geboren. Lent besuchte das Gymnasium und meldete sich, gegen den Wunsch seines Vaters, nach dem Abitur am 1. April 1936 zur Luftwaffe, um aktiver Offizier zu werden.

Am 1. April 1937 wurde er zum Fähnrich, am 1. März 1938 zum Leutnant befördert und als Flugzeugführer zur I. Gruppe des Zerstörergeschwaders (ZG) 76 versetzt.

Erster Luftsieg

Mit dieser nahm er am Polenfeldzug teil und erzielte hierbei bereits am 2. September seinen ersten Luftsieg. Nach Tiefangriffen, bei denen er mehrere Maschinen am Boden zerstörte, erhielt er das Eiserne Kreuz 2. Klasse.

Während der Luftschlacht über der Deutschen Bucht konnte er am 18. Dezember 1939 drei weitere Abschüsse für sich verbuchen.

Im Frühjahr 1940 flog Lent Einsätze beim Unternehmen „Weserübung". Er landete mit seiner Messerschmitt Bf 110 als erster deutscher Flieger auf dem Flugplatz Oslo-Fornebu und hielt die Norweger so lange in Schach, bis seine Kameraden folgten. Hier im hohen Norden erzielte Lent fünf weitere Luftsiege, konnte damit seine Abschußzahl auf acht erhöhen und erhielt dafür das Eiserne Kreuz 1. Klasse.

Langsam wurden seine Vorgesetzten auf ihn aufmerksam, seinen Wunsch, endlich Jagdflieger zu werden, akzeptierten sie jedoch nicht.

Im Mai 1940 gelangte der junge Flieger dann doch an sein Ziel: Die I. Gruppe wurde als Stamm des ersten deutschen Nachtjagdgeschwaders abgestellt, und Oberleutnant Lent wurde im Januar 1941 Staffelkapitän der 6. Staffel des Nachtjagdgeschwaders (NJG) 1.

Geheimnisumwitterte Romantik umgab die Nachtjäger, als man zum erstenmal von ihnen sprach. Wer sie in mondhellen oder dunklen Nächten über oder unter den Wolken ihre Kreise ziehen hörte oder sie gar sah, fühlte sich von den Leistungen jener damals noch kleinen Schar fasziniert.

Als Lent am 12. Mai 1941 zu seinem ersten Nachtjagdeinsatz startete, konnte er sich weder auf ein brauchbares Bordradar noch auf größere Unterstützung vom Boden verlassen. Dennoch fand er den gemeldeten Verband und schoß zwei viermotorige Bomber ab.

In den folgenden Monaten erhielt das Geschwader jedoch immer bessere Geräte und Unterstützung, so daß der junge Flieger während der britischen Bomberoffensive gegen Norwegen nochmals zwölf viermotorige Bomber abschießen konnte. Dabei mußte er so manches harte nächtliche Duell ausfechten.

So hatte er in einer Juninacht 1941 einen erbitterten Luftkampf mit einem zähen britischen Bomber durchzustehen. Lent bezwang ihn, wurde jedoch an Arm und Kopf verletzt, so daß er notlanden mußte. Kaum genesen, saß der Draufgänger schon wieder in seiner Maschine.

Nach 14 Nachtabschüssen und acht Treffern am Tag erhielt Helmut Lent am 30. August 1941 als Oberleutnant und Staffelkapitän der 6. Staffel/NJG 1 das Ritterkreuz.

Ab 1. November 1941 stellte Lent in Leeuwarden/Holland die II. Gruppe/NJG 2 auf, erzielte im November 1941 seinen 20. Nachtjagdsieg, wurde Kommandeur der Gruppe und kurz darauf zum Hauptmann befördert.

Jede Nacht am Feind

In den kommenden Monaten verbesserte der Ritterkreuzträger die Taktiken für den Nachtjagdeinsatz, arbeitete mit anderen Flugzeugführern verbesserte Vorschläge für ein Bodenradarnetz aus und testete neue Waffensysteme. Mit seiner Gruppe flog er jede Nacht Einsätze gegen britische Bomberverbände über Holland, Belgien und Deutschland.

Am 9. April 1942 erhielt Helmut Lent das Deutsche Kreuz in Gold und nach seinem 42. Nachtjagdsieg am 6. Juni 1942 als Hauptmann und Kommandeur der II. Gruppe/NJG 2 das 98. Eichenlaub zum Ritterkreuz.

Seine zunehmenden Abschußerfolge machten ihn inzwischen auch beim britischen Abhördienst bekannt.

Ab Sommer 1942 wurden die Nachtjagdstaffeln mit dem Funkmeßgerät FuG 202 ausgerüstet. Dieses erste brauchbare Bordradar ermöglichte es den Nachtjägern – nachdem sie durch die Bodenradarstelle an den Bomberverband herandirigiert worden waren –, ein Ziel auf bis zu drei Kilometer genau zu orten.

Diese für damalige Verhältnisse revolutionäre technische Neuerung ließ die Abschußzahlen der deutschen Nachtjäger nach oben schnellen. Die britischen Bomberverluste nahmen entsprechend zu.

Oberst Helmut Lent. Die Aufnahme zeigt ihn als Major mit dem Eichenlaub mit Schwertern zum Ritterkreuz

Foto: Walter Frentz

Oberstleutnant Helmut Lent kurze Zeit nach Verleihung der Brillanten im Sommer 1944. Zudem trägt er die Frontflugspange für Nahnachtjagdverbände in Gold mit Anhänger.

Am 1. Oktober 1942 wechselte Lent mit seiner II. Gruppe des NJG 2 zum NJG 1, welche nun in IV. Gruppe/NJG 1 umbenannt wurde. Anfang 1943 erfolgte seine Beförderung zum Major.

In der Nacht zum 8. Januar 1943 errang er als erster Nachtjäger seinen 50. Nachtluftsieg.

Oberstleutnant mit 25 Jahren

Am 1. August 1943 wurde Helmut Lent zum Kommodore des NJG 3 ernannt und erhielt nach seinem 66. Nachtabschuß am 2. August 1943 für seine Leistungen als Major und Kommandeur der IV. Gruppe/NJG 1 als 32. Soldat der Wehrmacht das Eichenlaub mit Schwertern zum Ritterkreuz des Eisernen Kreuzes. Außerdem wurde er im Alter von nur 25 Jahren als einer der jüngsten Offiziere zum Oberstleutnant befördert.

Als bescheidener und intelligenter Führer seiner Männer stand er Nacht für Nacht im Einsatz gegen die alliierten Bomberverbände und erzielte dabei viele Luftsiege. In der Nacht zum 23. August 1943 konnte er erneut drei britische Bomber abschießen. Im Dezember 1943 erhielt sein langjähriger Bordfunker und Radarbeobachter Oberfeldwebel Walter Kubisch nach über 200 Einsätzen für seinen Anteil an den Abschußerfolgen das Ritterkreuz.

Im Juni 1944 war Lent mit seinen Erfolgen bereits zum fünften Male namentlich im Wehrmachtbericht erwähnt worden. Die hervorragenden technischen Kenntnisse und die taktischen Fähigkeiten des jungen Geschwaderkommodores ließen die Führung aufhorchen. Im Führerhauptquartier machte man keinen Hehl daraus, daß der kommende Inspekteur der Nachtjäger Lent heißen würde, nachdem der bisherige Kommandeur, General der Nachtjagd Josef Kammhuber, von Hermann Göring abgelöst worden war. In einem mehrstündigen Gespräch überzeugte sich sogar Hitler persönlich von Lents Qualifikationen. In einer vom Reichskanzler verfaßten persönlichen Notiz bezeichnete dieser ihn als den möglichen Chef der Nachtjagd; er plante, ihn mit der Neuorganisation der Geschwader zu betrauen.

Auf dem Bordwaffeneinschießstand des Fliegerhorstes in Deelen/Niederlande werden die vier Bordkanonen der Me 110 von Helmut Lent im Jahre 1941 neu justiert.

In der Nacht vom 15. auf den 16. Juli 1944 befand sich ein rund 600 Bomber starker Verband im Anflug auf Stuttgart. Die deutschen Nachtjäger stemmten sich dieser Übermacht entgegen. Dabei erzielte Helmut Lent mit vier Viermot.-Abschüssen seinen 97. bis 100. Nachtluftsieg – eine bis dahin unerreichte Marke.

Am 31. Juli 1944 erhielt Lent als Oberstleutnant und Kommodore des NJG 3 das 15. Eichenlaub mit Schwertern und Brillanten zum Ritterkreuz des Eisernen Kreuzes.

Lent war der erste Nachtjäger, dem diese Auszeichnung zuteil wurde. Doch nun wurde er von allerhöchster Stelle mit einer Feindflugbeschränkung belegt, die nur noch wenige Einsätze im Monat zuließ. Zu einem Kameraden sagte er einmal: „Ich finde den Krieg schauderhaft. Aber wenn es schon sein muß, dann sollte er mit Fairneß geführt werden. Angriffe auf Frauen und Kinder, Luftminen und Phosphor auf die friedliche Bevölkerung unserer Städte und Dörfer – das alles ist eine Schweinerei!"

Tragischer Unfall

Am 5. Oktober 1944 wollte Lent seinen alten Freund, den Eichenlaubträger Hans-Joachim Jabs, Kommodore des NJG 1, besuchen. Der Flug von Stade nach Paderborn verlief ohne Störung, bis plötzlich kurz vor der Landung ein Motor ausfiel, die Ju 88 an Höhe verlor und dabei eine Hochspannungsleitung berührte. Die Maschine schlug wie ein Stein auf dem Boden auf. Die anderen Besatzungsmitglieder, Oberleutnant Hermann Klöß und Kriegsberichter Leutnant Werner Kark, waren sofort tot. Sein langjähriger Bordfunker, Oberfeldwebel Kubisch, starb am nächsten Tag an den Folgen seiner Verletzungen und wurde nachträglich zum Leutnant befördert.

Helmut Lent wurde sofort in ein Lazarett in Paderborn geschafft, wo er noch zwei Tage mit dem Tode rang und schließlich am 7. Oktober 1944 seinen schweren Verletzungen erlag.

Am 11. Oktober 1944 wurde ergänzend zum Wehrmachtbericht unter anderem folgendes gemeldet:„Geschwaderkommodore Oberstleutnant Helmut Lent, Inhaber der höchsten deutschen Tapferkeitsauszeichnung, fand den Fliegertod. Mit ihm verliert die Luftwaffe ihren erfolgreichsten Nachtjäger, der im Kampf gegen die nächtlichen Terrorangriffe der englischen Luftwaffe 102 Luftsiege errungen hat."

Auf seinen über 500 Feindflügen hatte er insgesamt 102 Nacht- und acht Tagabschüsse erzielt. Nachträglich erfolgte die Beförderung des untadeligen, gebildeten und menschlich wertvollen Offiziers zum Oberst.

Das Grab von Helmut Lent und seinen drei Besatzungsmitgliedern befindet sich auf dem alten Garnisonfriedhof in Stade/Niedersachsen. Dort wurde er mit militärischen Ehren und unter großer Anteilnahme der Bevölkerung beigesetzt.

Während des Staatsaktes für Helmut Lent im Mosaiksaal der Neuen Reichskanzlei hält Reichsmarschall Hermann Göring die Trauerrede.

Wolfgang Lüth

Wolfgang Lüth wurde am 15. Oktober 1913 in Riga als Sproß einer Kaufmannsfamilie geboren.

Nach dem Besuch des Naturwissenschaftlichen Gymnasiums und bestandenem Abitur studierte Lüth am Herder-Institut Jura und trat am 1. April 1933 als Offizieranwärter in die Reichsmarine ein.

Nach der Infanterieausbildung in Stralsund folgte die dreimonatige seemännische Ausbildung auf dem Segelschulschiff „Gorch Fock". Der 23jähige nahm anschließend vom 14. Oktober 1933 bis 20. Juni 1934 an einer Weltreise auf dem Leichten Kreuzer „Karlsruhe" teil, die ihn nach Indien, Indonesien, Australien sowie nach Nord- und Südamerika führte. Dabei besuchte er die Häfen Syrakus, Port Said, Aden, Trincomali, Kalkutta, Padang, Surabaja, Brisbane, Apia, Honolulu, Tacoma, San Diego, Amapala, Balbao, San Domingo, Boston und Caraminal.

Ab Sommer 1934 nahm er an verschiedenen Fähnrichwaffenlehrgängen teil und versah dann seinen Dienst auf dem Leichten Kreuzer „Königsberg". Nach der bestandenen Seeoffizierhauptprüfung auf der Marineschule Flensburg-Mürwik wurde Lüth am 1. Oktober 1936 zum Leutnant z.S. befördert.

Wechsel zur U-Bootwaffe

Im Februar 1937 meldete er sich zur U-Bootwaffe und trat im Juli 1937 als II. Wachoffizier (WO) auf U 27 seinen Dienst an. Auf diesem erlebte er während des spanischen Bürgerkrieges eine Überwachungsfahrt in spanischen Gewässern.

Im Oktober 1937 kam er als I. Wachoffizier auf U 38 unter Heinrich Liebe, wurde am 1. Juni 1938 zum Oberleutnant z.S. befördert und befand sich bei Kriegsausbruch im September 1939 auf einer Patrouillenfahrt.

Im Dezember 1939 war Lüth für kurze Zeit Kommandant in Vertretung (i.V.) von U 13 und übernahm am 30. Dezember 1939 als Kommandant das Boot U 9, welches er bis Juni 1940 erfolgreich führte.

Am 16. Januar 1940 lief er zu seiner ersten Feindfahrt ins Gebiet Kinnaird Head aus und versenkte vor der englischen Ostküste zwei schwedische Dampfer ohne Nationalitätskennzeichen: am 18. Januar 1940 die „Flandria" (1.157 Bruttoregistertonnen – BRT) und am 19. Januar die „Patria" (1.185 BRT). Am 22. Januar 1940 lief Lüth mit U 9 wieder in Kiel ein und erhielt drei Tage später das Eiserne Kreuz 2. Klasse.

Auch seine zweite Feindfahrt führte zum Erfolg: Der britische Tanker „St. Piburcio" (5.995 BRT) sank am 4. Mai 1940, nachdem er auf eine von U 9 ausgebrachte Mine gelaufen war. Außerdem versenkte U 9 am 11. Februar den estnischen Dampfer „Linda" (1.213 BRT). Eine Woche später erhielt Lüth das U-Bootkriegsabzeichen.

Im Rahmen des Unternehmen „Weserübung" (deutsche Besetzung von Dänemark und Norwegen) operierte U 9 vor Bergen.

Im April 1940 wurden alle verfügbaren U-Boote, darunter auch U 9, im Rahmen der Norwegen-Besetzung gegen englische Seestreitkräfte eingesetzt, die eine alliierte Invasion Norwegens unterstützen sollten. Hätten die Torpedos der deutschen U-Boote bei dieser Aktion funktioniert, wären die Gewässer um Norwegen zum Grab der britischen Flotte geworden. Doch die Magnetzünder versagten allesamt. Trotz Einsatzes bis an die Grenze des Möglichen blieben viele Angriffe erfolglos.

Nur durch ihr grenzenloses Vertrauen zu Admiral Karl Dönitz (223. Eichenlaub) konnte die sogenannte „Torpedokrise", ohne die das Seekriegsgeschehen einen anderen Ausgang bekommen hätte, überwunden werden.

Am 5. Mai 1940 lief Oberleutnant z.S. Lüth in das Gebiet der Scheldemündung aus. Auf dem Anmarschweg vernichtete U 9 in der Nacht vom 8. auf den 9. Mai bei Terschelling das französische U-Boot „Doris" (552 BRT).

Vor der Schelde in Höhe von Antwerpen versenkte er am 11. Mai 1940 zwei Dampfer mit zusammen 3.338 BRT. Am 15. Mai 1940 erhielt Lüth das Eiserne Kreuz 1. Klasse.

Anschließend lag er erneut vor Antwerpen auf Lauer. Dort gelang ihm am 23. Mai 1940 ein weiterer Treffer: U 9 versenkte den belgischen Frachter „Sigurd Faulbaum" (3.256 BRT). Gesamterfolg auf U 9: sieben Handelsschiffe mit 16.669 BRT und ein U-Boot mit 552 BRT.

Erfolgreiche Einsätze mit U 138

Am 27. Juni 1940 übernahm Lüth als Kommandant U 138. Am 10. September 1940 lief er zur ersten Feindfahrt aus, die von Kiel aus zu den North Minches und in den Nordkanal führte.

Seinen größten Erfolg erzielte er mit dem neuen Boot, als er in der Nacht vom 20. auf 21. September 1940 aus dem Konvoi OB-216 den britischen Tanker „New Sevilla" (13.801 BRT), den panamesischen Dampfer „Boka" (5.560 BRT) und die bri-

Kapitän zur See
Wolfgang Lüth

Foto: Walter Frentz

tischen Dampfer „Empire Adventure" (5.145 BRT) und „City of Simla" (10.138 BRT) versenken konnte.

Ein perfekter Einstand für das Boot und die neue Besatzung. Am 26. September 1940 kehrte U 138 mit vier Versenkungswimpeln am ausgefahrenen Seerohr in den Stützpunkt Lorient/Bretagne zurück. Wenige Stunden zuvor konnte es vier Torpedos ausweichen, die das britische U-Boot „Tribune" abgefeuert hatte.

Von dort lief Lüth am 8. Oktober 1940 zur 2. Feindfahrt aus, die erneut an die Nordküste Irlands führte. Am 15. Oktober versenkte er aus einem Geleitzug den britischen Dampfer „Bonheur" (5.327 BRT) und torpedierte den Tanker „British Glory" (6.993 BRT). Am 20. Oktober 1940 kehrte er mit U 138 in den Stützpunkt Lorient zurück. Seine Gesamterfolge auf U 138: fünf versenkte Handelschiffe mit 39.971 BRT sowie die Beschädigung eines Dampfers mit 6.993 BRT.

Am 24. Oktober 1940 erhielt Lüth als Oberleutnant z.S. und Kommandant von U 138 durch den Befehlshaber der Unterseeboote (BdU) das Ritterkreuz überreicht.

Glänzende Erfolge

Ende Oktober 1940 übernahm Wolfgang Lüth mit dem hochseetüchtigen U 43 bereits sein drittes Boot als Kommandant, welches er bis April 1942 erfolgreich führte.

Am 2. Dezember 1940 versenkte Lüth den britischen Tanker „Victor Ross" (12.247 BRT) und den britischen Dampfer „Pacific President" (7.113 BRT).

Am 13. Dezember torpedierte Lüth das englische Motorschiff „Orari" (10.350 BRT) und trat anschließend die Rückfahrt nach Lorient an. Dort sank U 43 jedoch im Hafenbecken, weil das T-Luk nicht vorschriftsmäßig geschlossen war. Nach der Bergung mußten Boot und Besatzung eine mehrmonatige Zwangspause einlegen.

Am 13. Mai 1941 konnte Wolfgang Lüth mit U 43 endlich zur zweiten Feindfahrt in den Nordatlantik auslaufen. Dort gelangen ihm zwei Volltreffer: Am 6. Juni versank der holländische Dampfer „Yselhaven" (4.802 BRT), am 17. Juni das britische Motorschiff „Cathrine" (2.727 BRT).

Am 1. Januar 1941 erfolgte seine Beförderung zum Kapitänleutnant. Im November verlegte das Boot in den Raum von Gibraltar, wo sich nun der neue Schwerpunkt des deutschen U-Booteinsatzes befand. Am 29. November versenkte er dort den britischen Munitionstransporter „Thornliebank" (5.569 BRT), am 30. November den britischen Dampfer „Ashby" (4.868 BRT) und am 2. Dezember 1941 südlich der Azoren den amerikanischen Tanker „Astral" (7.542 BRT). Am 16. Dezember 1941 lief U 43 wieder in Lorient ein, und die Besatzung konnte das Weihnachtsfest an Land feiern.

Am 30. Dezember 1941 lief Lüth mit U 43 zur Überführungsfahrt nach Kiel aus – es wurde die

Blick über die 8,8 cm-Schnellfeuerkanone auf einem U-Boot vom Typ VII

Foto: Sammlung Dave Williams

fünfte Feindfahrt. Denn am 12. Januar 1942 stieß das Boot auf einen Konvoi und versenkte daraus den britischen Dampfer „Caledonian Monarch" (5.851 BRT), den schwedischen Dampfer „Yngaren" (5.246 BRT) , den panamesischen Dampfer „Chepo" (5.707 BRT) und den britischen Dampfer „Empire Surf" (6.641 BRT).

Am 22. Januar 1942 lief U 43 in Kiel ein. Die Bilanz von Wolfgang Lüth und seinen Männern konnte sich sehen lassen: zwölf Handelsschiffe mit 70.437 BRT und ein Schiff mit 10.350 BRT torpediert auf 192 Seetagen.

Der erfolgreiche Kapitänleutnant sollte ein neues Boot erhalten: Am 9. Mai 1942 übernahm Lüth mit U 181 eines der ersten neuen Exemplare des Typs IX D2 auf der Deschimag-Werft in Bremen.

Insgesamt wurden von diesem neuen Typ nur 28 Boote fertiggestellt. Mit einer Reichweite von 31.500 Seemeilen konnte dieser Typ einmal um den ganzen Erdball fahren, ohne auf See Diesel übernehmen zu müssen.

Einsatz vor Madagaskar

Am 12. September 1942 lief Kapitänleutnant Wolfgang Lüth mit U 181 zur ersten Feindfahrt aus, die ihn vor die südafrikanische Küste und in den Indischen Ozean vor Madagaskar führte. Dort gelang es, in rascher Folge vier Dampfer zu versenken. Der größte – die amerikanische „East Indian" – hatte 8.159 BRT.

Am 13. November 1942 erreichte Wolfgang Lüth ein Funkspruch aus der Heimat, der ihn von der Verleihung des Eichenlaubs zum Ritterkreuz informierte.

Die Erfolgsserie Lüths hielt an: Innerhalb von zwei Wochen versenkte er mit U 181 weitere acht Schiffe mit zusammen 36.394 BRT.

Als er nach 128 Seetagen am 18. Januar 1943 mit U 181 wieder in Bordeaux einlief, ging eine der bis dahin erfolgreichsten Feindfahrten des Krieges zu Ende: Zwölf Handelsschiffe mit 58.381 BRT hatte er auf den Meeresgrund geschickt.

Am 26. Januar 1943 überreichte ihm der Oberbefehlshaber der Kriegsmarine, Großadmiral Dr. Erich Raeder, in Berlin das U-Bootkriegsabzeichen mit Brillanten.

Am 23. März 1943 lief Kapitänleutnant Wolfgang Lüth mit U 181 zur zweiten Feindfahrt aus. Wieder ging es in den Raum Südafrika und in den Indischen Ozean – in die Meerenge zwischen Madagaskar und Mosambik.

Schon bei der Anfahrt ins Patrouillengebiet gelang Lüth ein schöner Erfolg: Vor Sierra Leone versenkte er den britischen Dampfer „Empire Whimbrel" (5.983 BRT). Kurz darauf erreichte ein Funkspruch aus Berlin U 181: Am 15. April 1943 erhielt Wolfgang Lüth die Mitteilung, daß ihm für seine bisherigen Gesamterfolge als 29. Soldaten der Wehrmacht das Eichenlaub mit Schwertern zum Ritterkreuz des Eisernen Kreuzes verliehen worden war. Am nächsten Tag erhielt er auch noch die Nachricht, daß er zum Korvettenkapitän aufgestiegen war.

Im Zielgebiet angekommen, räumte der frisch Geehrte kräftig unter den feindlichen Konvois auf: Von Mai bis August 1943 jagte und versenkte Lüth neun weitere Handelsschiffe – die fast ausschließlich unter britischer Flagge fuhren. Seine Erfolge blieben nicht ohne Lohn: Am 9. August erreichte ihn die Nachricht, daß er als siebter Soldat der Wehrmacht das Eichenlaub mit Schwertern und Brillanten zum Ritterkreuz des Eisernen Kreuzes erhalten habe – als erster Offizier der Kriegsmarine, d. h. er bekam die zwei höchsten deutschen Tapferkeitsauszeichnungen auf einer Feindfahrt.

Wie um dieser besonderen Ehrung gerecht zu werden, versenkte Lüth drei Tage später den britischen Dampfer „Clan Macarthur" (10.528 BRT) vor Mauritius. An Bord waren über 5.000 Tonnen Munition. Doch dann ging es endlich zurück in die Heimat.

Als die siegreiche U 181 am 14. Oktober 1943 nach 205 Seetagen wieder in Bordeaux einlief, hatte Wolfgang Lüth auf dieser zweitlängsten Feindfahrt der Kriegsgeschichte zehn Schiffe mit 45.331 BRT versenkt. Insgesamt hatte Lüth auf zwei Feindfahrten mit insgesamt 335 Seetagen in den Seeraum südlicher Indischer Ozean 22 Schiffe mit 103.712 BRT vernichtet.

Im Führerhauptquartier

Am 25. Oktober 1943 konnte Korvettenkapitän Wolfgang Lüth die ihm schon auf See verliehenen beiden hohen Auszeichnungen durch den Obersten Befehlshaber in Empfang nehmen.

Außerdem erhielt er in Berlin am 26. Oktober 1943 den Ehrendolch der Kriegsmarine mit Brillanten durch den neuen Oberbefehlshaber der Kriegsmarine, Großadmiral Karl Dönitz, ausgehändigt.

Die Erfolgsbilanz des nach Otto Kretschmer zweiterfolgreichsten U-Boot-Kommandanten des Zweiten Weltkrieges beläuft sich auf 43 versenkte Handelsschiffe mit 225.713 BRT, zwei torpedierte Einheiten mit 17.343 BRT, ein U-Boot mit 552 BRT.

Nach fünf Jahren an Bord von U-Booten gab Lüth am 21. Oktober 1943 das Kommando über U 181 ab. Anschließend erholte er sich von den Strapazen der langen Feindfahrt. Außerdem wurde er zu einem gesuchten und gern gesehenen Referenten für U-Boot-Fragen, sprach vor Offizieren und Fähnrichen, vor Generalen und Admiralen und am 17. Dezember 1943 auf einer Konferenz in Weimar vor Marinestabsoffizieren über die psychologischen Probleme während langer Feindfahrten.

Zu dieser Zeit arbeitete er auch an einem „Wegweiser für den künftigen Marine-Offizier", der einmal zum Leitfaden für junge Offiziersanwärter werden sollte.

Erst nach der Rückkehr von der ersten Feindfahrt auf seinem neuen Boot U 181 am 18. Januar 1943 kann Kapitänleutnant Lüth das ihm bereits am 13. November 1942 verliehene Eichenlaub im Führerhauptquartier entgegennehmen. Zur Eichenlaubverleihung sind ebenfalls v.l.n.r. angetreten: Korvettenkapitän Karl Friedrich Merten, Lüth, Kapitänleutnant Friedrich Guggenberger und Kapitänleutnant Werner Töniges. Rechts von Hitler stehen Kapitän zur See Karl-Jesko von Puttkamer, Adjutant der Kriegsmarine beim Führer und Obersten Befehlshaber der Wehrmacht, sowie Admiral Karl Dönitz, Befehlshaber der Unterseeboote.

Schließlich übernahm Lüth ab 15. Januar 1944 als Chef die 22. U-Flottille in Gotenhafen. Diese Schulflottille führte er bis zum Juli 1944, danach wurde er – am 1. August 1944 erfolgte seine Beförderung zum Fregattenkapitän – Kommandeur der I. Abteilung der Marineschule in Flensburg-Mürwik. Bereits am 1. September 1944 erfolgte außer der Reihe seine Beförderung zum Kapitän z.S.

Als solcher wurde er am 14. September 1944 selbst zum Kommandeur der traditionsreichen Marineschule Flensburg-Mürwik ernannt. Lüth war noch keine 31 Jahre alt und damit der jüngste Offizier und der einzige, der diese Schule je leitete und nicht die Admiralsstreifen trug.

Mit seinem Freund Claus Korth (Ritterkreuz am 29. Mai 1941 als Kapitänleutnant und Kommandant von U 93) schrieb er an einem Buch über seine U-Booterlebnisse.

Bei Kriegsende im Mai 1945 befanden sich neben den Angehörigen der Marineschule auch die Mitglieder Reichsregierung Dönitz in Flensburg-Mürwik.

Das rund 400 Mann starke „Wachbataillon Dönitz", das den Wachdienst auf dem Gelände der Schule versah, wurde von Korvettenkapitän Peter-Erich Cremer (Ritterkreuz am 5. Juni 1942 als Kommandant von U 333) geführt.

Kontrollgang mit schweren Folgen

Am 5. Mai 1945 besetzten die Briten Flensburg, doch am Tagesablauf an der Marineschule änderte sich vorerst nichts. Die Soldaten und Offiziere durften weiterhin ihre Waffen tragen, und Wolfgang Lüth wurde sogar von den Briten ermächtigt, die Schule gegen jedermann zu verteidigen. Denn es gab das Gerücht, daß freigesetzte Fremdarbeiter die Marineschule überfallen wollten.

In der Nacht vom 13. auf den 14. Mai 1945 fiel Wolfgang Lüth dann einem tragischen Unfall zum Opfer: Als er auf einem Kontrollgang von dem Wachtposten Matthias Gottlob angerufen wurde, gab Lüth keine Antwort. Der Posten schoß, und tragischerweise traf der Warnschuß den hochdekorierten Kommandeur in den Kopf.

Lüth, der noch kurz vorher selbst befohlen hatte, auf jeden zu schießen, der die Parole nicht kannte, war seinem eigenen Befehl zum Opfer gefallen.

Obwohl die Wehrmacht offiziell nicht mehr existierte, gab es noch eine kriegsgerichtliche Untersuchung, die mit dem Freispruch des Postens endete, da er richtig gehandelt hatte.

Am 16. Mai 1945 erhielt Wolfgang Lüth ein Staatsbegräbnis. Sechs Ritterkreuzträger – alles U-Bootkommandanten – hielten die Ehrenwache, Großadmiral Dönitz hielt die Trauerrede.

Danach trugen junge Fähnriche den Sarg aus der Aula zum Friedhof der Gemeinde Adelby.

Peter-Erich Cremer kommandierte die Ehrenkompanie und den Ehrensalut. Zum letzten Mal wurde für einen hochausgezeichneten deutschen Offizier der Salut geschossen. „Es war wie ein Symbol", wie Dönitz später sagte.

Wolfgang Lüth als Kapitänleutnant nach der Aushändigung des Eichenlaubes im Januar 1943

Foto: Walter Frentz

Hasso von Manteuffel

Hasso von Manteuffel wurde am 14. Januar 1897 in Potsdam als drittes von fünf Kindern des Gardehauptmanns a.D. Eccard von Manteuffel geboren.

Die von Manteuffels waren ein altadeliges und ursprünglich in Pommern beheimatetes weitverzweigtes Geschlecht. Die Familie stellte dem preußischen Staat neben ganzen Generationen von Offizieren auch zahlreiche Minister.

Nach dem frühen Tod des Vaters war es schon fast eine Selbstverständlichkeit, daß der junge von Manteuffel – der in Potsdam das Viktoria-Gymnasium besuchte – 1908 als 11jähriger in das Kadettenkorps zu Naumburg eintreten konnte, um sich dort und ab 1911 an der Hauptkadettenanstalt Berlin-Lichterfelde auf den Offizierberuf vorzubereiten.

Husarenregiment „von Ziethen"

Seine eigentliche militärische Laufbahn begann am 22. Februar 1916, als er nach bestandener Reifeprüfung als Fähnrich in die 5. Eskadron des Husarenregiments „von Ziethen" (Brandenburgisches Nr. 3) in Rathenow an der Havel eintrat. Nach kurzer Ausbildung folgte er seiner im Westen als Aufklärungseskadron bei der 6. Infanteriedivision eingesetzten Truppe an die Front, wo er bereits am 28. April 1916 – mit Patent vom 28. Januar 1915 – zum Leutnant befördert wurde.

Während eines Spähtruppunternehmens an der Somme wurde er am 14. Oktober 1916 verwundet und kam in das Reservelazarett nach Münster / Westfalen. Noch nicht voll hergestellt, trat er im Januar 1917 seinen Dienst als Ordonnanzoffizier beim Ia der 6. Infanteriedivision an.

Im Dezember 1918 kehrte er mit seiner Eskadron über Köln nach Brandenburg zurück. Er trug das Verwundetenabzeichen in Schwarz, beide Eisernen Kreuze und das Braunschweigische Kriegsverdienstkreuz 1. Klasse.

Anfang 1919 schloß sich der junge Leutnant in Berlin dem Freikorps „von Oven" als Ordonnanzoffizier an, war ab 16. Mai 1919 im Reichswehr-Kavallerieregiment 25 und ab Oktober 1919 im Reichswehr-Kavallerieregiment 3, welches 1920 in Reiterregiment 3 umbenannt wurde. Über sechs Jahre lang, von 1924 bis 1930, war er Adjutant seines Regiments. Am 1. April 1925 erfolgte endlich – nach neun Leutnantjahren – seine Beförderung zum Oberleutnant.

Auf eigenen Wunsch wurde ihm ab 1. Februar 1930 die Führung der 2. (technischen) Eskadron anvertraut. Schon damals erwies er sich als ein taktischen und technischen Neuerungen sehr aufgeschlossener Offizier. Dennoch war er mit Leib und Seele der Reiterei verbunden, was er in den folgenden Jahren auch auf zahlreichen internationalen Turnieren unter Beweis stellte. Bereits am 2. Januar 1931 erhielt er das Reiterabzeichen in Gold – die höchste Auszeichnung im Reitsport.

Am 1. Oktober 1932 erfolgte seine Versetzung als Chef der Ausbildungseskadron zum 17. (Bayerischen) Reiterregiment nach Bamberg, wo er am 1. April 1933 zum Rittmeister befördert wurde. Von Bamberg aus ging es für ihn am 1. Oktober 1934 nach Eisenach, wo er eine Kompanie des Kradschützenbataillons 2 als Teil des Reiterregiments Erfurt übernahm.

Im Frühjahr 1935 wechselte von Manteuffel zur Panzerwaffe und leitete hier Fahnenjunkerlehrgänge. Seine dabei gezeigten Fähigkeiten führten dazu, daß er auf persönliche Empfehlung von Oberst Heinz Guderian versetzt wurde. Mit dem 1. Januar 1936 erfolgte von Manteuffels Versetzung als Lehrer zur Panzertruppenschule I in Wünsdorf bei Berlin, wo er am 1. Oktober 1936 zum Major befördert wurde.

Ab 1. März 1937 war von Manteuffel im Allgemeinen Heeresamt des Oberkommandos des Heeres tätig, wo er als Referent in die Inspektion der Infanterie versetzt wurde, um dort die Motorisierung des Heeres voranzutreiben. Am 1. Februar 1939 wurde von Manteuffel zum Kommandeur des Lehrstabes an der neugebildeten Panzertruppenschule II in Potsdam-Krampnitz ernannt.

Langersehnte Frontverwendung

Seine Bemühungen um ein Truppenkommando hatten erst im Sommer 1940 Erfolg, als er das Kradschützenbataillon 3 übernahm und ab 1. Mai 1941 zum Kommandeur des I. Bataillons des Schützenregiments 7 der 7. Panzerdivision ernannt wurde. Mit diesem Bataillon kämpfte von Manteuffel ab 22. Juni 1941 im Mittelabschnitt der Ostfront und zeichnete sich erstmals bei Smolensk und Wjasma aus.

Am 25. August 1941 übernahm von Manteuffel nach dem Soldatentod von Oberst Erich von Unger das Schützenregiment 6 der Division. Mit diesem Regiment erreichte er in handstreichartigen Unternehmungen, besonders beim Kampf vor Moskau, beachtenswerte Erfolge. Dabei zeichnete er sich erneut durch persönliche Tapferkeit und

Hasso von Manteuffel. Die Aufnahme aus dem September 1944 zeigt ihn als General der Panzertruppe kurze Zeit nach seiner Beförderung. Auf der linken Brusttasche trägt er das Panzerkampfabzeichen.

Foto: Walter Frentz

Zur Einweihungsfeier der Offiziersbewerberschule „Großdeutschland“ am 16. Mai 1944 in Cottbus spricht Generalleutnant von Manteuffel als Kommandeur der Panzergrenadierdivision „Großdeutschland“. Im Anschluß an die Feier bespricht er sich mit dem ehemaligen Reichsjugendführer und jetzigen Gauleiter und Reichsstatthalter von Wien, Baldur von Schirach.

hohe Entschlußkraft in allen Lagen aus. Am 1. Oktober 1941 erfolgte seine Beförderung zum Oberst.

Als von Manteuffel im Herbst 1941 – entgegen einem Befehl – die seiner Brigade zugewiesenen Stellungen verließ, um eine fliehende sowjetische Brigade zu verfolgen, drohte ihm sein damaliger Korpskommandeur Walter Model sogar mit einem Kriegsgerichtsverfahren. Doch dazu meinte der eigenwillige von Manteuffel nur: „Das können Sie tun, Herr General, aber erst, wenn ich den Feind geschlagen habe.“ Da von Manteuffel dann jedoch die sowjetische Brigade vernichtete, kam es zu keiner Anklage.

Er war ein Offizier, dem es gelang, seine Soldaten durch persönliches Beispiel, Kaltblütigkeit, blitzschnelles Erfassen der Lage und Entschlußfreudigkeit mitzureißen.

Bis vor die Tore Moskaus

Am 13. und 14. Oktober 1941 wurde die 7. Panzerdivision aus den Kämpfen um den Kessel von Wjasma herausgelöst. Die Sowjets verloren rund 663.000 Gefangene, 1.242 Panzer und 5.412 Geschütze. Am 8. November 1941 erreichte die Division den Raum Karmanowa. Das verstärkte Schützenregiment 6, die Aufklärungsabteilung 37, Teile des Panzerregiments 25, des Panzerartillerieregiments 78 und des Pionierbatallions 58 wurden von ihm zu einer Kampfgruppe zusammengefaßt. Mit dieser Kampfgruppe nahm von Manteuffel am 16. November Dorina, stürmte am frühen Morgen des 17. November 1941 weiter und erreichte am Nachmittag Koslawa, südlich des Wolga-Staubeckens gelegen.

Im Handstreich stürmte der mutige Oberst mit seiner Kampfgruppe am 28. November 1941 über den Moskwa-Wolga-Kanal westlich von Moskau, nahm den Ort Jachroma und besetzte das Elektrizitätswerk. Dieses versorgte Moskau mit Strom. Die Kampfgruppe „von Manteuffel“ stand damit nur noch rund 50 Kilometer vom Stadtrand Moskaus entfernt. In Begleitung seines Stabes ging er in das E-Werk hinein und ließ den Hauptschalter ausschalten – damit war die Stadt ohne Licht.

Da keine Reserven mehr zur Verfügung standen, verlangte die höhere Führung bereits am nächsten Tag – dem 29. November – die Zurücknahme des Brückenkopfes und den Ausbau einer Verteidigungsstellung am westlichen Kanalufer. Damit war das Unternehmen „Taifun“ – die Schlacht um Moskau – gescheitert. Das E-Werk und die Brücke über den Kanal wurden gesprengt.

Vom 28. November bis zum 7. Dezember 1941 hatte die Kampfgruppe „von Manteuffel“ bei größter Kälte, mangelhaft ausgerüstet und ohne Winterbekleidung die schwersten Angriffe des Feindes über den inzwischen zugefrorenen Kanal zu bestehen. Gleichzeitig begann am 6. Dezember 1941 nördlich von Jachroma die Winteroffensive der Roten Armee. Dies hatte Absetzbewegungen zur Folge, die erst im Januar 1942 in der „Königsberg-Stellung" ihr Ende fanden.

Für seine umsichtige Führung und sein beispielhaftes tapferes Verhalten in der Schlacht bei Wjasma und bei der Eroberung einer wichtigen Brücke über den Moskau-Wolga-Kanal erhielt Hasso von Manteuffel am 31. Dezember 1941 als Kommandeur des Schützenregiments 6 das Ritterkreuz. Gleichzeitig damit – mit Vorpatent vom 1. Oktober 1941 – erfolgte seine Beförderung zum Oberst.

Im Mai 1942 wurde die 7. Panzerdivision zur personellen Auffrischung und materiellen Ergänzung nach Frankreich verlegt.

Feuertaufe in Nordafrika

Am 4. November 1942 war von Manteuffel in die Führerreserve des Heeres nach Italien versetzt worden, fuhr nach Rom und von dort am 6. Dezember 1942 nach Tunesien. Hier stellte er im Januar 1943 die Division „von Manteuffel" aus Resten einer Panzerdivision, Fallschirmjägern und Neuaufstellungen aus der Heimat auf und führte diese bereits im Februar 1943 in ihre Feuertaufe, als er sie zum Angriff antreten ließ, um die eigenen Stellungen im Raum Tebessa zu festigen. Danach stand er mit seinen schwachen Einheiten in schweren Abwehrkämpfen gegen eine vielfache alliierte Überlegenheit im Brückenkopf Tunesien.

Kommandeur der 7. Panzerdivision

Am 1. Mai 1943 zum Generalmajor befördert, kehrte von Manteuffel aufgrund einer schweren Erkrankung mit dem letzten Lazarettschiff kurz vor der Kapitulation des Deutschen Afrikakorps nach Italien zurück und übernahm nach seiner Wiedergenesung ab 20. August 1943 als Kommandeur die mittlerweile berühmt gewordene 7. Panzerdivision – in der er schon so lange gedient hatte – im Raum Achtyrka, wo sie in heftigen Abwehrkämpfen westlich von Charkow stand. Bereits nach fünf Tagen wurde er durch rund 20 Splitter einer sowjetischen Flugzeugrakete verwundet. Trotzdem führte er seine Division weiter.

In der Division kannte er jeden Offizier und jeden zweiten Unteroffizier mit Namen und deren Familienverhältnisse.

Am 8. Oktober 1943 meldete der Wehrmachtbericht: „Die 7. Panzerdivision unter dem Kommando des Generalmajors von Manteuffel hat sich in den Kämpfen am mittleren Dnjepr in schneidigen Angriffen und zähem Aushalten ruhmvoll bewährt."

Am 3. November 1943 wurde die 7. Panzerdivision in Kiew alarmiert, wohin sie zu einer kurzen

General der Panzertruppe Hasso von Manteuffel

Foto: Walter Frentz

Auffrischung verlegt worden war. Die Sowjets hatten die deutsche Hauptkampflinie (HKL) nördlich der Stadt auf einer Breite von zehn Kilometern überrannt.

Am 3. und 4. November trat die Division zu Gegenstößen an, mußte sich jedoch am 5. November auf das westliche Flußufer des Irpen nach Süden zurückziehen. In der Nacht zum 6. November 1943 wurde Kiew aufgegeben.

Schwere Kämpfe im Osten

Die Sowjets stießen sofort in Richtung Schitomir nach und nahmen die Stadt. Damit war das gesamte deutsche Panzerarmee-Oberkommando 4 bedroht. Am 16. November 1943 nannte der Wehrmachtbericht die tapfere Division und ihren Kommandeur erneut: „In den schweren Kämpfen der letzten Wochen hat sich im Kampfgebiet von Kiew die thüringische 7. Panzerdivision unter Führung von Generalmajor von Manteuffel…besonders ausgezeichnet."

Die deutsche Heeresgruppe Süd versammelte nun südlich der Linie Fastow–Schitomir eine starke Angriffsgruppe gepanzerter Verbände, welche den feindlichen Panzervorstoß zerschlagen sollte. Eine der sieben deutschen Divisionen war die 7. Panzerdivision, die am 14. November antrat.

Zusammen mit der Panzergrenadierdivision „Großdeutschland" und der 10. Panzergrenadierdivision hatte die 7. Panzerdivision den Auftrag erhalten, tief hinter den Stellungen der sowjetischen 60. Armee durch schwieriges und von Partisanen verseuchtes Gebiet nach Osten durchzustoßen. Dabei zeichnete sich die Division unter hervorragender Führung von Manteuffel, besonders aber das Panzerregiment 25 unter Adelbert Schulz bei den Kämpfen um Schitomir aus. Von Manteuffel gelang es, den Sowjets nach erfolgreichen Flankenangriffen und in einem anschließenden kühnen, den Gegner überraschenden, Nachtangriff die Stadt Schitomir wieder zu entreißen.

Während die Masse der deutschen Verbände nach Süden und Südosten vorstieß, standen nördlich von Schitomir starke feindliche Kräfte sprungbereit. General von Manteuffel entschloß sich, diese Bedrohung durch einen Vorstoß mit den zusammengefaßten Panzerkräften seiner Division auszuschalten. In schwierigem, unübersichtlichen Waldgelände griff er erst im Nordosten an und durchbrach die sowjetische Hauptkampflinie. Dann drehte er, ohne Rücksicht auf Flankenbedrohung, scharf nach Westen ab, durchstieß in plötzlich einsetzendem starken Schneesturm ein dichtes, unwegsames Waldgebiet und überschritt als erster zu Fuß – sein Panzerspähwagen war steckengeblieben – einen versumpften Abschnitt. Beim Angriff auf die hinter dem Gelände liegenden Stellungen der Sowjets bekam die Truppe starkes Flankenfeuer.

„Löwe von Schitomir"

Gleichzeitig traf die Meldung ein, daß die für diese Operation der Division unterstellten schweren Panzer den versumpften Abschnitt nicht überschreiten könnten. Da riß von Manteuffel persönlich in seinem Schützenpanzer die Angriffsspitze – bestehend aus Adelbert Schulz mit sechs Panzern und zirka einhundert Mann einer Kompanie der Panzeraufklärungsabteilung – gegen die von drei Seiten einsetzende Abwehr nach vorn, erstürmte in kühnem Angriff das Zentrum des sowjetischen Widerstandes, zerschlug die südlich davon bereitgestellten Panzerkräfte unter Abschuß von 25 Panzern und warf starke, zum Angriff angetretene sowjetische Infanterie zurück. Damit war die Gefahr eines feindlichen Einbruches von Norden in den Rücken der gegen den Teterew vorgehenden deutschen Kräfte ausgeschaltet. Mit dieser kühnen Aktion ging von Manteuffel als der „Löwe von Schitomir" in die Divisionsgeschichte ein.

Für seine besonderen Leistungen im Kampfraum von Kiew und für die Wiedereroberung von Schitomir erhielt Hasso von Manteuffel am 23. November 1943 als Generalmajor und Kommandeur der 7. Panzerdivision das 332. Eichenlaub zum Ritterkreuz.

Bereits am 26. November 1943 sollte von Manteuffel die Panzergrenadierdivision „Großdeutschland" übernehmen, bat jedoch um Zurückstellung des neuen Kommandos, da seine 7. Panzerdivision gerade erneut in schwersten Abwehrkämpfen lag. Während der Panzer-

Ein Panzerkampfwagen IV – vermutlich der neu eingeführten Ausführung G – der Infanteriedivision „Großdeutschland" überquert im Juli 1942 auf einer Behelfsbrücke bei Woronesch den Don.

schlacht von Korosten, wo die Division gegen eine ganze sowjetische Armee kämpfte, vernichteten seine Panzermänner unmittelbar darauf mehrere sowjetische Brigaden. Damit war erneut die Gefahr eines Einbruchs von Norden in den Rücken der gegen den Teterew vorgehenden deutschen Kräfte ausgeschaltet.

Die Schwerter zum Ritterkreuz

Für den wiederholten großartigen Einsatz der 7. Panzerdivision im Kampfraum Korosten sowie seine dabei bewiesenen überragenden Führungsleistungen und seine persönliche Tapferkeit wurde von Manteuffel für die Schwerter zum Ritterkreuz eingereicht.

Am 24. Januar 1944 übergab von Manteuffel die Division an den vielfach bewährten Adelbert Schulz und übernahm danach die Division „Großdeutschland" im Raum Kirowograd am unteren Dnjepr. Am 1. Februar 1944 erfolgte die Beförderung zum Generalleutnant.

Am 22. Februar 1944 erhielt Hasso von Manteuffel als 50. Soldat der Wehrmacht das Eichenlaub mit Schwertern zum Ritterkreuz des Eisernen Kreuzes.

Mit der voll motorisierten Panzergrenadierdivision „Großdeutschland" hatte von Manteuffel im Frühjahr 1944 über Monate hinweg die schweren Rückzugskämpfe zum Bug und die Abwehrkämpfe bei Korsun, Kirowograd und Kriwoi Rog, in Bessarabien, am Pruth, Jassy, und die anschließenden Rückzugskämpfe nach Rumänien zu bestehen.

Foto: BPK Berlin

Generalleutnant von Manteuffel, Kommandeur der Panzergrenadierdivision „Großdeutschland", bespricht am 10. August 1944 bei Wilkowischken mit dem Kommandeur des Grenadierregimentes „Großdeutschland", Major Hugo Schimmel, die Lage. Obwohl von Manteuffel bereits am 1. Februar 1944 zum Generalleutnant befördert worden war, trägt er auf dieser Aufnahme an seinem Mantel noch die Schulterstücke eines Generalmajors.

Foto: BPK Berlin/Hanns Hubmann

Am 14. März 1944 meldete der Wehrmachtbericht: „Im Südabschnitt der Ostfront zeichnen sich unsere Truppen den zahlenmäßig überlegenen feindlichen Kräften gegenüber immer wieder durch beispielhafte Standhaftigkeit und unerschütterlichen Angriffsgeist aus. So hat sich in den letzten Tagen die Panzergrenadierdivision ‚Großdeutschland' unter Führung von Generalleutnant von Manteuffel…besonders hervorgetan."

Sicherung der rumänischen Erdölgebiete

Anfang Mai 1944 verhinderte von Manteuffel im Raum Jassy / Rumänien mit seiner Division in einer der größten Panzerschlachten des Zweiten Weltkrieges den sowjetischen Durchbruch in das rumänische Erdölgebiet von Ploiesti.

Am 2. Mai 1944 begannen die Sowjets mit mehr als 20 Divisionen ihren Großangriff mit dem Ziel: Durchbruch in Richtung auf die Ölfelder. Allein am ersten Angriffstag schoß das Panzerregiment „Großdeutschland" – im Zusammenwirken mit Teilen der Sturmgeschützabteilung „Großdeutschland" und der im Erdkampf eingesetzten Flak – zirka 250 sowjetische Panzer ab. Dadurch wurde der Durchbruch verhindert. Solange die Division „Großdeutschland" hier in Stellung lag, griffen die Sowjets nicht wieder an. Der Wehr-

Generalleutnant von Manteuffel spricht im Sommer 1944 in einem Rüstungsbetrieb. Am rechten Ärmel trägt er den Ärmelstreifen „Großdeutschland" sowie das Ärmelband „Afrika", das vorschriftsmäßig eigentlich am linken Ärmel zu tragen war.

machtbericht vom 8. Mai 1944 meldete: „Zwischen Pruth und Moldau hat die am 26. April begonnene Abwehrschlacht ihren vorläufigen Abschluß gefunden. Der angestrebte Durchbruch der Sowjets scheiterte an der zähen und verbissenen Abwehr der deutschen Truppen...In diesen Kämpfen hat sich die Panzergrenadierdivision ‚Großdeutschland' unter Generalleutnant von Manteuffel besonders ausgezeichnet."

Die 56 Ritterkreuzträger innerhalb der Division standen für den erworbenen Elite-Status.

An Ostpreußens Grenze

Mitte Juni 1944 verließ die Division den Raum Jassy und erreichte einen Auffrischungsraum einhundert Kilometer südlich davon. Während dieser Zeit erfolgte auch die Umrüstung der Division zu einem der modernsten Verbände des deutschen Heeres.

Ende Juli/Anfang August 1944 verlegte die Division im Blitztransport in das bedrohte Ostpreußen, wo von Manteuffel mit der Division in erbitterten Kämpfen bei Wilkowischken den sowjetischen Vorstoß am 9. August 1944 noch einmal stoppen und die Verbindung zu den in Kurland abgeschnittenen deutschen Truppen wiederherstellen konnte.

Am 1. September 1944 erhielt von Manteuffel den Befehl, sofort in das Führerhauptquartier zum kommen. Hier wurde er – mit Patent vom 1. Januar 1944 – zum General der Panzertruppe befördert und erhielt, obwohl er nie einen Generalstabskurs an einer Kriegsakademie besucht hatte, seine Ernennung zum Oberbefehlshaber der 5. Panzerarmee im Westen.

Am 12. September 1944 übernahm von Manteuffel dann die Armee, kämpfte mit dieser im Herbst 1944 hinhaltend in den Vogesen und bereitete dann unter schwierigsten Umständen – was Nachschub und Versorgung betraf – unter strenger Geheimhaltung seine Armee auf die in die Kriegsgeschichte eingegangene Ardennenoffensive vor.

Hauptziel der Offensive war die Spaltung der alliierten Truppen sowie die Wiedereinnahme von Antwerpen mit seinem wichtigen Binnenhafen. In diesem Fall wären die 1. kanadische, 2. britische und 9. US-Armee von der südlich der Ardennen operierenden 12. US-Heeresgruppe abgeschnitten und eingekesselt worden.

Obwohl die deutschen Panzerspitzen den Gegner überrumpeln und an manchen Stellen weit über einhundert Kilometer vorstoßen konnten, endete diese letzte deutsche Offensive nicht wie gewünscht. Die erdrückende alliierte Übermacht zu Lande und in der Luft, fehlender Nachschub und die prekäre Treibstofflage zwangen die deutschen Verbände Anfang Januar 1945 wieder zum Rückzug.

Für seine Verdienste als Armeeführer und die anfänglichen Erfolge im belgischen Raum, die er sich trotz ungünstiger Lage erworben hatte, wurde Hasso von Manteuffel am 18. Februar 1945, als General der Panzertruppe und Oberbefehlshaber der 5. Panzerarmee, mit dem 24. Eichenlaub mit Schwertern und Brillanten zum Ritterkreuz des Eisernen Kreuzes ausgezeichnet, welches ihm am 2. März 1945 in Berlin überreicht wurde.

Rettung deutscher Flüchtlinge

Gleichzeitig beauftragte ihn Adolf Hitler, die 3. Panzerarmee von Generaloberst Erhard Raus zu übernehmen. Doch mit den abgekämpften Verbänden konnte auch von Manteuffel bei Stettin, in Pommern, Brandenburg und Mecklenburg nur noch hinhaltenden Widerstand leisten. Nachdem Berlin eingekesselt war und er keine Möglichkeit mehr hatte, den Eingeschlossenen zur

Hilfe zu kommen, gelang es ihm noch, die Reste seiner 3. Panzerarmee, sowie Tausende von Flüchtlingen durch Mecklenburg zurückzuführen, die Elbe zu überschreiten und die Reste der Armee am 3. Mai 1945 britischen Truppen zu übergeben. 300.000 Mann entgingen so sowjetischer Gefangenschaft. Von Manteuffel selbst blieb bis 1947 in amerikanischer Gefangenschaft.

1949 trat von Manteuffel der FDP bei und wurde Stadtrat in Neuss. 1953 kam er sogar in den Bundestag, war Mitglied des Verteidigungs- und des Haushaltsausschusses.

1959 wurde von Manteuffel jedoch überraschend wegen Totschlags angeklagt.

Grund dafür war ein von ihm am 13. Januar 1944 verhängtes Todesurteil gegen einen Soldaten seiner 7. Panzerdivision wegen Feigheit vor dem Feinde. Der Soldat hatte nicht auf eine sowjetische Schlittenpatrouille geschossen, warnte seine Kameraden nicht und ließ die Gefangennahme eines Unteroffiziers ohne Widerstand zu. Von Manteuffel hatte den Soldaten vor ein Kriegsgericht gestellt, verurteilt und erschießen lassen.

Trotz der kriegsrechtlich korrekten Entscheidung wurde von Manteuffel von einem Düsseldorfer Schwurgericht am 21. August 1959 zu 18 Monaten Gefängnis verurteilt.

Nach vier Monaten erfolgte auf Fürsprache von Bundespräsident Theodor Heuss seine Begnadigung.

Alliierte Nachkriegsehren

Von seinen ehemaligen Gegnern wurde dem schneidigen Panzergeneral dagegen äußerster Respekt gezollt. Er hielt Vorträge an verschiedenen Universitäten, erhielt eine Einladung in das US-Verteidigungsministerium sowie auf Wunsch des Präsidenten sogar in das Weiße Haus.

Für drei Tage war er als Gast des damaligen US-Präsidenten Dwight D. Eisenhower in Gettysburg eingeladen. Im Mai 1965 weilte er als Gast des britischen Feldmarschalls Montgomery in England.

Bei einem weiteren Besuch in den USA 1968 erhielt von Manteuffel eine Einladung an die US-Militärakademie Westpoint, wo er von einem Ehrenspalier amerikanischer Elitekadetten in Paradeaufstellung empfangen wurde.

Am Zeitgeschehen war er bis ins hohe Alter interessiert, beriet US-Filmgesellschaften bei der Produktion von Filmen über den Zweiten Weltkrieg und veröffentlichte zahlreiche Bücher.

Am 24. September 1978 verstarb Hasso von Manteuffel während eines Urlaubs in Reith in Tirol/Österreich. Unter großer Beteiligung der Bevölkerung wurde er in seinem Wohnort Dießen am Ammersee beigesetzt. Die britische Zeitung *Times* nahm seinen Tod zum Anlaß für einen groß aufgemachten Nachruf.

Hasso von Manteuffel als Generalleutnant und Kommandeur der Panzergrenadierdivision „Großdeutschland" unmittelbar nach der Verleihung der Schwerter im Februar 1944.

Foto: Walter Frentz

Hans Joachim Marseille

Hans Joachim Marseille wurde am 13. Dezember 1919 in Berlin-Charlottenburg als erster Sohn eines Offiziers geboren, der am 29. Januar 1944 bei Petrikau im Range eines Generalmajors des Heeres an der Ostfront einem Partisanenüberfall zum Opfer fiel.

Marseille hatte noch eine ältere Schwester und einen jüngeren Bruder. Dieser diente später in der Kriegsmarine. Als Kleinkind wäre „Jochen" beinahe an Grippe gestorben, und nach der Krankheit war er so schwach auf den Beinen, daß er im Alter von drei Jahren noch einmal stehen und laufen lernen mußte. Nach dem Abitur am Prinz-Heinrich-Gymnasium 1938 in Berlin-Schöneberg war er beim Reichsarbeitsdienst eingesetzt.

Am 7. November 1938 trat Marseille in Quedlinburg in die Luftwaffe ein und erhielt hier seine infanteristische Grundausbildung. Vom 1. März bis 31. Oktober 1939 besuchte er die Luftkriegsschule Fürstenfeldbruck, und am 1. November 1939 erfolgte seine Versetzung zur Jagdfliegerschule 5 nach Wien-Schwechat – unter gleichzeitiger Beförderung zum Fähnrich.

Die Jagd beginnt

Nach abgeschlossener Ausbildung kam er am 18. Juli 1940 zur Ergänzungsjagdgruppe Merseburg, die auch Werkschutzflüge für die südlich gelegenen Leuna-Werke übernahm.

Von hier aus erfolgte am 10. August 1940 – mit hervorragender Beurteilung – seine Versetzung zur I. Gruppe (Jagd)/Lehrgeschwader (LG) 2 nach Calais-Marck an die Kanalfront. Dort erzielte er am 24. August seinen ersten Luftsieg und konnte innerhalb weniger Wochen sieben britische Jäger abschießen.

Nach seinem dritten und vierten Abschuß erhielt Marseille am 17. September 1940 das Eiserne Kreuz 1. Klasse. Allerdings wurde er selbst viermal abgeschossen und mußte am 23. September 1940 sogar durch das Seenotkommando – nach einem Motorschaden – aus dem Kanal geborgen werden.

Mehrere Stunden trieb er in den kalten Fluten und war beinahe am Ende seiner Kräfte, ehe er gerettet wurde. In seiner Staffel galt er als außerordentlich begabter und tüchtiger Jagdflieger, der Schneid und Angriffsgeist genug besaß, um es auch mit einem zahlenmäßig überlegenen Feind aufzunehmen.

Anfang Oktober 1940 wurde Fähnrich Marseille zur II. Gruppe/JG 52 unter Oberleutnant Johannes Steinhoff versetzt.

Am 21. Februar 1941 erfolgte seine Versetzung zur 3. Staffel des JG 27 nach Döberitz. Dort wurde er am 1. März 1941 zum Oberfähnrich befördert und verlegte kurz darauf im Rahmen der I. Gruppe des JG 27 nach Norditalien auf den Flugplatz von Ghedi im Raum Brescia. Dann erfolgte die Weiterleitung nach Graz.Von hier aus flog er ab 6. April 1941 einige Einsätze über dem Balkan.

Einsatzraum Nordafrika

Am 18. April 1941 verlegte die Gruppe nach Nordafrika. Hier erst sollte sein Stern aufgehen. Strahlend wie ein Komet am sternenübersäten Himmel zog er seine Bahn.

Gleich beim ersten Einsatz im neuen Einsatzgebiet – am 23. April 1941 – konnte Marseille mit dem Abschuß einer „Hurricane" bei Tobruk seinen ersten Luftsieg an der neuen Front erringen. Allerdings wurde er dabei selbst so schwer getroffen, daß er mit rund 30 Treffern in der Kabine notlanden mußte. Oftmals wurde er von seinem Staffelführer Oberleutnant Gerhard Homuth gemaßregelt, weil er zu leichtsinnig war.

Als Flugzeugführer in der 3. Staffel erzielte „Jochen" viele Luftsiege und machte durch Mehrfachabschüsse in kürzester Zeit auf sich aufmerksam. Nach seinem 11. Luftsieg wurde er am 16. Juni 1941 – mit Wirkung vom 1. April 1941 – zum Leutnant befördert.

Am 24. September konnte Marseille erstmals vier britische „Hurricanes" im Luftkampf besiegen (Nr. 20–23) und erzielte am 12. Oktober seinen 24. und 25. Abschuß.

Ab 15. Oktober 1941 verlegte die 3. Staffel nach Deutschland zur Umrüstung auf den verbesserten Flugzeugtyp Messerschmitt Bf 109 „F-4 trop".

Hier bekam er am 3. November 1941 den Ehrenpokal verliehen, und am 24. November 1941 erhielt er als erster Flieger in Nordafrika nach 25 Abschüssen das Deutsche Kreuz in Gold.

Am 4. Dezember 1941 kehrte die Staffel wieder nach Nordafrika zurück. Nach Marseilles Rückkehr vom 35. und 36. Luftsieg am 17. Dezember überreichte ihm Generalfeldmarschall Albert Kesselring persönlich das ihm bereits verliehene Deutsche Kreuz in Gold.

Vom 26. Dezember 1941 bis zum 6. Februar 1942 zwang eine Gelbsucht den Offizier zu einem La-

*Hauptmann Hans Joachim Marseille.
Diese Aufnahme aus dem Sommer 1942
zeigt ihn noch als Oberleutnant.*

Foto: Walter Frentz

zarettaufenthalt in Athen, doch bereits am 8. und 12. Februar 1942 fielen ihm jeweils wieder vier Gegner zum Opfer. Am 21. Februar 1942 errang Marseille seinen 50. Luftsieg.

Unablässig arbeitete der Draufgänger nun an seiner jagdfliegerischen Vervollkommnung, bis er schließlich das Fliegen und Schießen in einer unnachahmlichen Art und Weise beherrschte.

So machte er stets von sich reden, indem er auf vielen Feindflügen immer mindestens einen Gegner abschoß. Doch das war nicht so einfach, denn die Briten griffen niemals einzeln an, wie es etwa die Deutschen Marseille und Joachim Müncheberg taten, die alleine aufstiegen und Jagd auf ganze Staffeln „Spitfires" machten. Der Feind dagegen flog meistens mit mindestens fünf Maschinen und bildete dadurch einen kaum zu durchbrechenden Abwehrkreis. In vielen Fällen hat Marseille dann alle fünf Maschinen abgeschossen; selten waren es weniger als zwei.

Folgerichtig erhielt Hans Joachim Marseille am 22. Februar 1942 als Leutnant und Flugzeugführer in der 3. Staffel/JG 27, das Ritterkreuz, welches ihm zusammen mit Otto Schulz (*11. Februar 1911 in Treptow/Pommern. Seit dem 17. Juni 1942 nach freier Jagd bei Sidi Rezegh vermißt) am 24. Februar 1942 durch Generalfeldmarschall Kesselring in dessen Hauptquartier feierlich überreicht wurde.

Einmaliger Siegeszug

Insgesamt kamen im Februar 1942 16 Abschüsse auf sein Konto. Vom 28. Februar bis zum 14. April 1942 verbrachte er seinen verdienten Urlaub in der Heimat, wo er sich verlobte.

Am 8. Mai 1942 erfolgte – mit Wirkung vom 1. April 1942 – die Beförderung zum Oberleutnant.

Im Mai 1942 erzielte Marseille 14 Luftsiege (Nr. 55–68). Nun begann der eigentliche Siegeszug des „Jochen" Marseille, den sein Kommodore „Edu" Neumann liebevoll nur „Seille" nannte.

Am 3. Juni 1942 schoß der 22jährige bei Bir Hacheim sechs „Curtiss"-Jäger innerhalb von elf Minuten ab (Nr. 70–75) und erhielt dafür am 6. Juni 1942 als Oberleutnant und Flugzeugführer in der 3. Staffel/JG 27 das 97. Eichenlaub zum Ritterkreuz.

Am 8. Juni 1942 wurde er Staffelkapitän der 3. Staffel, schoß am 17. Juni 1942 erneut sechs Jäger in nur sieben Minuten (!) ab (Nr. 96–101) und erzielte damit als 11. Jagdflieger seinen 100. Luftsieg.

Dafür erhielt Hans Joachim Marseille am 18. Juni 1942 – nur zwölf Tage nach dem Eichenlaub – das 12. Eichenlaub mit Schwertern zum Ritterkreuz des Eisernen Kreuzes. Damit war der Ausnahmeflieger nun endgültig zum berühmtesten Flugzeugführer in Afrika geworden.

Im Juni 1942 steigerte Marseille seine Bilanz auf 33 Luftsiege in einem Monat, darunter viermal vier und zweimal sechs Abschüsse an einem Tag.

Aufgrund seiner großartigen Erfolge war er natürlich nicht nur im Afrikakorps bekannt, sondern auch im Deutschen Reich und Italien. So wie heute die Stars von Film und Musik erhielt er damals täglich Briefe von seinen Bewunderern. Sein Bild zierte die Titelblätter vieler Illustrierter und Tageszeitungen. Allein im Juni 1942 erfolgte auch seine dreimalige Nennung im Wehrmachtbericht.

Vom 19. Juni bis 21. August 1942 verbrachte er seinen Urlaub in der Heimat, wo ihm am 28. Juni der Oberste Befehlshaber die hohe Auszeichnung persönlich überreichte.

Bei Mussolini in Rom

Einige Wochen nach der Aushändigung wurde „Jochen" auf dem Rückweg nach Nordafrika am 13. August 1942 auch vom „Duce" Benito Mussolini in Rom empfangen. Dieser übergab ihm die bereits am 6. August 1942 verliehene Goldene Italienische Tapferkeitsmedaille „Medaglia d' Oro al Valor Militare".

Diese Ehrung wurde nur dreimal verliehen, darunter zweimal an Deutsche. Selbst Erwin Rommel mußte sich mit der silbernen Version begnügen.

Mussolini war ein großer Verehrer des jungen deutschen Fliegers. „Nicht nur Ihr Vaterland ist stolz auf Sie“, sagte er, „sondern auch das italienische Volk. Die Verbündeten Deutschlands betrachten Sie als einen der ihren. Ihre Siege werden hier bei uns mit derselben Begeisterung aufgenommen und gefeiert, wie bei Ihnen in Deutschland.“

Foto: Sammlung Walter Wübbe

Diese Aufnahme entstand anläßlich von Marseilles Verlobung mit Hanne-Lies Küpper während seines Heimaturlaubes vom 28. Februar bis zum 24. April 1942.

Acht Abschüsse in zehn Minuten

Nach dem verlängerten Urlaub kehrte Marseille am 23. August 1942 wieder an die Front zurück. Am 1. September bereits konnte er auf drei Einsätzen insgesamt 17 britische Jäger abschießen (Nr. 105–121), davon acht in nur zehn Minuten – eine Leistung, die auf der ganzen Welt keinem anderen Flieger auch nur annähernd gelang.

Am 2. September 1942 konnte Hans Joachim Marseille abermals fünf Luftsiege (122–126) erringen und erhielt dafür am 3. September 1942 als Oberleutnant und Staffelkapitän der 3. Staffel/JG 27 das 4. Eichenlaub mit Schwertern und Brillanten zum Ritterkreuz des Eisernen Kreuzes.

Am Tag der Bekanntgabe der Verleihung der Brillanten, am 3. September, kurvte er wieder über dem Himmel Nordafrikas und erzielte sechs Luftsiege (Nr. 127–132). Am 5. September waren es vier und am 6. September wieder vier – eine unglaubliche Serie.

Am 15. September 1942 schoß Marseille sieben „Kittyhawks“ in nur elf Minuten ab (Nr. 145–151) und erreichte damit als dritter Jagdflieger überhaupt den 150. Luftsieg.

Bei seiner Beförderung zum Hauptmann am 19. September 1942 – wegen besonderer Tapferkeit vor dem Feinde – war Marseille der jüngste Offizier dieses Ranges in der gesamten Wehrmacht.

Am 26. September 1942 erzielte er noch einmal sieben Abschüsse (Nr. 152–158) und hatte damit allein im Monat September insgesamt 54 Abschüsse erzielt.

Am Morgen des 10. Juni 1942 erzielt Oberleutnant Marseille bei Bir Hacheim innerhalb von 15 Minuten vier Abschüsse. Nach der Landung gratuliert ihm mit Feldwebel Pfleger ein Angehöriger des Bodenpersonals zu seinen Luftsiegen 78 bis 81.

Einladung nach Berlin

Zwei Tage später – Marseille kam gerade von einem Feindflug zurück – rasselte der Fernsprecher. Die Vermittlung meldete: „Der Feldmarschall wünscht Hauptmann Marseille zu sprechen.“ Dann war Rommel am Apparat: „...Hören Sie zu, Seille, ich will Sie entführen... Nach Berlin. Der Führer spricht im Sportpalast. Sie sollen rechts, und ich soll links von ihm sitzen. Was halten Sie davon? Das wäre doch eine Ehre, die Sie sich nicht entgehen lassen sollten.“

Marseille antwortete: „Aber Herr Feldmarschall, ich kann doch nicht schon wieder in Urlaub fahren. Die anderen sitzen hier und schuften, und ich mache mehr Urlaubsreisen als das ganze Geschwader zusammen.“

„Aber das ist doch Unsinn, was Sie da erzählen!“

„Ich möchte zu Weihnachten nach Berlin, Herr Feldmarschall. Ich habe mich im letzten Urlaub verlobt und ...wir wollen

Letzte Vorbereitungen vor dem nächsten Einsatz

Oberleutnant Marseille auf dem nordafrikanischen Kriegsschauplatz in den ersten Septembertagen des Jahres 1942

heiraten. Da brauche ich Urlaub." Marseille wußte, daß es bei der Rede im Sportpalast nicht geblieben wäre. Einladung über Einladung wären gefolgt.

„Ich bitte Herrn Feldmarschall, nicht auf der Bitte zu bestehen, ich werde außerdem hier wirklich gebraucht!"

Rommel lachte vor sich hin und sagte: „Na, meinetwegen. Wenn Sie vom Heiraten mehr halten als vom Führer, dann bleiben Sie in Gottes Namen!"

Vom Feinde unbesiegt

Vom 31. August 1942 bis 30. September 1942 hatte das Flieger-As es auf 57 Abschüsse gebracht und somit die Gesamtzahl seiner Abschüsse auf 158 erhöht, womit er zum erfolgreichsten Jagdflieger gegen die Westalliierten aufgestiegen war.

Am 30. September 1942, am Tage der Kundgebung im Sportpalast, flog Marseille über der El Alamein-Front, als plötzlich der Motor stotterte und seine Kameraden bemerkten, daß aus seinem Motor blauschwarzer Rauch entwich. Über Funk meldete er noch, daß er Rauch in der Kanzel habe und nichts sehen könne. Zwei Kameraden nahmen ihn in die Mitte und geleiteten ihn über die eigenen Linien. Dort angekommen, entschied sich „Jochen" zum Ausstieg aus der Maschine.

„…Habe Motorschaden, werde aussteigen!" meldete er noch der Bodenstelle.

Doch beim Aussteigen, gegen 11.36 Uhr, prallte er wahrscheinlich mit der Brust gegen das Leitwerk, verlor das Bewußtsein und stürzte ab.

Vom Feinde unbesiegt, starb Hans Joachim Marseille sieben Kilometer südlich der weißen Moschee von Sidi Abd el Rahman bei El Alamein/Ägypten den Fliegertod.

Der Tod dieses in härtesten Luftkämpfen zur Persönlichkeit herangereiften strahlenden jungen Menschen war ein schwerer Schock für die Afrika-Jäger und hinterließ beim deutschen Volk Bestürzung und tiefe Trauer. Als er starb, war er gerade einmal 22 Jahre alt.

Der italienische Rundfunk legte am 1. Oktober 1942 zu seinen Ehren eine Schweigeminute ein.

Seine Beisetzung erfolgte am 2. Oktober 1942 in Derna/Libyen in afrikanischer Erde. Deutsche und italienische Soldaten errichteten im Oktober 1942 über der Absturzstelle eine Gedenkpyramide.

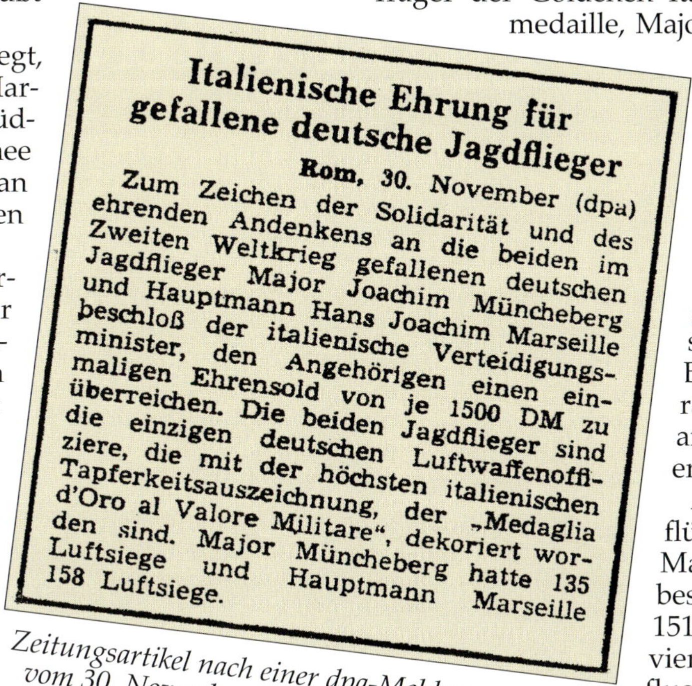

Italienische Ehrung für gefallene deutsche Jagdflieger

Rom, 30. November (dpa) Zum Zeichen der Solidarität und des ehrenden Andenkens an die beiden im Zweiten Weltkrieg gefallenen deutschen Jagdflieger Major Joachim Müncheberg und Hauptmann Hans Joachim Marseille beschloß der italienische Verteidigungsminister, den Angehörigen einen einmaligen Ehrensold von je 1500 DM zu überreichen. Die beiden Jagdflieger sind die einzigen deutschen Luftwaffenoffiziere, die mit der höchsten italienischen Tapferkeitsauszeichnung, der „Medaglia d'Oro al Valore Militare", dekoriert worden sind. Major Müncheberg hatte 135 Luftsiege und Hauptmann Marseille 158 Luftsiege.

Zeitungsartikel nach einer dpa-Meldung aus Rom vom 30. November 1962. Nach einem Beschluß des italienischen Verteidigungsministers Giulio Andreotti erhalten die Familien Marseille und Müncheberg einen einmaligen Ehrensold.

Im November 1967 zahlte die italienische Regierung, auf Veranlassung von Verteidigungsminister Giulio Andreotti, einen einmaligen Ehrensold an die Hinterbliebenen der gefallenen Träger der Goldenen Italienischen Tapferkeitsmedaille, Major Joachim Müncheberg und Hauptmann Hans Joachim Marseille.

Im Jahre 1986 fanden ehemalige Kameraden die Ruine der Gedenkpyramide und beschlossen ihren Wiederaufbau. Dank großzügiger Hilfe deutscher und ägyptischer Behörden konnte die Pyramide neu erstellt und am 22. Oktober 1989 feierlich eingeweiht werden.

Auf seinen 382 Feindflügen hatte Hans Joachim Marseille insgesamt 158 bestätigte Luftsiege, davon 151 in Nordafrika – bis auf vier Bomber sämtlich Jagdflugzeuge – errungen. Der Wahlspruch von „Jochen" Marseille lautete: „Nicht umdrehen – immer vorwärts blicken!"

Mit ihm starb der „unerreichte Virtuose unter den Jagdfliegern", wie Adolf Galland ihn einmal nannte. Am 24. Oktober 1975 erhielt die Bundeswehrkaserne in Uetersen-Appen den Namen „Marseille-Kaserne".

Gedenkstein der Familie Marseille auf dem Friedhof Alt-Schöneberg in Berlin. Bemerkenswert ist, daß selbst auf diesem Ehrenmal der Vorname Hans Joachim irrtümlicherweise mit Bindestrich geschrieben ist, so wie es häufig in der Literatur über Marseille fälschlicherweise zu lesen ist.

Foto: Sammlung Walter Wübbe

Dr. Karl Mauss

Karl Mauss wurde am 17. Mai 1898 in Plön/Holstein als Sohn eines Konditormeisters geboren.

Mauss besuchte das Lübecker Realgymnasium, als der 1. Weltkrieg ausbrach. Der 16jährige, der noch kurze Hosen trug, meldete sich am 8. August sogleich als Kriegsfreiwilliger beim zuständigen Einberufungsbüro. Dort wies man ihn jedoch als zu jung zurück. Diese Ablehnung seines einsatzbereiten Sohnes empörte den kaisertreuen und patriotisch gesinnten Vater, und er ging mit dem jugendlichen Karl gleich noch einmal ins Rekrutierungsbüro.

Seine Einwände hatten Erfolg: Der Unterprimaner Karl Mauss wurde am 14. August 1914 als Kriegsfreiwilliger für das Infanterieregiment „Lübeck“ (3. Hanseatisches) Nr. 162 in Lübeck angenommen. Der Vater Mauss wurde als Landsturmmann auch gleich mit eingezogen.

Nach seiner Rekrutenausbildung kam der junge Mauss zum Fronteinsatz an die Somme, wo er als jüngster Soldat der Division und bester Patrouillengänger des Regiments bereits am 16. September 1914 das Eiserne Kreuz 2. Klasse verliehen bekam. Er wurde Gefreiter, Unteroffizier und Vizefeldwebel mit noch nicht einmal 17 Jahren.

Der jüngste Offizier der Armee

Am 22. Mai 1915 wurde er zum Leutnant d.R. befördert und als Zugführer zur 7. Kompanie des (4. Schlesischen) Infanterieregiments Nr. 157 versetzt. Mit 17 Jahren und nach nur neun Monaten Soldatenzeit war er der jüngste Offizier der deutschen Armee. Einen so tüchtigen jungen Offizier wollte sein Regimentskommandeur natürlich nicht gerne verlieren und lehnte deshalb dessen Antrag auf Versetzung zur Fliegerei ab.

Danach stand Leutnant d.R. Mauss an der Ostfront im Einsatz, wo er sich 1916 während der Kämpfe in den Karpaten als Führer einer MG-Kompanie am 21. Oktober 1916 das Eiserne Kreuz 1. Klasse verdiente. Zwischendurch kämpfte er auch an der Alpenfront, wo er mit seiner Kompanie mehr als 1.000 Italiener gefangennahm.

1917 glückte dann doch die erneut beantragte Versetzung zur Fliegertruppe. Ab dem 20. Mai 1918 unterzog sich der junge Offizier der Flugzeugführerausbildung in Schneidemühl. Am 18. Oktober 1918 stürzte er als Flugschüler – infolge eines Sabotageaktes an seiner Maschine – aus 3.800 Metern Höhe ab. Eine schwere Wirbelsäulenverletzung und neun Knochenbrüche fesselten ihn fast ein Jahr ans Krankenbett. Kaum wieder genesen, kehrte er zur Truppe zurück. Am 31. Dezember 1920 wurde er als Oberleutnant aus dem Heeresdienst verabschiedet.

Zunächst bei der Freiwilligenbrigade „Ehrhardt“, dann bei seinem alten schlesischen Regiment, kämpfte er als Zug- und Kompanieführer gegen polnischen Terror und Landraub in Schlesien und gehörte am 21. Mai 1921 zu den Erstürmern des berühmten Annaberges. Der Sieg am Annaberg beendete die unmittelbare Gefahr für diese deutsche Provinz, unter polnische Herrschaft zu geraten.

Studium der Zahnheilkunde

Die nächsten Jahre verdiente Mauss sein Brot als Zeitungsverkäufer und Verlags- und Handelsvertreter. Seit 1925 studierte er an der Universität Hamburg zunächst Medizin, ab 1926 Zahnheilkunde. Hier schloß er sich der erst 1919 gegründeten Hamburger Burschenschaft Germania an.

Die Approbation als Zahnarzt erfolgte im Dezember 1928; am 1. März 1929 wurde er zum Dr. med. dent. promoviert, um sich ab 1. April 1929 in Lübeck als Zahnarzt niederzulassen.

Obwohl die Praxis sich erfolgreich entwickelte, trauerte Mauss doch insgeheim dem seinen Neigungen mehr entsprechenden Offizierberuf nach und ließ sich im Sommer 1934 reaktivieren.

Am 1. September 1934 trat Dr. Mauss als Hauptmann in das 6. Infanterieregiment ein, das am 1. Oktober 1934 aus Tarnungsgründen die Bezeichnung „Infanterieregiment Lübeck“ erhielt.

Am 17. März 1935, einen Tag nach der Verkündung der Wehrhoheit, wurde er Chef der neuaufgestellten 17. Kompanie.

Am 15. Oktober 1935 wurde im Zuge des Heeresaufbaus in Schwerin/Mecklenburg das Infanterieregiment 69 aufgestellt, wo Dr. Mauss als Chef die 3. Kompanie übernahm. Im April 1937 wurde das Regiment nach Hamburg-Wandsbek verlegt und im Herbst motorisiert.

Am 1. April 1938 erfolgte die Beförderung zum Major, und im November wurde Dr. Mauss Chef der 14. (Panzerabwehr) Kompanie. Im Verband der 20. Infanteriedivision (motorisiert) zog er am 1. September 1939 in den Polenfeldzug, wo er sich bei der Einnahme von Konitz und beim Aufbau eines Panzerabwehrsperrriegels bei Brest-Litowsk auszeichnete. Dafür erhielt er am 28. September

General der Panzertruppe Dr. Karl Mauss. Die Aufnahme vom Dezember 1943 zeigt ihn noch als Oberst mit dem Eichenlaub. Zudem trägt er das Deutsche Kreuz in Gold auf der rechten Brusttasche, die Nahkampfspange in Bronze über der linken Brusttasche und darunter das Eiserne Kreuz 1. Klasse mit der Wiederholungsspange sowie das Panzerkampfabzeichen.

Foto: Walter Frentz

1939 die Wiederholungsspange zum Eisernen Kreuz 2. Klasse.

In Anerkennung seiner Leistungen wurde er am 30. Oktober 1939 zum Kommandeur des II. Bataillons des Infanterieregiments 69 ernannt. Das Regiment wurde am 1. November 1939 der 10. Panzerdivision unterstellt und zum 1. April 1940 in Schützenregiment 69 umbenannt. Damit gehörte das Regiment zur Panzertruppe.

An der Spitze seines Bataillons stürmte Major Mauss im Mai 1940 über Luxemburg nach Frankreich hinein, wobei er sich bei Sedan, an der Somme und bei Calais mehrfach bewährte. Sein Bataillon drang als erste deutsche Truppe in Calais ein. Dafür erhielt er am 25. Mai 1940 die Wiederholungsspange zum Eisernen Kreuz 1. Klasse.

Im März 1941 verlegte die 10. Panzerdivision in die Heimat und bereitete sich auf den Waffen-

Ein deutscher Panzerkampfwagen III der Ausführung E auf dem Vormarsch in Frankreich während des Westfeldzuges

Foto: BPK Berlin

gang im Osten vor. Am 1. April 1941 wurde Dr. Mauss vorzeitig zum Oberstleutnant befördert und stand seit dem 22. Juni 1941 mit seinem Bataillon sowie einer Vorausabteilung der 10. Panzerdivision im Kampf und stieß in harten Gefechten im Mittelabschnitt weit nach Osten vor.

Am 2. Oktober 1941 begann der deutsche Angriff auf Moskau, der Schlüssel hierzu war Wjasma. Nach schwersten Kämpfen befanden sich schließlich 45 sowjetische Divisionen im Kessel.

In der Nacht zum 6. Oktober führte Mauss sein Bataillon durch eine Furt der Ugra, bildete einen Brückenkopf und verteidigte diesen in harten nächtlichen Kämpfen bis zum Eintreffen frischer Kräfte. Im Morgengrauen des 7. Oktober drang Dr. Mauss in Wjasma ein, nahm im raschen Zugriff alle wichtigen Punkte sowie die noch unversehrten Brücken, säuberte die Stadt und richtete sich am feindwärtigen Rand zur Verteidigung ein.

Oberstleutnant Mauss hatte in hartem Kampf, aber auch wägend in kühnem Entschluß, dem wankenden Feind einen Eckpfeiler seiner verzweifelten Abwehr entrissen. Für die Leistungen seines Bataillons in den Kesselschlachten von Minsk und Smolensk, bei der Einnahme von Wjasma und das Halten des Ugra-Brückenkopfs erhielt Dr. Karl Mauss am 26. November 1941 als Oberstleutnant und Kommandeur des II. Bataillons des Schützenregiments 69 das Ritterkreuz.

23 Kilometer bis zum Kreml

Es folgten die Kämpfe um Istra und Rusa. Im Verlauf der Winterschlacht um Moskau kam das Bataillon „Mauss“ bis auf 23 Kilometer an den Kreml heran, doch dann waren die Kräfte verbraucht, die Männer erschöpft. So endete die Winterschlacht 1941 für Dr. Mauss und sein abgekämpftes Bataillon kurz vor Moskau in einem völlig zerstörten Dorf.

Am 26. Februar 1942 wurde er zum Führer des Schützenregiments 33 der 4. Panzerdivision ernannt und am 1. April 1942, erneut außer der Reihe, zum Oberst befördert. Bei Kämpfen am Mittelabschnitt wurde Dr. Mauss im Mai 1942 bei Orel schwer verwundet, kehrte aber bereits im Juli 1942 zur Truppe zurück.

Am 5. Juli 1942 erhielt das Regiment seine endgültige Bezeichnung: Panzergrenadierregiment 33. 1942/1943 im Mittelabschnitt im Einsatz, hatte Mauss im März 1943 hervorragenden Anteil an der Wiedergewinnung von Sewsk. Für seine in diesen Kämpfen mehrfach bewiesene persönliche Tapferkeit wurde ihm am 11. März 1943 das Deutschen Kreuz in Gold verliehen.

Nach einer schwerenVerwundung nicht voll genesen, übernahm er ab 18. Juli 1943 wieder die Führung seines südlich von Orel schwer ringenden Regiments. Dank seines Einsatzes gelang der Aufbau einer durchlaufenden Abwehrfront.

Die 4. Panzerdivision kämpfte im Raum Kursk, als Dr. Mauss vertretungsweise die Führung der Division übernahm. Wenige Tage später waren starke sowjetische Panzerkräfte beim rechten Nachbarn durchgebrochen. Nach schweren Kämpfen wurde die Division von überlegenen Feindverbänden eingeschlossen, brach jedoch unter Dr. Mauss’ Führung mit allen Fahrzeugen, Waffen und Verwundeten aus dem Kessel aus. Er griff sofort energisch ein und hatte innerhalb kürzester Zeit die vor dem feindlichen Stoß ausgewichenen, zum Teil führerlosen fremden Einheiten geordnet und zu einer geschlossenen Abwehrlinie zusammengeschweißt, an der die Angriffe der Sowjets zerbrachen.

Dafür erhielt Dr. Karl Mauss am 24. November 1943 als Oberst und Kommandeur des Panzergrenadierregiment 33 der 4. Panzerdivision das 335. Eichenlaub zum Ritterkreuz.

Kurz zuvor war er in die Führerreserve versetzt worden, wo er sich in der Heimat auf größere Aufgaben vorzubereiten hatte.

Am 11. Dezember 1943 wurde Dr. Mauss das bereits am 24. November verliehene Eichenlaub durch den Obersten Befehlshaber überreicht.

Nach einem Divisionsführerlehrgang und einer kurzen Kommandierung als Divisionsführer zur 8. Panzerdivision wurde ihm in Anerkennung seiner hervorragenden Führungsqualitäten am 31. Januar 1944 die Führung der 7. Panzerdivision übertragen, die er am 1. April 1944 – unter gleichzeitiger Beförderung zum Generalmajor – als Kommandeur übernahm.

Kommandeur der „Gespensterdivision“

Mit der 7. Panzerdivision stand er ab Ende März 1944 im Kessel von Kamenez-Podolsk beim Ausbruch von Hubes 1. Panzerarmee in harten Kämpfen, dann im Sommer 1944 in den schweren Abwehrschlachten in Weißrußland, im August 1944 an der litauischen Grenze und im Herbst 1944 im Raum Memel.

Am 22. Juni 1944 begann die große sowjetische Sommeroffensive gegen die Heeresgruppe Mitte, die Wochen später nach erbittersten Abwehrkämpfen an der ostpreußischen Grenze gestoppt werden konnte. Die Division wurde nach Litauen transportiert, um in nordöstliche Richtung vorzustoßen – mit dem Ziel, den Einschließungsring um die Heeresgruppe Nord aufzubrechen. Nach teilweisem Erfolg ging die Division auf Memel zurück und dort zur Verteidigung über.

Es war unter anderem dem Standvermögen des IX. Armeekorps und der Tapferkeit der 7. Panzerdivision zu verdanken, daß der Feind bei Raseinen/Litauen wirkungsvoll gestoppt wurde.

In jenen Tagen fing die 252. Infanteriedivision einen sowjetischen Funkspruch auf, in dem sich die sowjetischen Kommandeure gegenseitig vor Mauss warnten: „Achtung, Mauss ist wieder da.

Äußerste Vorsicht geboten. Der Kerl bringt alles fertig."

Am 15. August 1944 wurde ergänzend zum Wehrmachtbericht gemeldet: „In den Kämpfen im Raum Raseinen haben sich die unter der Führung des Generals der Artillerie Wuthmann stehenden Truppen in Angriff und Abwehr erneut hervorragend bewährt. Die Verbände des IX. Armeekorps hatten sich bereits in den schweren Abwehrkämpfen seit dem 22. Juni durch ungewöhnliche Ausdauer und besondere Tapferkeit hervorgetan. Die Erfolge von Führung und Truppe wurden gekrönt durch die sechstägige Schlacht von Raseinen, in der unter Aufbietung aller greifbaren Kräfte zwei aufgefüllte, modern ausgestattete feindliche Garde-Panzerkorps und mindestens ein Schützenkorps unter Vernichtung von 365 Feindpanzern zerschlagen wurden.

Durch den heldenhaften Widerstand der Truppen dieses Korps wurde unter entscheidender Beteiligung der 7. Panzerdivision unter Generalmajor Mauss der angestrebte Durchbruch in den Raum nördlich Tilsits verhindert und die Vorraussetzung für eine weitere, erfolgreiche Verteidigung der ostpreußischen Grenze geschaffen."

Panzer werden von vorn geführt

An der Front fuhr Dr. Mauss stets unermüdlich mit seinem Schützenpanzer zwischen seinen Einheiten umher und hörte sich in der HKL die Sorgen seiner Männer an. Seine Vorgesetzten beim Korps oder der Armee monierten, sein Gefechtsstand sei zu weit vorn. Die Truppe müsse von hinten geführt werden, sonst bestehe die Gefahr, die Übersicht zu verlieren. Aber Mauss erwiderte: „Die Befehlsstelle ist dort, wo geschossen wird, und der Kommandeur da, wo seine Männer sind. Panzer müssen von vorn geführt werden. Die Übersicht verliere ich erst dann, wenn ich nur von der Karte her weiß, wo der Gegner steht!"

Am 1. Oktober 1944 erfolgte die Beförderung zum Generalleutnant. Für die in den Kämpfen um Raseinen bewiesenen Kampferfolge der 7. Panzerdivision und den unter geringen eigenen Verlusten erzielten großartigen Abwehrerfolg erhielt Dr. Karl Mauss am 23. Oktober 1944 das 101. Eichenlaub mit Schwertern zum Ritterkreuz des Eisernen Kreuzes.

Als ihn Adolf Hitler bei der Übergabe der hohen Auszeichnung fragte, ob er einen persönlichen Wunsch habe, überlegte Mauss nicht lange und sagte: „Jawohl, ich habe einen – ich bitte um 40 neue ‚Panther'!" Und die bekam er auch.

Gegen den Großangriff der Sowjets am 12. Januar 1945 kämpfte die 7. Panzerdivision erbittert im Raum Ziechenau und zog sich dann bei Graudenz über die zugefrorene Weichsel zurück. Am 20. Februar 1945 hieß es in einer Ergänzung zum Wehrmachtbericht: „Bei den schweren Kämpfen um Elbing hat sich der mit den Schwertern zum Eichenlaub des Ritterkreuzes ausgezeichnete Kommandeur der 7. Panzerdivision, Generalleutnant Mauss, durch hohe persönliche Tapferkeit und Entschlußkraft besonders hervorgetan. Bei einem Vorstoß aus Elbing nach Westen feuerte er, an der Spitze seiner Division selbst mit dem Maschinengewehr kämpfend, seine Soldaten durch sein Vorbild zu hervorragenden Taten an."

In ständigem Wechsel zwischen Angriff und Verteidigung schlug sich Generalleutnant Mauss mit seiner 7. Panzerdivision befehlsgemäß durch Südostpreußen und Hinterpommern in Richtung der eingeschlossenen Stadt Danzig durch. Vom 12. bis 23. März 1945 stand die Truppe in härtesten Abwehrkämpfen um Gotenhafen. Erst nachdem die Sowjets den Brückenkopf Danzig–Gotenhafen gespalten und den Südrand von Gotenhafen erreicht hatten, wurde die 7. Panzerdivision auf den verkleinerten Brückenkopf der Oxhöfter Kempe zurückgenommen.

Divisionsführung von der Trage aus

Am 25. März 1945 wurde Mauss durch feindlichen Artillerietreffer an beiden Beinen und am Kopf so schwer verwundet, daß ihm das linke Bein schon auf dem Hauptverbandplatz amputiert werden mußte.

Trotzdem verbrachte Dr. Mauss, auf einer Trage liegend, noch vier Tage auf seinem Gefechtsstand, um seine Truppe weiterzuführen. Dann wurde der unter heftigen Schmerzen leidende Schwerverwundete mit einem Flüchtlingstransport von Hela aus auf einem Torpedoboot nach Kopenhagen geschafft und kam hier in ein Lazarett.

Von dort aus meldete er sich sogleich telefonisch bei Hitlers Chefadjutanten General der Infanterie Wilhelm Burgdorf. Als der ihn fragte, was er für ihn tun könne, äußerte Dr. Mauss keinen persönlichen Wunsch, sondern bat nachdrücklich darum, seine tapfere Division nicht in Gotenhafen in aussichtsloser Lage zurückzulassen: „Die Jungen verbluten oder werden gefangengenommen. Das haben sie, weiß Gott, nicht verdient!" Daraufhin wurde die 7. Panzerdivision auf Marinefahrzeugen noch in allerletzter Stunde aus dem Kessel herausgeholt und in Swinemünde entladen. Im Raum Schwerin–Malchin sammelte sie. Der Ia fuhr nach Travemünde voraus, wohin sich Mauss hatte verlegen lassen, und führte Einsatzgespräche für die Verteidigung der Seen-Enge Malchin–Waren.

Hier erhielt Generalleutnant Mauss am 15. April 1945 im Amputiertenlazarett die Nachricht, daß er für seine überragenden Verdienste als Kommandeur und die großartigen Einsätze der 7. Panzerdivision mit dem 26. Eichenlaub mit Schwertern und Brillanten zum Ritterkreuz des Eisernen Kreuzes ausge-zeichnet worden war.

Damit war Dr. Karl Mauss nach Erwin Rommel, Adelbert Schulz und Hasso von Manteuffel der vierte Kommandeur der ruhmreichen 7. Panzerdivision, der mit den Brillanten zum Eichenlaub ausgezeichnet wurde. Außerdem hatte die Division insgesamt 31 Ritterkreuz- und sechs Eichenlaubträger hervorgebracht.

Seiner Fürsorge und seinem Tatendrang war es zu verdanken, daß die 7. Panzerdivision bei Kriegsende im Raum Schwerin geschlossen in amerikanische Gefangenschaft kam, die später durch britischen Gewahrsam abgelöst wurde.

Im Februar 1946 starb die Frau von Mauss in Hamburg. Der Kriegsgefangene durfte jedoch an der Trauerfeier nicht teilnehmen. Aber weder diese Rohheit noch die weitere oft schmähliche Behandlung in Gefangenschaft vermochten, diesen tapferen Mann zu brechen. Nachdem sein Beinstumpf noch mehrmals operiert worden war, transportierten die Briten den Schwerverwundeten in einem Sanitätsfahrzeug unter strenger Bewachung über Ratzeburg nach Munsterlager, wo deutsche Militärärzte seine Behandlung übernahmen.

Am 28. Januar 1947 wurde Dr. Mauss aus der Kriegsgefangenschaft entlassen und ließ sich in Hamburg nieder. Hier trat der Witwer wieder in intensiven Kontakt mit seinen Bundesbrüdern der „Germania". Er begann erneut als Zahnarzt zu arbeiten.

Trotz zunächst größter Schwierigkeiten infolge seiner Verletzungen eröffnete Dr. Mauss 1949 eine eigene Praxis, fand entscheidende Unterstützung durch seine zweite Frau – mit der er in reifen Jahren noch einen Sohn (Dietrich) hatte –, und schon nach kurzer Zeit florierte die Praxis.

Als sich Dr. Mauss nach kaum vorstellbaren Schwierigkeiten einigermaßen wieder etabliert hatte, bewarb er sich Mitte der 1950er Jahre noch um eine Verwendung in der Bundeswehr.

Wochenlang mußte er auf eine Antwort aus Bonn warten, bis er eine endgültige Ablehnung in den Händen hielt. Seiner Bewerbung könne leider nicht entsprochen werden, da er die gesundheitliche Voraussetzungen für den Soldatenberuf nicht erfülle. Eine Anspielung auf seine schwere Kriegsverletzung und Amputation des linken Beines. So blieb Mauss weiterhin als Zahnarzt tätig.

Nach schwerem Leiden verstarb Dr. Karl Mauss bereits am 9. Februar 1959 im Alter von erst 60 Jahren. Zur Trauerfeier in der großen Halle des Krematoriums Hamburg-Ohlsdorf erschienen nicht nur Familienangehörige, sondern neben seinen ehemaligen Soldaten der 7. Panzerdivision auch Verbindungsstudenten aus dem ganzen deutschsprachigen Raum, war Dr. Mauss doch der im Krieg höchstausgezeichnete Burschenschafter gewesen. Außerdem erwies ihm ein Ehrengeleit der Bundeswehr mit Musikzug die letzte Ehre. Seine Beisetzung erfolgte in Lübeck.

Im März 1945 erhält Generalleutnant Mauss den Befehl über mehrere im Brückenkopf Gotenhafen eingeschlossene Divisionen. Die Aufnahme zeigt ihn während einer seiner täglichen Frontfahrten.

Walter Model

Walter Model wurde am 24. Januar 1891 in Genthin, Kreis Jerichow/Provinz Sachsen, als Sohn eines Königlich-Preußischen Musikdirektors und Seminaroberlehrers geboren.

Nach dem Besuch der Bürgerschule in Genthin legte Walter Model Ostern 1909 am Dom-Gymnasium in Naumburg/Saale das Abitur ab und trat anschließend 1909 als Fahnenjunker in die 11. Kompanie des Infanterieregiments Nr. 52 „von Alvensleben" (6. Brandenburgisches) in Cottbus ein. 1910 wurde Model im selben Regiment zum Leutnant befördert, zog zu Beginn des Ersten Weltkrieges als Bataillonsadjutant ins Feld, kämpfte dann als Kompaniechef im Infanterieregiment 52 und erwarb sich bereits am 29. September 1914 das EK II.

Im Dezember 1914 wurde er Regimentsadjutant, 1915 Oberleutnant, und am 19. Oktober 1915 erhielt er das EK I.

Leidenschaftliche Pflichterfüllung

Seine schroffe Art und seine leidenschaftliche Pflichterfüllung hatten ihm bereits damals den Ruf eines harten Vorgesetzten und unbequemen Untergebenen eingebracht. 1916 zum Generalstabsoffizier ausgebildet, fand er zunächst Verwendung als Adjutant der 10. Infanteriebrigade und erwarb sich dann an der Spitze einer Sturmkompanie des Leibgrenadierregiments Nr. 8 in den Grabenschlachten im Westen 1917 den Hohenzollernorden mit Schwertern sowie das silberne Verwundetenabzeichen.

Nach einer schweren Verwundung wurde Model am 7. Juni 1917 als Ordonnanzoffizier zur Obersten Heeresleitung nach Bad Kreuznach kommandiert, hier dem Chef der Operationsleitung zugeteilt und am 18. November 1917 zum Hauptmann befördert. Im März 1918 kam er als Quartiermeister (Ib) zur Garde-Ersatzdivision und kurz vor Kriegsende 1918 als Ib zur 36. Reserve-Infanteriedivision, bei der er das Kriegsende in Flandern erlebte.

Nach Kriegsende 1918 diente er zunächst als Generalstabsoffizier beim XVII. Armeekorps und beim Grenzschutz Ost, wurde aber schon im Juli 1919 zur Reichswehrbrigade 7 nach Westfalen versetzt und hier dem Infanterieregiment Nr. 14 zugeteilt. Im Oktober 1920 übernahm er die MG-Kompanie des Infanterieregiments Nr. 18. Am 1. Oktober 1925 wurde Model als Chef der 9. Kompanie des Infanterieregiments Nr. 8 nach Görlitz und am 1. Oktober 1928 als Generalstabsoffizier zur 3. Division nach Berlin versetzt, wo er bei den sogenannten Führergehilfenlehrgängen – aufgrund des Versailler Diktats verschleierte Generalstabslehrgänge – als Lehrer für Taktik und Kriegsgeschichte Verwendung fand. Nach elf Jahren Hauptmannszeit wurde er 1929 zum Major befördert und 1930 als Vorschriftenreferent in die 4. Abteilung des Truppenamtes (T 4) versetzt.

Zum Dienstprogramm deutscher Generalstabsoffiziere gehörten damals auch Reisen in die Sowjetunion, wo die Reichswehr – in Zusammenarbeit mit der sowjetischen Armee – geheime Ausbildungslager in Lipezk bei Charkow und bei Kasan unterhielt. Model hielt sich 1931 für rund sechs Wochen in der Sowjetunion auf. 1932 wurde Model zum Stabschef des neugegründeten Reichskuratoriums für Jugendertüchtigung berufen und avancierte am 1. November 1932 zum Oberstleutnant. Dieses Kuratorium hatte die Aufgabe, wehrsportliche vormilitärische Jugendausbildung mit den damals zahlreichen, einflußreichen und mitgliederstarken Wehrverbänden durchzuführen. Dabei geriet Model jedoch immer wieder in Konflikt mit der nationalsozialistischen SA, so daß er bei der Auflösung des Kuratoriums im November 1933 als Kommandeur des II. Bataillons des Infanterieregiments Nr. 2 nach Allenstein/Ostpreußen versetzt wurde. Am 1. Oktober 1934 avancierte Model zum Oberst und wurde Kommandeur des Regiments.

Optimierung wehrtechnischer Entwicklung

Ab dem 15. Oktober 1935 erfolgte seine Berufung zum Chef der 8. (technischen) Abteilung (T 8) im Generalstab des Heeres, welche die ausländische Rüstung zu studieren und neue wehrtechnische Entwicklungen anzuregen und voranzutreiben hatte. Auch nach Spanien wurde er geschickt, um sich an Ort und Stelle darüber zu informieren, wie sich die deutschen Waffen im dortigen Bürgerkrieg bewährten und welche Schlußfolgerungen daraus zu ziehen wären. Am 1. März 1938 erfolgte seine Beförderung zum Generalmajor.

Ab dem 10. November 1938 zum Chef des Generalstabes des IV. Armeekorps in Dresden ernannt, nahm Walter Model in dieser Funktion ab dem 1. September 1939 am Polenfeldzug teil und erwarb sich hier am 22. September 1939 die Wie-

Generalfeldmarschall Walter Model. Die Aufnahme zeigt ihn im Mai 1944 als Oberbefehlshaber der Heeresgruppe Nordukraine.

Foto: Sepp Jäger

Generaloberst Model (Mitte), Oberbefehlshaber der 9. Armee, im Juni 1943 bei den Vorbereitungen zur Operation „Zitadelle". Links steht Generalleutnant Vollrath Lübbe, Kommandeur der 2. Panzerdivision; im Hintergrund wird ein Panzerkampfwagen III, Ausführung M, für die kommenden Einsätze durchgesehen.

derholungsspange für das EK II von 1914 und am 2. Oktober 1939 jene für das EK I.

Ab dem 2. November 1939 wurde Model Chef des Generalstabes der 16. Armee unter General der Infanterie Ernst Busch.

In dieser Dienststellung – am 1. April 1940 erfolgte seine Beförderung zum Generalleutnant – nahm er ab Mai 1940 am Westfeldzug teil und am 13. November 1940 wurde er zum Kommandeur der 3. Panzerdivision – Berliner „Bären"-Division – ernannt.

Bewährung in Rußland

Mit dieser Panzerdivision, die zur Panzergruppe 2 des Generalobersten Guderian gehörte, konnte Model ab Juni 1941 im Osten große Erfolge erzielen, wobei die Division entscheidend an den großen Zangenoperationen zur Bildung der Kessel von Minsk, Kiew und Brjansk beteiligt war. Für seine dabei bewiesenen Führungsleistungen erhielt Walter Model bereits am 9. Juli 1941, als Generalleutnant und Kommandeur der 3. Panzerdivision, das Ritterkreuz des Eisernen Kreuzes.

Während der Kesselschlacht von Kiew wurde Model am 2. September 1941 leicht verwundet. Am 1. Oktober 1941 erfolgte seine Beförderung zum General der Panzertruppe und am 26. Oktober seine Ernennung zum Kommandierenden General des vor Moskau eingesetzten XXXXI. Armeekorps (motorisiert). Mit diesem stieß er im Dezember 1941 bis in den Raum nördlich von Moskau vor und trug dort in den nachfolgenden schweren Abwehrkämpfen im Winter 1941/42 durch sein persönliches Eingreifen wesentlich zur Schließung der Frontlücke bei Klin bei.

Am 16. Januar 1942 übernahm Model die Führung der bei Rschew vor der Einkreisung stehenden 9. Armee. Bis Mitte Februar 1942 gelang es ihm jedoch, die Lage zu bereinigen, und am 28. Februar 1942 erhielt er den offiziellen Oberbefehl über die Armee

Härte gegen sich und andere

Am 1. Februar 1942 zum Generalobersten befördert, erhielt Walter Model am 17. Februar 1942 für seine Leistungen als General der Panzertruppe und Kommandierender General des XXXXI. Armeekorps (motorisiert) das 74. Eichenlaub zum Ritterkreuz, welches ihm am 20. Februar 1942 im Führerhauptquartier überreicht wurde.

Nach der Überreichung des Eichenlaubs unterhielt sich Hitler noch mit dem Ausgezeichneten. Als es dann um die Zuführung eines Panzerkorps für die Abwehrkräfte um Rschew ging, kam es zu einer heftigen Auseinandersetzung zwischen Hitler und Model. Hitler wollte das Panzerkorps nach Gschatsk/Bezirk Smolensk verlegen – Model wollte es bei Rschew einsetzen. Beide vertraten ihren Standpunkt mit Temperament. Model wandte sich dabei direkt an Hitler und fragte ihn: „Mein Führer, führen Sie die 9. Armee oder ich?" Model urteilte hierbei aufgrund seiner Erfahrung als Frontbefehlshaber. Daraufhin lenkte Hitler ein: „Gut, Model! Machen Sie es, wie Sie es wollen. Aber Sie haften mir mit dem Kopf dafür, daß die Sache nicht danebengeht!"

Model behielt Recht mit der Beurteilung der Lage: Die Sowjets versuchten gerade dort durchzubrechen, wo er es vermutet hatte. Doch jetzt stand ihm das Reservekorps zur Verfügung, er konnte den Gegner bremsen und den wuchtigen Angriffsstoß abfangen. Model meisterte auch diese kritische Situation und bewahrte damit die gesamte Heeresgruppe Mitte vor einer Katastrophe.

Wenige Wochen später, am 23. Mai 1942, überflog Model in einer Aufklärungsmaschine ein frontnahes Waldgebiet, als ihm eine sowjetische Scharfschützenkugel die linke Lunge zerriß. Nur eine sofortige Notoperation in einem nahen Feldlazarett rettete ihm das Leben. Für diese schwere Verwundung – nach denen des Ersten Weltkrieges – erhielt Walter Model das Verwundetenabzeichen in Gold.

Model führte seine Truppe von vorn und hielt sich nicht gern in einem frontfernen Stabsquartier auf. Er flog auch gerne in einem Fieseler „Storch" und besuchte überraschend die Rückwärtigen Dienste. Dabei hatte er ein besonders wachsames Auge auf die Offiziere. Wehe, er erwischte einen von ihnen auf einem „Drückeberger"-Posten! Er führte mit äußerster Härte gegen sich selbst und andere, kämmte immer wieder die Etappe nach Drückebergern und überflüssigem Personal durch, schickte sie an die Front und zeigte dabei stets mehr Herz für den einfachen Soldaten als für die Stäbe. So ließ er für seine Armee ein schönes großes Erholungsheim bauen, in dem die abgekämpften Soldaten ein wenig Ruhe und Kraft finden konnten.

Wellenbrecher feindlicher Angriffe

In zwei weiteren Sommer- und Winterschlachten 1942/43 wurden Model und seine 9. Armee zum Wellenbrecher sowjetischer Angriffe.

Eine gelungene Operation wurde die „Büffelbewegung". Am 6. Februar 1943 erhielt Model von Hitler die Genehmigung, die 9. Armee und Teile der 4. Armee aus dem Frontvorsprung Rschew zurückzuziehen und in eine um 300 Kilometer verkürzte Sehnenstellung zu führen. Nur

Generaloberst Model (rechts) und Generalleutnant Vollrath Lübbe im Juni 1943

Foto: Sepp Jäger

Oben: Generaloberst Model während des Unternehmens „Zitadelle" im Juli 1943 im Gespräch mit Oberstleutnant Wilhelm Buck (rechts), Kommandeur des Panzergrenadierregiments 2. Nur wenige Wochen nach dieser Aufnahme fiel Buck am 24. September 1943 in der Sowjetunion.
Unten: Bei der Lagebesprechung mit Generalleutnant Lübbe (links) und einem Kompaniechef.

Generalfeldmarschall Model (links, am Tisch sitzend), Oberbefehlshaber der Heeresgruppe Nordukraine, im Sommer 1944 im Gespräch mit Offizieren seines Stabes nach der Landung mit seinem Fieseler „Storch"

Alle Fotos dieser Doppelseite: Sepp Jäger

vier Wochen hatte der Generalstab des Heeres der 9. Armee für die Vorbereitungen dieser gewaltigen Absetzbewegung zugebilligt. Auf diese Weise sollten noch vor Beginn der Schlammperiode die Verbände in ihren neuen Stellungen abwehrbereit sein. Was für eine gewaltige Aufgabe! 200 Kilometer Straßen für Kraftfahrzeuge, 600 Kilometer Wege für Schlitten und Pferdefuhrwerke mußten gebaut werden – und dies im tiefsten Winter. Es sollte alles abtransportiert werden: alle Waffen und sonstiges Kriegsmaterial, Erntevorräte, Vieh sowie rund 60.000 Zivilisten, die mit den Deutschen zusammengearbeitet hatten. Ferner sollten nach dem Bahntransport noch 1.000 Kilometer Eisenbahngleise und 1.300 Kilometer Drahtleitungen abgebaut werden. Die entscheidende Grundlage war jedoch der Rückmarsch von rund 250.000 Mann samt Waffen und Gerät. In knapp 21 Tagen erfolgte die Räumung des Frontbogens von Rschew, wobei die Divisionen kämpfend rund 160 Kilometer weit zurückmarschierten. Sie gaben damit eine Frontlinie von 530 Kilometern Breite auf und besetzten 160 Kilometer weiter zurück eine neue Stellung, die nur noch 220 Kilometer breit war. Einsparung also: 330 Kilometer, ein Armeeoberkommando, vier Generalkommandos und 21 Divisionen, darunter drei Panzerdivisionen.

Diese Operation beendete nach den schweren Verlusten des Winters 1942/43 die reservenlose Zeit bei der Heeresgruppe Mitte. Für die entscheidenden Abwehrerfolge bei Rschew erhielt Walter Model, als Generaloberst und Oberbefehlshaber der 9. Armee, am 2. April 1943 das 28. Eichenlaub mit Schwertern zum Ritterkreuz des Eisernen Kreuzes.

Fiasko „Zitadelle“

Im Juli 1943 kommandierte Model den nördlichen Angriffskeil der Heeresgruppe Mitte während des Unternehmens „Zitadelle“ und damit fünf Armeekorps mit zusammen 14 Infanterie- und vier starken Panzerdivisionen. Der bereits für Mitte April 1943 geplante Angriffsbeginn war jedoch immer wieder hinausgeschoben worden. Verantwortlich hierfür war neben dem Wetter vor allem auch Model, der auf die Zuführung schwerer Panzer bestanden hatte. Doch die Sowjets waren bereits gewarnt. Als der deutsche Angriff am 5. Juli 1943 begann, stießen die Sturmtruppen auf ein tiefes und gutausgebautes sowjetisches Stellungssystem mit starken Panzerkräften. Nach tagelangen erbitterten Grabenkämpfen und hohen Verlusten erlahmte die Wucht des deutschen Angriffs – nach nur 15 Kilometern Geländegewinn. Der südliche Zangenarm war zwar erfolgreicher, trotzdem befahl Hitler am 13. Juli 1943 die Operation „Zitadelle“ abzubrechen, unter anderem weil die Invasion der Alliierten auf Sizilien begonnen hatte. Walter Model wurde am 5. November 1943 als Oberbefehlshaber der 9. Armee abgelöst und in die Führerreserve des Oberkommandos des Heeres versetzt.

Der Marschallstab Walter Models

Als die Lage im Nordabschnitt der Ostfront nach dem sowjetischen Durchbruch bei Leningrad brenzlig wurde, holte Hitler den Abwehrspezialisten Model wieder zurück und übertrug ihm im Januar 1944 den Oberbefehl über die Heeresgruppe Nord, deren Zusammenbruch er verhindern und die Front stabilisieren konnte. Am 1. März 1944 erfolgte seine Beförderung zum Generalfeldmarschall.

„Retter der Ostfront“

Das gleiche wiederholte sich, als Model ab dem 31. März 1944 als Nachfolger von Erich von Manstein den Oberbefehl über die Heeresgruppe Süd – später umbenannt in Nordukraine – übernahm und mit ihr den Vorstoß der Roten Armee auf die Karpaten-Pässe abwehrte.

Am 22. Juni 1944 traten insgesamt rund 146 sowjetische Schützendivisionen und 43 Panzerverbände zum Großangriff an und überrannten die deutschen Stellungen der Heeresgruppe Mitte von Ernst Busch. Unter den Schlägen sowjetischer Artillerie, von Schlachtfliegern und gewaltigen Panzermassen wurde die Heeresgruppe Mitte aufgerieben. Rund 28 deutsche Divisionen mit zirka 330.000 Mann gingen in diesem Vernichtungsorkan unter.

Ab dem 28. Juni 1944 wurde Walter Model noch zusätzlich mit der Führung der Reste der Heeresgruppe Mitte beauftragt und gab dafür im Juli 1944 den Befehl über die Heeresgruppe Nordukraine ab. Es war nicht einfach, eine gejagte und gehetzte Truppe zum Stehen zu bringen. Ungünstige Verhältnisse und die gewaltige Materialüberlegenheit der Sowjets schufen verzweifelte Lagen. Model organisierte, wobei Improvisationen aller Art und Größe als Hauptmittel dienten, setzte persönlich Kampfgruppen ein, tauchte immer dort auf, wo die Lage am gefährlichsten schien, und schaffte es auch in scheinbarer Hoffnungslosigkeit, seinen Männern Halt und neuen Mut zu geben. Ohne nennenswerte Reserven konnte Model bis Mitte August 1944 die sowjetische Offensive an der Weichsel zum Stehen bringen und damit die Ostfront stabilisieren. Für Hitler war Model der „Retter der Ostfront".

Durch seine Abwehrerfolge im Osten stand Model damit auf dem Höhepunkt seines beruflichen Könnens. Zwar deutschnational eingestellt und auch der Faszination Hitlers erlegen, gehörte er aber zu den ganz wenigen Oberbefehlshabern, die bei gegenseitigem Repekt mit Hitler auf Augenhöhe verkehrten. Das Attentat vom 20. Juli 1944 kritisierte Walter Model als „noch schlechter vorbereitet als der Kapp-Putsch" und als „die größte Blamage für den preußisch-deutschen Generalstab".

Model sandte ein klares Solidaritätstelegramm an Hitler, war aber empört über die Behandlung von Verschwörern und Mitwissern und suchte Belastete in seinem Befehlsbereich zu schützen.

Ethos des bis zuletzt Kämpfenden

Am 17. August 1944 erhielt Walter Model für seine Leistungen als Generalfeldmarschall und Oberbefehlshaber der Heeresgruppe Mitte das 17. Eichenlaub mit Schwertern und Brillanten zum Ritterkreuz des Eisernen Kreuzes.

Als Model am 17. August die Brillanten überreicht wurden, erklärte Hitler: „Ohne Sie, Ihren heldenhaften Einsatz und die kluge Führung Ihrer tapferen Soldaten wären die Sowjets heute in Ostpreußen und stünden sogar vor Berlin. Das deutsche Volk hat Ihnen zu danken!"

Noch am selben Tag wurde Walter Model zum Oberbefehlshaber West und gleichzeitig damit zum Oberbefehlshaber der Heeresgruppe B ernannt. Die Befehlsübernahme im Westen vollzog sich, wie meist bei Model, in recht rüder Form. Er vertrat die Ansicht, die bisherige Führung habe bei der Aufgabe, dem Ostheer den Rücken freizuhalten, versagt.

Trotz der alles erdrückenden alliierten Materialüberlegenheit versuchte er auch hier sein Bestes und konnte im September 1944 die Front an der Reichsgrenze und in Südholland stabilisieren. Als aber nach dem Scheitern der Ardennenoffensive 1945 die Rheinlinie nicht mehr gehalten werden konnte, seine Verbände im Ruhrkessel eingeschlossen wurden und die Vernichtung seiner Truppen nicht mehr aufzuhalten war, löste Model seine Heeresgruppe auf. Für ihn stand fest, daß er den Tod auf dem Schlachtfeld suchen mußte, da er nur diesen Schritt eines deutschen Generalfeldmarschalls nach einer Niederlage für würdig empfand. „Ein Feldmarschall geht nicht in Gefangenschaft, er hat, wie der Kapitän eines Schiffes, als letzter auf der Brücke stehend, mit seinem Schiff unterzugehen!", so hatte er einmal selbst gesagt.

Am 21. April 1945 erschoß sich Walter Model unter einer Gruppe mächtiger Eichen in einem Waldstück zwischen Lintorf und Wedau, südlich von Duisburg. Seine Generalstabsoffiziere, der Chef der Personalverwaltung Oberst Theodor Pilling, der Feindlageoffizier Oberstleutnant i.G. Roger Michael und der zuständige Stabsoffizier für die Heerestruppen Major i.G. Winrich Behr, begruben ihn dort, wo er liegen wollte. In seinen persönlichen Unterlagen befand sich ein Zettel mit den Anfangszeilen eines Gedichtes: „Als Sieger will ich kommen, sonst nicht…"

Erst 1955 wurde sein Leichnam auf den Soldatenfriedhof Vossenack überführt.

Foto: Sep Jäger

Die Stander eines Oberbefehlshabers einer Heeresgruppe im Rang eines Generalfeldmarschalls am Kraftfahrzeug Walter Models. Die Aufnahme stammt vom Mai 1944.

Werner Mölders

Werner Mölders wurde am 18. März 1913 in Gelsenkirchen / Westfalen als zweiter von drei Söhnen des Studienrates Victor Mölders, der am 2. März 1915 als Leutnant der Reserve (d.R.) bei einem Sturmangriff in den Argonnen / Frankreich fallen sollte, geboren.

Die Mutter hatte es schwer, sich mit den Kindern durchs Leben zu schlagen, aber sie ermöglichte Werner Mölders dennoch den Besuch des Gymnasiums.

Ab 1919 besuchte er die Volksschule, später das „Saldria"-Gymnasium in Brandenburg / Havel und machte dort sein Abitur. Bereits als Schüler war er ein ausgezeichneter Sportler.

Am 1. April 1931 trat Mölders als Offiziersanwärter in das II. Bataillon des Infanterieregiments 2 der Reichswehr in Allenstein / Ostpreußen ein, nahm im Oktober 1932 am Fähnrichlehrgang der Reichswehr an der Kriegsschule Dresden teil und wurde am 11. Juni 1933 zum 1. (preußischen) Pionierbataillon an die Pionierschule nach München versetzt. Von dort meldete er sich „unter der Hand" zur Luftwaffe, die im Geheimen aufgebaut wurde. Doch nach den Eignungsprüfungen und Untersuchungen wurde er als „ungeeignet" befunden.

Mit eisernem Willen zu „bedingt tauglich"

Nach dem ersten Flug wankte er mit bleichem Gesicht aus der Maschine, sein Magen revoltierte. Bei weiteren Flügen überfielen ihn – wenn sich die Maschine in die Kurve legte – Schwindelanfälle und rasende Kopfschmerzen. Er schien tatsächlich ungeeignet. Doch sein nun erwachender Wille schaffte es, mit eiserner Härte gegen sich selbst den revoltierenden Körper zu besiegen. Mölders forderte eine neue Untersuchung, und das Urteil der Luftwaffenärzte bescheinigte ihm: „...bedingt tauglich".

Diese Beurteilung brachte ihm am 6. Februar 1934 seine Versetzung an die Deutsche Verkehrsfliegerschule nach Cottbus, wo er an einem Lehrgang zur Ausbildung zum Flugzeugführer teilnehmen sollte. Auch hier entschieden sich die Ärzte zunächst wieder gegen ihn. Doch Werner Mölders gab nicht auf. Er wollte Flieger werden, denn er wußte, daß Fliegen sein Schicksal war. Er bat seinen Gruppenkommandeur, mit ihm einen Probeflug zu unternehmen, und diesmal klappte es. Mölders hatte sich selbst bezwungen.

Am 1. März 1934 wurde der knapp 21jährige zum Leutnant befördert.

Sein Gruppenkommandeur war ein verständnisvoller Mann, hob die Gutachten der Ärzte auf und ließ Mölders weiter an dem Ausbildungslehrgang teilnehmen.

Der junge Leutnant enttäuschte seinen Vorgesetzten nicht. Er absolvierte die Ausbildung als Lehrgangsbester und mit ausgezeichneter Beurteilung.

Vom 1. Januar bis zum 30. Juni 1935 erhielt Mölders eine weitere Ausbildung an der Kampffliegerschule Tutow sowie an der Jagdfliegerschule Schleißheim und wurde am 1. März 1935 – nach der Aufhebung der Tarnbestimmungen – offiziell als Leutnant in die neue deutsche Luftwaffe übernommen.

Mölders war nicht wenig erstaunt, als ihm dann die Aufgabe übertragen wurde, zusammen mit einigen älteren Offizieren ein Stuka-Geschwader aufzustellen, und so war er vom 1. Juli 1935 bis zum 31. März 1936 bei der „Fliegergruppe Schwerin" (I. Gruppe / Sturzkampfgeschwader 162 „Immelmann").

Während dieser Schweriner Zeit lernte er seine spätere Frau Luise kennen.

Vom 1. April 1936 bis 14. März 1937 gehörte Mölders der II. Gruppe des Jagdgeschwaders (JG) 134 „Horst Wessel" in Werl / Westfalen an und wurde hier am 20. April 1936 zum Oberleutnant befördert.

Über spanischer Erde

Ab 15. März 1937 war Mölders dann Staffelkapitän der 1. Staffel / JG 334 in Wiesbaden (spätere I. Gruppe / JG 133 und I. Gruppe / JG 53) und wunderte sich im Laufe der Zeit immer mehr darüber, daß einige seiner Kameraden „spurlos" verschwanden, ohne sich bei ihm zu verabschieden. Eines Tages erfuhr er schließlich, daß deutsche Flieger in Spanien auf der Seite General Franciscos Francos kämpften.

So meldete sich auch der junge Oberleutnant freiwillig zum kriegsmäßigen Einsatz und am 14. April 1938 erfolgte seine Kommandierung zur 3. Staffel / Jagdgruppe 88 der „Legion Condor" nach Spanien, wo er am 24. Mai 1938 die mit Heinkel He 51-Jagdflugzeugen ausgerüstete Staffel von Adolf Galland übernahm.

Daß er einmal als erfolgreichster Jagdflieger der „Legion Condor" heimkehren würde, konnte er zu diesem Zeitpunkt noch nicht ahnen.

Oberst Werner Mölders, Gemälde des Kriegsberichters Erich Cleff

Gleich beim ersten Feindflug mit der neuen Messerschmitt Bf 109 schoß er einen Gegner ab, am nächsten Tag errang er sogar zwei Luftsiege.

Vorzeitig, mit 25 Jahren, wurde er am 18. Oktober 1938 wegen hervorragender Leistungen zum Hauptmann befördert und erzielte am 3. November 1938 in der Gegend von Mola seinen 14. und letzten Luftsieg in Spanien.

Am 5. Dezember 1938 kehrte Mölders nach Deutschland zurück. Seine „spanischen Erfahrungen" machten ihn zum „alten Hasen". Als Staffelkapitän übernahm Mölders am 15. März 1939 die 1. Staffel/JG 133 (spätere 1. Staffel/JG 53) und erhielt – mit Verleihungsdatum vom 6. Juni 1939 – als 10. Soldat das Spanienkreuz in Gold mit Schwertern und Brillanten. Am gleichen Tag war er auch Teilnehmer beim großen Empfang aller hochdekorierten Angehörigen der „Legion Condor" in der Neuen Reichskanzlei in Berlin.

Seinen ersten Gegner im Zweiten Weltkrieg schoß Werner Mölders am 20. September 1939

Major Werner Mölders (rechts), Kommodore des Jagdgeschwaders 51, bespricht mit dem Staffelkapitän der 4. Staffel, Hauptmann Josef Fözö (2.v.r., er trägt ebenfalls die weiße Sommerjacke für Jagdflieger), und zwei weiteren Angehörigen seines Geschwaders die nächsten Einsätze.

über Frankreich ab. Am 27. September 1939 wurde er mit dem Eisernen Kreuz (EK) 2. Klasse ausgezeichnet.

In französischer Gefangenschaft

Als Kommandeur der III. Gruppe / JG 53 gelang ihm am 2. April 1940 sein siebter Luftsieg. Dafür erhielt er am nächsten Tag das EK 1. Klasse.

Am 27. Mai 1940 erzielte Werner Mölders als erster deutscher Jagdflieger seinen 20. Luftsieg und erhielt dafür aus der Hand von Generalfeldmarschall Hermann Göring das Ritterkreuz.

Am Vormittag des 5. Juni 1940 errang Mölders seinen 24. und 25. Luftsieg. Doch dann wurde er 15 Kilometer westlich von Compiègne und 60 Kilometer hinter der eigenen Front abgeschossen.

Seine Maschine wurde am 11. Juni am Waldrand von Compiegne aufgefunden, und noch am 18. Juni galt er laut einer Meldung des Geschwaderkommodore als vermißt.

Mölders aber war mit dem Fallschirm abgesprungen und dachte nicht daran sich zu ergeben, sondern rannte, kaum daß er den Schirm am Boden gelöst hatte, davon. Französische Soldaten, die seine Landung beobachtet hatten, schossen auf ihn, trafen aber nicht. Wenig später schnappten sie ihn doch, und Mölders geriet in Gefangenschaft.

Gleich nach dem Waffenstillstand mit Frankreich wurde das Flieger-As aus dem Offizierslager Montferrant bei Toulouse entlassen und kehrte am 30. Juni 1940 zu den Kameraden zurück.

Am 19. Juli 1940 wurde Mölders zum Major befördert und übernahm am 20. Juli 1940 als Kommodore das JG 51 an der Kanalfront.

Hier hatte er die Gelegenheit zu beweisen, daß er tatsächlich ein Meister im Luftkampf war. Schon beim ersten Anflug auf England schoß er eine „Spitfire" ab, wurde aber selbst durch Geschoßsplitter am Knie verletzt. Nur mit großer Mühe gelang es ihm, mit der zerschossenen Maschine wieder auf dem eigenen Platz zu landen.

Vier Wochen später, im August 1940, erhielt Mölders das Flugzeugführerabzeichen in Gold mit Brillanten, gerade als die „Luftschlacht um England" begonnen hatte.

Erster Jagdflieger mit 50 Luftsiegen

Am 20. September 1940 schoß er zwei „Spitfires" ab und erzielte damit als erster deutscher Jagdflieger seinen 39. und 40. Luftsieg.

Für diese Leistung und die hervorragenden Erfolge des Geschwaders erhielt Werner Mölders am 21. September 1940, als Major und Kommodore des JG 51, als zweiter Offizier der Wehrmacht das Eichenlaub zum Ritterkreuz.

Die Überreichung durch Adolf Hitler erfolgte am 23. September 1940 in der Neuen Reichskanzlei in Berlin. Mölders war neben Adolf Galland wohl der bekannteste Flieger seiner Zeit und nicht nur eine bedeutende Führerpersönlichkeit der Luftwaffe, sondern in den Augen seiner Kameraden auch ein echter Kriegsheld.

Am 7. Oktober 1940 wurde sein Bruder, Oberleutnant Victor Mölders, den er als Staffelkapitän zu sich ins Geschwader geholt hatte, bei einem Jagdbombereinsatz über England abgeschossen und gefangengenommen.

Wiederum als erster erzielte Mölders am 22. Oktober 1940 seinen 50. Luftsieg und wurde am 25. Oktober 1940 zum Oberstleutnant befördert.

Im November 1940 hatte sich der Oberbefehlshaber der Luftwaffe, Reichsmarschall Hermann Göring, vorgenommen, den jungen Oberstleutnant Werner Mölders zum „Chef der Jagdflieger" zu ernennen. Aber Mölders lehnte im ersten Gespräch noch ab; „Das hat noch Zeit, Herr Reichsmarschall. Ich möchte vorläufig noch bei meinem Geschwader bleiben. Die Jungen brauchen mich noch." Und die Jungen konnten keinen besseren Lehrmeister haben. Am 26. Februar 1941 errang ihr großes Vorbild seinen 60. Luftsieg.

Mit 68 Abschüssen führte Werner Mölders sein Geschwader nach Osten, erzielte am ersten Tag

Foto: BPK Berlin

Oben: Generalfeldmarschall Albert Kesselring, Oberbefehlshaber der Luftflotte 2, besucht den Kommodore des Jagdgeschwaders 51, Oberstleutnant Mölders. Die Aufnahme stammt aus dem Zeitraum 1940/41.
Unten: Am 26. Juli 1941 trifft Oberst Mölders zur Überreichung der Brillanten im Führerhauptquartier „Wolfschanze" ein. Auf der Aufnahme sind v.l.n.r. zu sehen: Mölders; der Verbindungsbeamte des Auswärtigen Amtes zum Führer und Reichskanzler, Walther Hewel; der persönliche Adjutant Hitlers, Julius Schaub; Hitler; Hitlers Flugkapitän und Führer der Flugstaffel „Reichsregierung", Hans Baur; der Verbindungsmann des Reichsführers-SS bei Hitler, Karl Wolff.

des Rußlandfeldzuges vier Abschüsse (69. bis 72. Luftsieg) und erhielt dafür am 22. Juni 1941, als Oberstleutnant und Kommodore des JG 51, als zweiter das Eichenlaub mit Schwertern zum Ritterkreuz des Eisernen Kreuzes, welches ihm am 3. Juli 1941 im Führerhauptquartier „Wolfschanze“ durch Adolf Hitler ausgehändigt wurde.

Die ersten Brillanten

Am 15. Juli 1941 erzielte er mit fünf Abschüssen (Nr. 97–101) als erster Jagdflieger der Welt den 100. und 101. Luftsieg. Damit waren die Leistungen Ernst Udets, Oswald Boelckes, Manfred v. Richthofens und Max Immelmanns aus dem Ersten Weltkrieg weit übertroffen.

Dafür erhielt Werner Mölders als erster Soldat der deutschen Wehrmacht das Eichenlaub mit Schwertern und Brillanten zum Ritterkreuz des Eisernen Kreuzes.

Am 20. Juli 1941 wurde er mit sofortiger Wirkung zum Oberst befördert und am 26. Juli 1941 überreichte ihm Adolf Hitler in der „Wolfschanze“ die Brillanten.

Hitler lächelte, als er sagte: „Mein lieber Mölders. Ich weiß, daß ich auf Sie und Ihre Männer bauen kann. Sie sind der tapferste Soldat, den die Wehrmacht hat. Ich bin stolz auf Sie.“

Am 7. August 1941 erfolgte die Ernennung von Oberst Werner Mölders zum „Inspekteur der Jagdflieger“. Nach 115 Abschüssen nahm er Abschied von seinem geliebten Geschwader.

Unermüdlich tätig für Neuerungen und Verbesserungen der Jagdwaffe, war er ständig an der Ostfront unterwegs und besuchte die einzelnen Geschwader.

Am 17. November 1941 schied in Berlin Generaloberst Ernst Udet durch Freitod aus dem Leben.

Neben anderen hochdekorierten Luftwaffen-Offizieren wurde auch Werner Mölders nach Berlin befohlen, um am 24. November 1941 am Staatsbegräbnis teilzunehmen.

Am 21. November 1941 startete Mölders von Cherson nach Lemberg als Passagier mit seinem Adjutanten Major Dr. Paul Wenzel in einer Heinkel He 111 des Kampfgeschwaders (KG) 27 „Boelcke“. Am Steuer saß der erfahrene und gerade zum Oberleutnant beförderte Flugzeugführer Georg Kolbe.

Von Lemberg aus ging es, mit Post und Päckchen zusätzlich beladen, trotz schlechter Sicht weiter nach Breslau. Mölders bestand auf dem Weiterflug, obwohl die Wolkendecke nicht aufriß. Oberleutnant Kolbe lehnte die Verantwortung für den Weiterflug ab und bestand darauf umzukehren. Doch Mölders befahl: „Sie fliegen weiter. Ich muß pünktlich in Berlin sein.“

Im dichten Nebel fiel erst ein Motor aus, kurz darauf auch der Zweite. Es war 11.30 Uhr, als die He 111 beim Anflug auf Breslau-Schöngarten in Schlesien abstürzte – Werner Mölders und der Flugzeugführer fanden dabei den Tod.

Staatsbegräbnis in Berlin

Am 25. November 1941 wurde der Sarg mit den sterblichen Überresten von Werner Mölders in einer eindrucksvollen Trauerparade unter großer Anteilnahme der Bevölkerung durch Breslau geleitet.

Dann erfolgte die Überführung nach Berlin, wo Adolf Hitler ein Staatsbegräbnis anordnete.

Am 28. November 1941 fand im Ehrensaal des Reichsluftfahrtministeriums ein feierlicher Staatsakt statt. Anschließend erfolgte der Trauerzug durch die Stadt zum Invalidenfriedhof, wo Mölders neben Ernst Udet und Manfred Freiherr von Richthofen, den erfolgreichsten Jagdfliegern des Ersten Weltkrieges, beigesetzt wurde.

Die ganze Nation betrauerte den Tod dieses hervorragenden Soldaten, und noch heute lebt sein Name in der Erinnerung fort.

Werner Mölders ist in die Geschichte des Zweiten Weltkrieges eingegangen und wurde als überragender Jagdflieger bereits zu seinen Lebzeiten zur Legende.

Auf seinen über 300 Feindflügen konnte er insgesamt 115 Luftsiege erringen, davon 14 in Spanien, 68 im Westen und 33 an der Ostfront.

Seine Leistungen als Jagdflieger sind bis heute unvergessen. Auch heute verwenden die meisten Luftwaffen der Welt jene Taktiken, die Werner Mölders entwickelte – sein Erbe lebt weiter.

In ihren traditionsbewußten Anfangsjahren ehrte die deutsche Bundeswehr diesen hervorragenden Jagdflieger und Menschen, indem sie einen Lenkwaffenzerstörer, eine Kaserne und ein Jagdgeschwader nach ihm benannte.

Das Grab von Oberst Werner Mölders auf dem Invalidenfriedhof in Berlin.

Walter Nowotny

Walter Nowotny wurde am 7. Dezember 1920 in Gmünd im Waldviertel/Niederösterreich als jüngster von drei Söhnen eines Bahnbeamten geboren.

Nach dem Besuch der Volksschule in Schwarzenau und der Bundesoberrealschule Waidhofen/Thaya wechselte Nowotny nach der Versetzung seines Vaters auf die Oberschule in Laa/Thaya, wo er im Mai 1938 erfolgreich die Reifeprüfung ablegte. Danach folgte ein halbes Jahr Dienstpflicht im Reichsarbeitsdienst (RAD) an der Thaya.

Nach seiner freiwilligen Meldung zur Wehrmacht erhielt Nowotny vom 1. Oktober bis zum 15. November 1939 in der 2. Kompanie des Fliegerausbildungsregiments 62 in Quedlinburg seine militärische Grundausbildung. Anschließend lernte er vom 16. November 1939 bis zum 30. Juni 1940 in der Schülerkompanie der Luftkriegsschule 5 in Breslau-Schöngarten.

Danach zur Jagdfliegerschule 5 nach Wien-Schwechat versetzt, wurde Nowotny am 1. Juli 1940 zum Fähnrich befördert und erhielt am 19. August 1940 das Flugzeugführerabzeichen.

Der Besuch der Jagdfliegerschule durch den Oberbefehlshaber der Luftwaffe, Reichsmarschall Hermann Göring, brachte auch für Nowotny eine erfreuliche Veränderung: Er wurde mit zwei seiner Kameraden am 16. November 1940 zur I. Ergänzungsjagdgruppe Merseburg-West versetzt. Mit dieser frühzeitigen Versetzung fanden die guten Leistungen der drei jungen Flugzeugführer ihre verdiente Anerkennung. Die Jagdgruppe hatte die Aufgabe, die Leuna-Werke und deren Ballonsperren zu schützen.

Am 1. Dezember 1940 wurde Nowotny zur Ergänzungsgruppe des JG 54 versetzt und flog vom 23. Februar bis zum 25. März 1941 in der 9. Staffel, wo er bei Begleitschutzaufträgen für deutsche Schiffseinheiten über der Ostsee durch erfahrene Flugzeugführer seinen letzten Schliff erhielt.

Notlandung in der Ostsee

Vom 25. März 1941 bis zum 10. März 1942 tat er in der Stabsstaffel der Ergänzungsjagdgruppe des JG 54 Dienst und wurde hier am 1. April 1941 – rückwirkend zum 1. Februar 1941 – zum Leutnant befördert.

Bei einem Einsatz am 19. Juli 1941 schoß er über der Insel Ösel bei freier Jagd drei sowjetische Flugzeuge ab und mußte nach Flaktreffern mit seiner Me 109 notwassern. Drei Tage und Nächte lang paddelte er – nur mit den Händen – im Schlauchboot auf der Ostsee, ehe er völlig erschöpft bei Mikelbaka an Land gespült wurde. Eine Küstenartillerieeinheit der Kriegsmarine kümmerte sich in fürsorglicher Weise um ihn. Am 23. Juli 1941 erhielt Nowotny das Eiserne Kreuz 2. Klasse und nach seinem zehnten Luftsieg das Eiserne Kreuz 1. Klasse.

Im August 1941 verunglückte der Fliegerleutnant auf einer Fahrt nach Königsberg mit seinem Auto und mußte für mehrere Wochen ins Lazarett. Nach Auflösung der Ergänzungsjagdgruppe wurden die Flugzeugführer auf die drei Gruppen des Geschwaders verteilt und Nowotny kam zur 3. Staffel der I. Gruppe des JG 54.

Das Ritterkreuz nach 56 Luftsiegen

Am 17. Mai 1942 erhielt er die Frontflugspange für Jagdverbände in Gold. Am 10. Juli 1942 errang er über dem Wolchow-Brückenkopf seinen 31. und 32. Luftsieg und erhielt dafür am 14. Juli 1942 den Ehrenpokal für besondere Leistungen im Luftkrieg. Mit sieben Abschüssen erzielte Leutnant Walter Nowotny am 2. August 1942 den 48. bis 54. Luftsieg, bekam dafür am 21. August 1942 das Deutsche Kreuz in Gold und am 4. September 1942 nach 56 Luftsiegen als Leutnant und Flugzeugführer in der 3. Staffel/JG 54 das Ritterkreuz des Eisernen Kreuzes.

Nach der Ritterkreuzverleihung konnte Nowotny einen wohlverdienten Heimaturlaub antreten. In Wien – bei den Eltern – traf er auch seinen Bruder Hubert zum letzten Mal. Hubert Nowotny fiel – als Leutnant – kurz darauf in Stalingrad.

Ab 25. Oktober 1942 übernahm Leutnant Nowotny die 1. Staffel des JG 54, und im Januar 1943 wurde die I. Gruppe des Grünherzgeschwaders auf den neuen Jägertyp Focke-Wulf Fw 190 umgerüstet. Am 1. Februar 1943 erfolgte seine Beförderung zum Oberleutnant.

Für den Staffelkapitän der 1. Staffel begann nun eine besonders erfolgreiche Einsatzzeit: Seinen 100. Luftsieg errang Nowotny am 5. Juni 1943 bei Nowa-Ladoga. Dann begann seine große Siegesserie. Seine Erfolge wurden fast täglich im Rundfunk gemeldet. Über 40 Luftsiege im Juni, davon allein zehn an einem Tag. Am 13. August erzielte Nowotny neun weitere Luftsiege (Nr. 129 bis 137). Im August wurden ihm insgesamt 49 Ab-

Major Walter Nowotny. Die Aufnahme zeigt ihn noch als Hauptmann unmittelbar nach der Verleihung der Brillanten am 19. Oktober 1943 im Führerhauptquartier „Wolfschanze".

Foto: Walter Frentz

schüsse zuerkannt. Am 18. August konnte er bereits den 150. Erfolg melden. Ab 21. August 1943 mit der Führung der I. Gruppe/JG 54 beauftragt, schoß Walter Nowotny im September 1943 weitere 45 Gegner ab – davon allein zehn am 1. September. Nach seinem 191. Luftsieg am 4. September 1943 erhielt das Flieger-As für seine Leistungen das 293. Eichenlaub zum Ritterkreuz des Eisernen Kreuzes.

Bereits vier Tage darauf – am 8. September – konnte Nowotny fünf weitere Luftsiege erringen und damit als vierter Jagdflieger überhaupt die Marke von 200 erzielen.

Walter Nowotny wurde nun ins Führerhauptquartier befohlen – das Eichenlaub mit Schwertern zum Ritterkreuz des Eisernen Kreuzes war sein verdienter Lohn. Zusammen mit Hartmann Grasser, Heinrich Prinz zu Sayn-Wittgenstein

Zur Verleihung ihrer hohen Auszeichnungen sind v.l.n.r. ins Führerhauptquartier befohlen: Hauptmann Heinrich Prinz zu Sayn-Wittgenstein, Kommandeur der II. Gruppe des Nachtjagdgeschwaders 3; Major Hartmann Grasser, Kommandeur der II. Gruppe des Jagdgeschwaders 51 „Mölders"; Hauptmann Nowotny, Kommandeur der I. Gruppe des Jagdgeschwaders 54; Hauptmann Günther Rall, Kommandeur der III. Gruppe des Jagdgeschwaders 52.

und Günther Rall stand Nowotny am 22. September 1943 vor seinem Obersten Befehlshaber, aus dessen Hand er das 37. Eichenlaub mit Schwertern zum Ritterkreuz des Eisernen Kreuzes erhielt.

„Der Tiger von Wolchowstroj"

Bei den sowjetischen Jagdfliegern wurde Nowotny auch als „Der Tiger vom Wolchowstroj" bekannt, nachdem er in diesem Gebiet am Ladogasee äußerst erfolgreich war. Er war noch nicht einmal 23 Jahre alt – aber bereits Gruppenkommandeur.

Mit Wirkung vom 1. Oktober 1943 wurde Nowotny zum Hauptmann befördert. Eigentlich sollte nach der Überreichung der Schwerter ein längerer Heimaturlaub fällig sein, doch Nowotny kehrte vorzeitig am 5. Oktober 1943 zu seiner Gruppe zurück. An diesem Tag begann dann auch seine letzte große Abschußserie, als er im Zeitraum von nur zehn Tagen noch einmal 32 sowjetische Flugzeuge abschießen konnte.

Foto: Walter Frentz

Als Nowotny dann am 14. Oktober nach vier Luftsiegen an diesem Tag als erster Jagdflieger der Welt seinen 250. Luftsieg meldete – ein gewaltiger Erfolg bei nur 442 Einsätzen – begrüßte die Platz-Flak auf dem Feldflughafen die heimkehrenden Maschinen mit einem Leuchtfeuerwerk aus Signalmunition.

In der folgenden Nacht erreichte ihn ein Anruf aus dem Führerhauptquartier – Adolf Hitler gratulierte dem Flieger-As persönlich zu den verliehenen Brillanten und beorderte ihn nach Rastenburg. Dort erhielt Walter Nowotny am 19. Oktober 1943 als Hauptmann und Kommandeur der I. Gruppe/JG 54 das achte Eichenlaub mit Schwertern und Brillanten zum Ritterkreuz des Eisernen Kreuzes.

Kometenhafter Aufstieg

Die Verleihungen der drei höchsten deutschen Tapferkeitsauszeichnungen binnen fünf Wochen sind in der deutschen Wehrmacht eine Einmaligkeit geblieben.

Nach einem kurzen Urlaub in Wien kehrte Nowotny an die Front zurück, übernahm wieder seine Gruppe und schoß am 15. November 1943 seinen letzten Gegner im Osten ab. Damit endete seine kometenhafte Laufbahn an der Ostfront mit insgesamt 255 Luftsiegen. Denn zu seiner Enttäuschung wurde der Ausnahmeflieger aus dem Einsatz genommen.

Im Februar 1944 mußte Nowotny endgültig sein geliebtes JG 54 verlassen; er wurde Leiter der Jagdfliegerschule 1 in Pau in den französischen Pyrenäen und gleichzeitig Kommodore des JG 101. Diesen Ausbildungsposten hatte er fünf

Hauptmann Walter Nowotny. Die Aufnahme vom 19. Oktober 1943 zeigt ihn mit den Brillanten und dem Deutschen Kreuz in Gold. Zudem trägt er auf der linken Brustseite die Frontflugspange für Jagdverbände, das Eiserne Kreuz 1. Klasse, das HJ-Ehrenzeichen und das Flugzeugführerabzeichen.

Foto: Walter Frentz

Monate inne, als auch in Südfrankreich die Luftlage unsicher wurde. Die Jagdfliegerschule verlegte ins Reichsgebiet zurück. Auf dem Flugplatz Lechfeld kam es zum ersten Kontakt mit dem „Erprobungskommando 262 Lechfeld" unter Hauptmann Horst Geyer.

Jagdkommando Me 262

Am 1. September 1944 erfolgte Nowotnys Beförderung zum Major. Am 9. September 1944 gab er das Kommando über das Jagdgeschwader 101 und die Jagdfliegerschule 1 ab und schulte zunächst in Landsberg/Lech auf die Messerschmitt Bf 110 um. Kurz darauf folgten erste Starts mit dem Turbinenjäger Me 262, und am 26. September 1944 wurde er mit der Aufstellung des ersten offiziellen Düsenjäger-Jagdkommandos mit der Me 262 beauftragt, das dann luftwaffenüblich seinen Namen erhielt: „Kommando Nowotny". Das fliegende Personal setzte sich in erster Linie aus erfahrenen Flugzeugführern zusammen. Hinzu kamen bewährte Piloten aus verschiedenen anderen Jagdgeschwadern, die gerade auf die Me 262 umschulten. Ende September 1944 erreichte das Kommando Gruppenstärke und verlegte in den ersten Oktobertagen mit 23 Düsenjägern auf die Flugplätze Achmer und Hesepe bei Osnabrück.

Am Morgen des 8. November 1944 wurde der Einflug starker amerikanischer Bomberverbände im Raum Oldenburg - Hannover - Osnabrück gemeldet, worauf von den Plätzen Achmer und Hesepe je eine Rotte Me 262 aufstiegen. Zu diesem Zeitpunkt befanden sich die beiden Generäle Alfred Keller und Adolf Galland sowie Major Walter Nowotny auf dem Flugplatz Achmer.

Nachdem über Funk der Abschuß einer der zuvor gestarteten Me 262 und der Verlust einer weiteren Maschine durch Triebwerksbrand gemeldet wurde, ließ Nowotny seine Maschine startklar machen. Obwohl Nowotny schon längst Flugverbot erhalten hatte, trotz Startverbots seitens der Generäle und trotz Ausfalls seines Rottenfliegers wegen Triebwerksschadens, startete der Ausnahmesoldat zu seinem 443. Feindflug alleine.

Sein letzter Kampf

Kurz nach dem Start befand sich Walter Nowotny im Luftkampf mit US-Bombern über dem Flugplatz Hesepe bei Bramsche und schoß noch eine „Liberator" ab. Dann hörte der Gefechtsstand Nowotny im Funk: „Oh weh, meine Triebwerke!" Kurz darauf sahen Augenzeugen in der Nähe des kleinen Ortes Epe eine Me 262 mit brennenden Turbinen aus der Wolkendecke stoßen und in der Nähe von Malgarten aufschlagen.

Nowotnys Rottenflieger Karl Schnörrer eilte sofort zur Unfallstelle und fand die Überreste seines Freundes mit halbgeöffnetem Fallschirm. Es wird angenommen, daß Nowotny noch aus der brennenden Maschine aussteigen wollte, sich aber sein Fallschirm am Leitwerk verfangen hatte.

Ob Nowotnys Triebwerke von zwei „Mustang"-Begleitjägern in Brand geschossen wurden oder ob es sich bei dem Absturz um ein technisches Versagen handelte, konnte nicht eindeutig geklärt werden.

Am 9. November 1944 meldete der Wehrmachtbericht unter anderem: „Gruppenkommandeur Major Walter Nowotny, Inhaber der höchsten deutschen Tapferkeitsauszeichnung, fand im Luftkampf nach Abschuß seines Gegners den Heldentod. Mit ihm verliert die deutsche Luftwaffe einen ihrer erfolgreichsten Jagdflieger, der insgesamt 258 Luftsiege errungen hat."

Nachdem seine sterblichen Überreste geborgen und nach Wien überführt worden waren, erhielt Walter Nowotny am 15. November 1944 – nach einem Staatsakt im Zeremoniensaal der Wiener Hofburg – ein Staatsbegräbnis und wurde auf dem Zentralfriedhof in Wien in einem Ehrengrab beigesetzt. Ungeachtet von Protesten aus der Bevölkerung hob die Stadt Wien im Jahr 2003 den Status als Ehrengrab auf.

Walter – „Nowi", wie ihn seine Freunde nannten – sagte einmal selbst über den Soldatentod: „Ich möchte nicht als Greis sterben, sondern auf der Höhe des Festes scheiden!"

An der Absturzstelle bei Epe errichteten Kameraden ihrem jungen Kommandeur ein Mahnmal.

Nowotny war ein glänzender Flieger und zählte zu den populärsten und erfolgreichsten deutschen Jagdfliegern. Ein in Wien ansässiger Verein hält das ehrende Gedenken an ihn aufrecht.

Das Grab von Major Walter Nowotny auf dem Wiener Zentralfriedhof

Foto: Otto Weitsch

Hermann-Bernhard Ramcke

Hermann-Bernhard Ramcke wurde am 24. Januar 1889 in Schleswig als Sohn eines Unteroffiziers geboren.

Als 16jähriger trat Ramcke im März 1905 in die Kaiserliche Marine ein, kam am 4. April 1905 nach Friedrichsort bei Kiel zur Schiffsjungendivision und fuhr auf der Schulfregatte SMS „Stosch" um die Welt.

Ab 30. September 1911 war er Geschützführer auf dem Großen Kreuzer „Blücher", wurde am 1. April 1912 zum Bootsmannsmaat befördert und kam im September 1913 zur 1. Matrosendivision, wo er seinen Dienst in verschiedenen Kompanien versah.

Die Sturmabteilung des Marinekorps

Nach einigen Zwischenstationen kam Ramcke am 11. September 1915 in die 1. Kompanie der Sturmabteilung des Marinekorps und wurde am 23. November 1915 Führer des III. Zuges der 12. Kompanie im 2. Matrosenregiment, wo er bald als Spezialist für Späh- und Stoßtruppunternehmen galt und am 17. April 1916 das Eiserne Kreuz 2. Klasse und am 27. Januar 1917 das Eiserne Kreuz 1. Klasse erhielt. Am 5. Dezember 1916 erfolgte seine Ernennung zum Offizierstellvertreter.

Als Angehöriger der Sturmabteilung des Marinekorps stand Ramcke 1917 in Flandern im Einsatz, wehrte hier sechsmal einen gegnerischen Großangriff ab und erhielt dafür am 20. April 1918 das Preußische Goldene Militärverdienstkreuz – auch Pour le Mérite für Mannschaften und Unteroffiziere genannt und diesem Orden gleichgestellt. Am 18. Juli 1918 wurde er wegen Tapferkeit vor dem Feinde zum Leutnant befördert.

Sein nächtlicher Sturm auf das Dorf Leischoot am 31. Oktober 1918 mit einem Stoßtrupp und die schweren Kämpfe bei Dixmuiden neben den harten Nachhutgefechten brachten ihm die Eingabe zum Ritterkreuz des Königlichen Hausordens von Hohenzollern ein, doch das nahende Kriegsende verhinderte dessen Verleihung.

Nach Kriegsende im November 1918 kämpfte Ramcke im Freikorps „von Brandis" in Polen und im Baltikum, schied am 10. März 1919 aus der Marine aus und trat zum Heer über, wurde am 4. April 1919 verwundet und im Mai 1920 in die Reichswehr übernommen. Am 15. Januar 1921 wurde er zum Oberleutnant und am 31. Januar 1927 zum Hauptmann befördert.

Am 1. September 1934 avancierte Ramcke zum Major und wurde am 1. Oktober Kommandeur des III. Bataillons des Infanterieregiments 2 in Ostpreußen. Am 16. März 1937 erfolgte seine Beförderung zum Oberstleutnant.

Am Polenfeldzug im September 1939 nahm Ramcke im Stab des XXII. Armeekorps teil, womit er sich aber nicht zufriedengab. Auf eigene Faust stieß er zur Erkundung auf Magierow vor und kehrte mit 18 erbeuteten Fahrzeugen und über einhundert Gefangenen zurück. Am Tag darauf führte er das Panzerregiment 3 zur Entlastung der bei Tomaschow bedrängten Leichten Division und erhielt dafür am 1. Oktober 1939 die Spange zum Eisernen Kreuz 2. Klasse von 1914.

Im Januar 1940 wurde Ramcke zum Kommandeur des Infanterieregiments 401 ernannt, anschließend übernahm er das Infanterie-Ersatzregiment 69 in Marienburg / Westpreußen, wo am 29. Februar 1940 seine Beförderung zum Oberst erfolgte.

Wechsel zur Fallschirmtruppe

Am 15. Juli 1940 meldete sich Ramcke – im Alter von 51 Jahren – freiwillig zur Fallschirmtruppe und wurde mit sofortiger Wirkung in den Stab der Fliegerdivision 7 und gleichzeitig an die Fallschirmschule Braunschweig kommandiert.

Bereits am 15. Januar 1941 wurde Ramcke zum Kommandeur der Fallschirmergänzungstruppen und Schulen des XI. Fliegerkorps ernannt.

Ihre härteste Bewährungsprobe bestand diese junge Waffengattung bei der Landung auf der Insel Kreta am 20. Mai 1941.

Am 21. Mai sprang Hermann-Bernhard Ramcke mit einer 550 Mann starken Reservekampfgruppe über dem Flugplatz Malemes ab, übernahm für den schwer verwundeten Kommandeur des Fallschirmsturmregiments, Generalmajor Eugen

General der Fallschirmtruppe
Hermann-Bernhard Ramcke.
Die Aufnahme aus dem Jahr 1942
zeigt ihn noch als Generalmajor
mit dem Eichenlaub.

Foto: Walter Frentz

Meindl, die Führung der Westgruppe und kämpfte bis zum Abend den Flugplatz frei, so daß weitere Verstärkungen mit der Ju 52 herankommen konnten.

In schweren Kämpfen führte Ramcke seine Fallschirmjäger weiter nach Osten vor und konnte die Verbindung mit dem vor Galatas liegenden Fallschirmjägerregiment 3 herstellen. General der Flieger Kurt Student, der am 24. Mai abends auf dem vorgeschobenen Gefechtsstand von Ramcke eintraf, überreichte diesem die Spange zum Eisernen Kreuz 1. Klasse von 1914.

Für seinen tapferen Einsatz auf Kreta wurde Hermann-Bernhard Ramcke am 23. August 1941 das Ritterkreuz des Eisernen Kreuzes vom Oberbefehlshaber der Luftwaffe, Hermann Göring, persönlich überreicht.

Ab 1. März 1942 zu einem mehrwöchigen Kommando zur italienischen Armee abkommandiert, überwachte er hier als deutscher Berater die Aufstellung und Ausbildung der Fallschirmjägerdivision „Folgore".

Auf nach Tobruk

Am 1. April 1942 erhielt er den Auftrag, eine Fallschirmjägerbrigade aufzustellen und mit ihr zur Verstärkung der Panzerarmee Rommels nach Nordafrika zu fliegen.

Die Fallschirmjägerbrigade „Ramcke" bestand aus vier Jägerbataillonen, einer Artillerieabteilung und je einer Kompanie Panzerjäger und Pioniere. Über Kreta gelangten die 2.000 Mann im August 1942 nach Tobruk.

Am 30. August 1942 trat Rommel zum Angriff an. Dabei erreichte die Brigade „Ramcke" nach hartem Kampf ihr Angriffsziel Deir el Munassib. Hier setzten sich die Fallschirmjäger fest und wehrten alle Angriffe der 132. britischen Panzerbrigade erfolgreich ab. Deren Kommandeur, Generalmajor Clifton, und 350 seiner Männer wurden gefangen, 16 Panzer abgeschossen und über 80 weitere Fahrzeuge vernichtet.

Am 23. Oktober 1942 trat die 8. britische Armee unter ihrem neuen Oberbefehlshaber Bernard L. Montgomery mit über 1.000 Panzern und unter dem Schutz totaler Luftüberlegenheit nach stundenlangem Trommelfeuer und Fliegerangriffen zur großen Gegenoffensive an. Im Abschnitt der Brigade „Ramcke" führte der Gegner jedoch nur Scheinangriffe durch, denn der Schwerpunkt des britischen Großangriffs lag im Norden. Schließlich brachen im Nordabschnitt der Front die britischen Panzer durch – damit war Ramcke mit seinen Männern im Südabschnitt abgeschnitten.

Am Abend des 2. November 1942 erhielt die Brigade die Anweisung, sich vom Feind zu lösen und neue Stellungen zu beziehen. Nicht motorisiert, mußte sie unter schwierigsten Bedingungen einen nächtlichen Fußmarsch von 30 Kilometern durchführen.

Nach nur einem Tag in der neuen Stellung kam am Abend des 3. No-

Foto: SV-Bilderdienst

Im Frühjahr 1942 stellt Generalmajor Ramcke (links) die Fallschirmjägerbrigade „Ramcke" auf. Das Bild zeigt ihn mit einem Hauptmann bei einer Geländeeinweisung.

Auf Kreta müssen die deutschen Fallschirmjäger in den ersten Tagen nach der Landung Meter um Meter der Insel freikämpfen.

vember der Befehl zur sofortigen Verlegung eines Bataillons nach Norden. Um den Befehl ausführen zu können, bekam dieses Bataillon fast alle Fahrzeuge der Brigade. Kaum war die Kolonne verschwunden, traf der Verlegungsbefehl für die gesamte Brigade ein, denn sie lief jetzt Gefahr, abgeschnitten zu werden. Die neue Stellung war einhundert Kilometer entfernt – das bedeutete vier Tage Marsch durch die Wüste.

Ramcke setzte sich mit seinen Männern fast ohne Fahrzeuge – nur Artillerie und Panzerjäger waren noch notdürftig motorisiert – in Bewegung, wehrte dabei immer wieder nachdrängende britische Panzer ab und zog so als wandernder Kessel durch die Wüste nach Westen.

Erfolgreicher Handstreich

In der Nacht vom 5. auf den 6. November stieß er mit seinen Männern auf eine britische Lkw-Kolonne. Im Handstreich überrumpelten die Fallschirmjäger die Besatzungen und nahmen die Kraftfahrzeuge in Besitz. Im Eiltempo ging es durch die Wüste, immer den Resten der eigenen Truppen nach. Wieder tauchte eine britische Kolonne auf, die ahnungslos auf Ramckes Beutefahrzeuge zufuhr. Ramcke nahm die Briten gefangen und befreite gleichzeitig über einhundert deutsche und italienische Kriegsgefangene.

Nach fünf Tagen und einem abenteuerlichen Marsch von über 350 Kilometern durch die Wüste stieß Ramcke mit 2.000 Mann am 7. November 1942 westlich Marsa Matruh auf eine deutsche Aufklärungsabteilung und war gerettet.

Kurze Zeit später meldete sich Ramcke bei Rommel, der die Fallschirmbrigade bereits verloren wähnte, mit den plattdeutschen Worten: „He leevet noch!“ (Er lebt noch!) zurück.

Die Leistung der Brigade darf als einmalig in der Geschichte des Feldzuges in Nordafrika gelten. Am 9. November 1942 wurde die Brigade lobend im Wehrmachtbericht erwähnt.

Hermann-Bernhard Ramcke erhielt am 10. November die italienische Tapferkeitsmedaille in Silber und einen Tag später das 145. Eichenlaub zum Ritterkreuz, welches ihm am 1. Dezember 1942 durch Adolf Hitler persönlich überreicht wurde.

Am 21. Dezember 1942 zum Generalleutnant befördert, stellte Ramcke 1943 in Südfrankreich die 2. Fallschirmjägerdivision auf und wurde am 13. Februar 1943 deren Kommandeur.

Entwaffnung italienischer Verbände

Nach dem Staatsstreich von Marschall Pietro Badoglio wurde die 2. Fallschirmjägerdivision Ende Juli 1943 in die Gegend von Rom verlegt, um an der Entwaffnung der italienischen Verbände teilzunehmen. Ramcke erkrankte im September 1943 schwer und mußte in ein Heimatlazarett verlegt werden, wo er bis zum Februar 1944 verblieb.

Ab November 1943 stand die 2. Fallschirmjägerdivision im Osten im Kampfraum Schitomir und Anfang 1944 bei Kirowograd im Einsatz.

Die Invasion beginnt

Im März 1944 erkrankte Ramcke erneut schwer und mußte die Division abgeben. Nach verlustreichen Kämpfen verlegte die Division nach Frankreich in die Bretagne zur Auffrischung und

Deutsche Fallschirmjäger werden aus einer Junkers Ju 52/3m abgesetzt. Während bereits zwei Springer am halboffenen Schirm hängen und der dritte gerade fällt, steht in der Seitentür der nächste Fallschirmjäger zum Sprung bereit.

Ein Gefreiter der Fallschirmjägertruppe mit voller Bewaffnung. Im Koppel trägt er an der linken Hüfte die Pistolentasche für die P 08 sowie eine Stielhandgranate und an der rechten Hüfte die Magazintaschen für die Maschinenpistole 40.

weiteren Ausbildung, wo Ramcke am 6. Mai 1944 wieder das Kommando übernahm.

Nach Beginn der alliierten Invasion am 6. Juni 1944 und dem alliierten Durchbruch bei Avranches kämpfte Ramcke mit seiner Division in der westlichen Bretagne. Hier galt es, dem Gegner die Einnahme der Stadt und des Hafens Brest zu verwehren. Alle Truppenteile aus dem Raum Brest wurden in die Festung befohlen. Doch Ramcke und seine Division standen noch immer weit auseinandergezogen auf den Höhen von Mont d' Arée. Amerikanische Verbände waren bereits auf Brest vorgestoßen, und es bestand die akute Gefahr, daß die Fallschirmjäger abgeschnitten wurden.

Als Ramcke am 16. Juni 1944 mit seinem kleinen Stab in einem Kübelwagen in Richtung Kampfgebiet unterwegs war, wurden sie von Partisanen unter Beschuß genommen. Dabei wurde sein Stabschef und Ia, Major i.G. Herbert Schmidt (Ritterkreuz am 24. Mai 1940 als Oberleutnant und Chef der 1. Kompanie/ Fallschirmjägerregiment 1), am Steuer des Wagens durch eine Gewehrkugel getötet. Ramcke selbst konnte gerade noch aus dem Wagen hechten.

Partisanenkämpfe

Beim Auftauchen der ersten Panzer der 6. US-Panzerdivision kam es im Rücken und in der Flanke der Division zu Aufständen. Dabei gab es immer wieder schwere Übergriffe französischer Partisanen. Aus Büschen, Hecken und Häusern wurden die Fallschirmjäger aus dem Hinterhalt angegriffen. Wer war Partisan und wer war harmloser Bürger?

Über 70 Prozent aller in der Zeit vom 29. Juli bis 12. August 1944 erlittenen Verluste entstanden durch die heimtückischen Angriffe der Partisanen. Das waren über 50 Tote und mehr als 200 Verwundete. Von mehr als einhundert deutschen Fallschirmjägern – darunter zwei Ärzten – fehlt noch heute jede Spur. Sie liegen vermutlich irgendwo in der Bretagne verscharrt.

Bereits am 8. August 1944 forderten alliierte Parlamentäre den Festungskommandanten von Brest, Oberst Hans von der Mosel, zur Kapitulation auf, doch der lehnte ab. Ramckes Division rückte ins Vorfeld von Brest ein und bezog dort neue Stellungen.

Am 11. August 1944 wurde Ramcke auf Befehl des Oberkommandos der Wehrmacht zum Kommandanten des gesamten Festungsbereiches Brest ernannt. Sofort sorgte er für die Evakuierung der französischen Zivilisten aus Brest, die vom 13. bis zum 17. August 1944 die Stadt verlassen durften; die Kranken auf deutschen Sanitätskraftwagen – begleitet von deutschen Ärzten.

Dennoch blieben viele Bürger zurück, versteckten sich und fanden bei den anschließenden alliierten Bombenangriffen den Tod. Pausenlos trommelte feindliches Artilleriefeuer auf die Stadt, griffen Jagdbomber und Panzer an.

Auf der Halbinsel Crozon ließ Ramcke ein Verwundetendorf für die deutschen und alliierten Verwundeten einrichten. Auch die Kriegsgefangenen wurden dort – unter dem Schutz des Roten Kreuzes – untergebracht.

Ramcke verteidigte Brest mit großer Zähigkeit bis zum Letzten, wodurch mehr als 50.000 Mann der alliierten Truppen gebunden wurden.

Dafür erhielt Hermann-Bernhard Ramcke am 19. September 1944 über Funk die Mitteilung, daß er rückwirkend zum 1. September 1944 zum General der Fallschirmtruppe befördert worden sei und als 99. Soldat der Wehrmacht das Eichenlaub mit Schwertern und gleichzeitig das 20. Eichenlaub mit Schwertern und Brillanten zum Ritterkreuz des Eisernen Kreuzes erhalten habe.

Doch die Freude über diese besondere Ehrung währte nicht lange: Am nächsten Tag geriet Ramcke mit seinem kleinen Stab als letzter des gesamten Festungsbereiches in amerikanische Kriegsgefangenschaft. In einer letzten Ansprache dankte er seinen Männern für ihre Treue und ihren todesmutigen Einsatz. Das war das Ende der siebenwöchigen Verteidigung von Brest.

Am 21. September 1944 nannte der deutsche Wehrmachtbericht ein letztes Mal Ramcke und seine tapferen Fallschirmjäger.

Unwürdige Behandlung

Ramcke durchlief anschließend mehrere Lager in den USA und England – hier das berüchtigte „London District Cage", wo er wie ein Schwerkrimineller behandelt wurde.

Schließlich wurde Ramcke – als „Mörder von Brest" – an Frankreich ausgeliefert, wo ihm wegen angeblicher Kriegsverbrechen der Prozeß gemacht werden sollte. Wieder mußte er schwere Beleidigungen und Demütigungen über sich ergehen lassen und saß allein über vier Jahre in Untersuchungshaft. In dieser Zeit setzten sich aber auch viele ehemalige Gegner und Bürger von Brest für seine Freilassung ein und bescheinigten ihm ehrenhaftes Handeln.

Im Dezember 1950 floh Ramcke aus französischer Haft, um auf die Mißstände in Frankreichs Lagern aufmerksam zu machen, kehrte im März 1951 jedoch freiwillig zurück, worauf sein Fall endlich verhandelt wurde.

Die französischen Behörden setzten ihn auf freien Fuß, da ihm die Jahre der Gefangenschaft angerechnet wurden.

Am 23. Juni 1951 konnte er endlich als freier Mann nach Deutschland zu seiner Frau und seinen sieben Kindern zurückkehren. Am 4. Juli 1951 traf der hochdekorierte Soldat auf dem Bahnhof Schleswig ein – dort, wo er fast 47 Jahren zuvor als Schiffsjunge abgefahren war.

Später war er als leitender Angestellter in einem Industrieunternehmen tätig und verfaßte mehrere Bücher über seine Kriegserlebnisse.

Am 4. Juli 1968 verstarb Hermann-Bernhard Ramcke in Kappeln an der Schlei/Schleswig-Holstein und wurde unter großer Beteiligung seiner ehemaligen Fallschirmjägerkameraden – sowie einer Kompanie der Bundeswehr – beigesetzt.

Foto: BPK Berlin

Sieben Wochen wurde die Festung Brest von den Festungstruppen gegen eine gewaltige Übermacht gehalten, bevor General der Fallschirmtruppe Ramcke am Abend des 20. September 1944 in amerikanische Gefangenschaft gerät.

Erwin Rommel

Erwin Rommel wurde am 15. November 1891 in Heidenheim an der Brenz/Württemberg als Sohn eines Gymnasialprofessors geboren.

Nach dem Abitur trat Rommel im Sommer 1910 als Fahnenjunker in das 6. Württembergische Infanterieregiment „König Wilhelm I." Nr. 124 in Weingarten ein, wurde nach dem Besuch der Kriegsschule Danzig am 30. Januar 1912 zum Leutnant befördert und zog dann mit seiner Stammeinheit im August 1914 ins Feld. Bereits im September 1914 wurde er im Nahkampf in den Argonnen schwer verwundet, erhielt am 30. September 1914 das Eiserne Kreuz 2. Klasse und am 22. März 1915 – als erster Leutnant seines Regiments – das Eiserne Kreuz 1. Klasse

Zum Oberleutnant befördert, kam Rommel im Herbst 1915 als Führer der 2. Kompanie in das neuaufgestellte Württembergische Gebirgsbataillon. Mit diesem wurde er zunächst in den Vogesen, später in Rumänien und in den Karpaten eingesetzt. Am 19. August 1917 war er an der Eroberung des von den Rumänen hartnäckig verteidigten Deal Cosna in den Südostkarpaten beteiligt, wobei er abermals verwundet wurde und trotzdem noch weitere zehn Tage bei seiner Truppe blieb.

Erstürmung des Monte Matajur

Im Oktober 1917 wurde das Bataillon im Rahmen des Deutschen Alpenkorps an die Dolomitenfront gegen Italien verlegt. Hier bewährte er sich dann erneut als junger Kompaniechef, als er am 26. Oktober 1917 – mit zwei Gebirgsjäger-Kompanien und einer MG-Kompanie – im kühnen Handstreich den Monte Matajur, 1.643 Meter hoch, in den Dolomiten nahm und sich auch in den folgenden Kämpfen bei Longarone hervortat. Dafür wurde Erwin Rommel am 10. Dezember 1917 mit dem höchsten preußischen Orden, dem Pour le Mérite, ausgezeichnet.

Am 18. Oktober 1918 zum Hauptmann befördert, erlebte Rommel das Kriegsende im November 1918 als Führergehilfe im Stab des Generalkommandos zur besonderen Verwendung (z.b.V.) 64. Nach Kriegsende kehrte er zu seiner Stammtruppe – dem Infanterieregiment 124 – nach Weingarten zurück, wo Sicherungsaufgaben während der bürgerkriegsähnlichen Aufstände in Ludwigshafen und im Ruhrgebiet zu erfüllen waren. 1920 wurde Erwin Rommel in die Reichswehr übernommen, wo er acht Jahre lang als Kompaniechef die MG-Kompanie des Stuttgarter Infanterieregiments Nr. 13 führte, ehe er 1929 als Infanterielehrer an die Kriegsschule nach Dresden versetzt wurde.

Kommandant des Führerhauptquartiers

Im Herbst 1933 wurde Major Rommel Kommandeur des III. (Jäger-)Bataillons des Infanterieregiments Nr. 17 in Goslar, und Ende 1935 – nunmehr als Oberstleutnant – ging er als Lehrer an die Kriegsschule nach Potsdam.

Ab Februar 1937 zum Verbindungsoffizier des Heeres zur Hitler-Jugend ernannt, kam es dort zu Reibereien mit dem Reichsjugendführer Baldur von Schirach und anderen Parteistellen, die schließlich zu seiner Enthebung als Verbindungsoffizier im September 1938 führten.

Am 1. August 1937 erfolgte derweil seine Beförderung zum Oberst.

Ebenfalls 1937 erschien sein Buch *Infanterie greift an*, in dem er von seinen eigenen Erlebnissen im Ersten Weltkrieg berichtete und den daraus zu ziehenden Lehren. Das Buch sollte Rommels Namen in der Militärgeschichte begründen und später, in der Zeit des Zweiten Weltkrieges, zur Pflichtlektüre der alliierten Generale werden. Ein Leser war sofort von der Lektüre eingenommen und wollte den Autor unbedingt persönlich kennenlernen: Reichskanzler Adolf Hitler.

Am 10. Oktober 1938 erfolgte die Ernennung zum Kommandeur der traditionsreichen Kriegsschule, der ehemaligen Militärakademie Wiener-Neustadt. Eben in jenem Herbst des Jahres 1938, inmitten der Sudetenkrise, beorderte Hitler Rommel in seine nächste Nähe: als Kommandeur des „Kommandos Führerreise", einer Art Begleittruppe des Reichskanzlers.

Am 1. August 1939 zum Generalmajor avanciert, wurde Rommel bei Kriegsbeginn zum Kommandanten des Führerhauptquartiers ernannt und begleitete mit dem Führerbegleitbataillon Hitler bei dessen Fahrten an einzelne Frontabschnitte in Polen im September 1939.

Die „Gespensterdivision"

Vor dem Westfeldzug bat Rommel Hitler jedoch um eine andere Verwendung, die seinen taktischen Fähigkeiten mehr entsprechen würde. Daraufhin ernannte Hitler ihn Anfang Februar 1940 zum Kommandeur der 7. Panzerdivision,

Generalfeldmarschall Erwin Rommel. Die Aufnahme aus dem Jahr 1942 zeigt ihn noch als General der Panzertruppe nach der Verleihung der Schwerter. Zudem trägt er unter dem Ritterkreuz die höchste preußische Tapferkeitsauszeichnung „Pour le Mérite“.

Foto: Walter Frentz

General der Panzertruppe Rommel, Befehlshaber der Panzergruppe „Afrika“, bei seinen Soldaten.

General der Panzertruppe Rommel, Befehlshaber der Panzergruppe „Afrika", im Jahre 1941: Rommel (oben links: vorne links) besichtigt mit Hauptmann Wilhelm Bach, Kommandeur des I. Bataillons des Schützenregiments 104, das Kampfgelände. Zwischen den beiden ist Oberst Maximilian von Herff, Führer der Kampfgruppe „Herff", zu sehen. – Rommel mit angelegter Schwimmweste (oben rechts) unmittelbar vor dem Abflug vor dem Verbindungsflugzeug Heinkel He 111 H-6 (Kennung VG+ES). – Unten: mit dem Gouverneur von Libyen und Oberbefehlshaber der italienischen Truppen in Nordafrika, General Ettore Bastico (rechts).

die im weiteren Verlauf des Krieges von so hervorragenden Kommandeuren wie Hasso von Manteuffel, Adelbert Schulz und Dr. Karl Mauss geführt werden sollte. Die Division kann stolz darauf sein, daß 33 Ritterkreuzträger und vier Träger des Eichenlaubs mit Schwertern und Brillanten zum Ritterkreuz des Eisernen Kreuzes zu den Ihrigen zählten.

Die 7. Panzerdivision führte Rommel ab dem 10. Mai 1940 im ungestümen Vormarsch während des Westfeldzuges. Er stürmte mit ihr über die Maas und stieß an den La Bassée-Kanal vor. Ohne sich lange aufzuhalten, griff er Lille an, wendete und überschritt die Somme, um die „Weygand-Linie" aufzubrechen. Er führte seine Division kreuz und quer durch Frankreich, tauchte heute hier und morgen dort auf. Dadurch erwarb sich die Division vom Gegner respektvoll den Beinamen „Gespensterdivision". Rommel jubelte: „Die Zeit eines Seydlitz und Ziethen ist wiedergekommen, wir müssen in dem heutigen Krieg Panzereinheiten wie Schwadronen führen, Befehle im fahrenden Panzer wie früher aus dem Sattel geben." Allein am 16./17. Mai 1940 legte die 7. Panzerdivision 120 Kilometer zurück, machte dabei über 10.000 Gefangene, erbeutete rund 100 feindliche Panzer und hatte an eigenen Verlusten nur 35 Gefallene und 59 Verwundete zu beklagen. Dafür erhielt Erwin Rommel am 17. Mai 1940 die Wiederholungsspange zum EK II von 1914, am 21. Mai jene zum EK I und bereits am 27. Mai 1940 für seine Leistungen als Generalmajor und Kommandeur der 7. Panzerdivision das Ritterkreuz des Eisernen Kreuzes. Rommel galt von nun an als „ein Meister des Manövrierens auf dem Gefechtsfeld".

Unter der Sonne Afrikas

Am 1. Januar 1941 erfolgte seine Beförderung zum Generalleutnant. Anfang Februar 1941 wurde Rommel von Hitler mit der Aufstellung des Deutschen Afrikakorps beauftragt, das zunächst nur aus der um ein Panzerregiment verstärkten 5. leichten Division und der ebenfalls neuformierten 15. Panzerdivision bestehen sollte. Bereits wenige Tage darauf wurden die ersten Truppen in Tripolis/Libyen ausgeladen. Mit diesen erst nach und nach eintreffenden Verbänden sollte Rommel – zusammen mit den dezimierten und demoralisierten Italienern – lediglich weiteren britischen Angriffen Einhalt gebieten und bis zum 20. April 1941 dem Generalstab einen Plan für die Wiedereroberung der Cyrenaika vorlegen. Am 12. Februar 1941 traf Erwin Rommel selbst in Tripolis ein, erstattete bereits am 20. März 1941 wieder Bericht im Führerhauptquartier und erhielt bei dieser Gelegenheit für seine Leistungen als Kommandeur der 7. Panzerdivision in Frankreich noch das 10. Eichenlaub zum Ritterkreuz des Eisernen Kreuzes.

Als Erwin Rommel nach Nordafrika zurückkehrte, ging er gleich zum Angriff über, vertrieb die überraschten Briten mit seinen vorerst noch schwachen Kräften am 22. März 1941 aus ihrem Vorposten El Agheila, griff dann – unter Umgehung der feindlichen Stellungen – weiter an, überrannte am 31. März Marsa el Brega, eroberte am 2. April Agedabia, am 8. April Mechili und stand schließlich am 12. April 1941 bereits an der ägyptischen Grenze bei Sollum.

In Deutschland brach Jubel aus. In wenigen Monaten war Erwin Rommel damit zum populärsten Soldaten des deutschen Volkes geworden. Dieser Ruf beruhte auf seinen glänzenden Erfolgen in der erfolgreichen Truppenführung in Nordafrika und natürlich auf der Ausschlachtung dieser Erfolge durch die nationalsozialistische Propaganda.

Foto: Haus der Geschichte Baden-Württemberg

Der Marschallstab Erwin Rommels

Am 1. Juli 1941 erfolgte seine Beförderung zum General der Panzertruppe. Am 18. November 1941 starteten die Briten mit 100.000 Mann und 724 Panzern eine Gegenoffensive. Rommel hatte dem nur 558 Panzer entgegenzusetzen. Sein Rückzug war jedoch eine Meisterleistung. Tagelang tobte die Schlacht, die am Totensonntag, dem 23. November 1941, mit der Panzerschlacht bei Sidi Rezegh ihren Höhepunkt erreichte. Dabei wurden die Briten schwer angeschlagen und erlitten hohe Verluste.

Für diese Abwehrleistung erhielt Erwin Rommel am 20. Januar 1942 als General der Panzertruppe und Befehlshaber der Panzergruppe „Afrika" das 6. Eichenlaub mit Schwertern zum Ritterkreuz des Eisernen Kreuzes.

Der Fall von Tobruk

Selbst die britischen Soldaten begannen langsam, dem „Wüstenfuchs" übernatürliche Kräfte zuzuschreiben, und das britische Oberkomman-

Generalfeldmarschall Rommel bei einer Lagebesprechung mit seinen Kommandeuren in Nordafrika im Oktober 1942 (oben). Als 5.v.l. – halb verdeckt – nimmt der spätere Schwerterträger Major Hans Kroh, 1. Generalstabsoffizier der Fallschirmjägerbrigade „Ramcke", an der Besprechung teil. Unten: Ein mittlerer Einheits-Pkw von Horch diente dem Kommandierenden General des Deutschen Afrikakorps, General der Panzertruppe Rommel, als Kommandeurswagen.

do sah sich zur Aufforderung an seine Kommandeure gezwungen, „mit allen zur Verfügung stehenden Mitteln die Auffassung aus der Welt zu schaffen, daß Rommel mehr ist als ein gewöhnlicher deutscher General“.

Um den Briten zuvorzukommen, startete Rommel am 26. Mai 1942 das Unternehmen „Theseus“ an der El Gazala-Front und nahm sich für den 30. Juni 1942 bereits Kairo als Angriffsziel vor. Weiter gingen die schweren Kämpfe in Nordafrika. Im kühnen Vorstoß schnitt er die britische Besatzung der Festung Tobruk von ihrer Armee ab, stieß mit dem Gros seiner Verbände nach Osten und machte erst am 19. Juni 1942 mit einem Teil seiner Verbände kehrt, als er den Gegner so geschwächt hatte, daß dieser zur Entlastung der in Tobruk Eingeschlossenen kaum noch antreten konnte. Dann begann der Angriff auf Tobruk, und am 21. Juni 1942 marschierten 32.000 Briten, darunter fünf Generale, in deutsche Kriegsgefangenschaft. Bereits am 22. Juni erfolgte Rommels Beförderung zum Generalfeldmarschall.

Der Vorstoß ging weiter. Bardia, der Halfaya-Paß und Marsa Matruh wurden erreicht und erobert. Am 1. Juli 1942 begann der deutsche Angriff auf El Alamein, doch der Durchbruch scheiterte am Widerstand und der materiellen Überlegenheit des Gegners. Der zweite Versuch, nach Alexandria und Kairo durchzubrechen, scheiterte in der Schlacht von Alam el Halfa Ende August. Die Kämpfe wogten hin und her und flauten schließlich bis zum 4. September 1942 ab. Die Front erstarrte zu einer kurzen Ruhepause.

Rommels Ritterlichkeit und Tapferkeit brachten ihm sogar den Respekt seiner damaligen Gegner Winston Churchill, George S. Patton und Bernard Montgomery ein. Für seinen Führungsstil – „Geführt wird von vorne!“ – war er berühmt, wenn diese Devise auch nicht immer völlig problemlos war: Seine manchmal sehr langen Abwesenheiten vom Hauptquartier in Afrika brachten die ihm Unterstellten in die prekäre Lage, eigenmächtig Entscheidungen treffen zu müssen, ohne mit ihrem Vorgesetzten Rücksprache halten zu können. Nichtsdestotrotz hatte Rommel mit seinem Afrikakorps spektakuläre Erfolge gegen einen an Soldaten, Material und Nachschub weitaus überlegenen Gegner erzielt.

Der Stern sinkt

Mit Beginn der britischen Gegenoffensive am 23. Oktober 1942 begann dann Rommels Stern in Afrika rasch zu sinken – das Deutsche Afrikakorps mußte den Rückzug antreten. Zudem landeten weit im Westen, in Algerien und Marokko, starke alliierte Verbände. Auch der folgende Rückzug von der ägyptischen Grenze nach Tunesien stellte eine Meisterleistung dar. Am 4. März 1943 wurde Rommel ins Führerhauptquartier befohlen, um einen Lagebericht zu geben. Am 11. März stand er Hitler gegenüber, der ihm für seine Erfolge in Nordafrika als 6. Soldaten der Wehrmacht das Eichenlaub mit Schwertern und Brillanten zum Ritterkreuz des Eisernen Kreuzes verlieh und ihn in den Erholungsurlaub schickte. Unter allen Umständen wollte Hitler vermeiden, daß Rommels Name mit der sich abzeichnenden Niederlage in Nordafrika verknüpft würde.

Im August 1943 übernahm Erwin Rommel zunächst den Oberbefehl über die Heeresgruppe H in Norditalien, ehe er ab Oktober 1943 zum Inspekteur des Atlantikwalls und dann ab dem 1. Januar 1944 zum Oberbefehlshaber der Heeres-

Generalfeldmarschall Rommel, Oberbefehlshaber der Deutsch-Italienischen Panzerarmee, ist zusammen mit dem Kommandeur der 90. leichten Infanteriedivision, Generalmajor Theodor Graf von Sponeck, auf dem Weg zum Gefechtsstand.

gruppe B im Westen ernannt wurde. Hier begann am 6. Juni 1944 die alliierte Invasion mit einem ungeheuren Materialeinsatz.

Am 17. Juli 1944 besuchte Rommel den Gefechtsstand des I. SS-Panzerkorps, und auf der Rückfahrt wurde sein Wagen durch alliierte Tiefflieger angegriffen. Dabei wurde er so schwer verletzt, daß an seinem Überleben gezweifelt wurde. Seine Verletzung – doppelter Schädelbasisbruch – machte es erforderlich, daß er den Oberbefehl über die Heeresgruppe B niederlegte. Auf eigenen Wunsch wurde er in ein Lazarett nach Ulm gebracht. Nach seiner Genesung reiste Rommel nach Herrlingen in die Heimat.

Opfer von Intrigen

Kurz nach seiner Verwundung hatte am 20. Juli 1944 das Attentat auf Hitler stattgefunden. Im Zuge der Verfolgung der Mittäter des Attentäters von Stauffenberg belasteten Mitverschwörer Rommel fälschlich als Beteiligten der Verschwörung. Rommel selbst bemerkte kurz vor seinem Tod zu seiner Frau: „Der Speidel [Generalleutnant Hans Speidel, ab 1955 führend in der Bundeswehr] hat mich da reingeritten."

Er war nun machtloser Spielball intriganter Personen, die nach dem gescheiterten Putsch des 20. Juli gute Gründe hatten, eine Mitschuld am „großen Hoch- und Landesverrat" möglichst hohen Militärs, am besten Hitler nahestehenden Feldmarschällen, anzulasten. Sie nutzten Hitlers Lage zielsicher aus, der sich einer Invasion der zahlenmäßig übermächtigen Alliierten erwehren und ein Auseinanderbrechen der Fronten befürchten mußte, gerade einen Attentatsversuch überlebt hatte und nun überall Verrat witterte. Es war nicht wirklichkeitsfremd, selbst im engsten Umfeld Verschwöreraktivitäten zu vermuten. Auch ein Verrat Rommels schien Hitler – vor allem angesichts der Berichte der Gestapo – nicht mehr unwahrscheinlich.

Foto: Walter Wünnenberg

Das Grab Erwin Rommels auf dem Friedhof in Herrlingen-Blaustein.

Am 14. Oktober 1944 trafen die Generale Burgdorf und Maisel vom Heerespersonalamt bei Rommel ein, um ihn nach Berlin zu bringen. Sie eröffneten ihm, daß Hitler ihn wegen Mitverschwörung und Verrats vor ein Volksgericht stellen werde. Jedoch würde ihm die Chance gegeben, durch Freitod die Konsequenzen zu ziehen. Um seiner Familie die Folgen eines Prozesses zu ersparen, entschied sich der Soldat Erwin Rommel für das Gift und damit für seine Familie. Nur Sekunden, nachdem er die Kapsel im Auto der Abgesandten auf der Straße zwischen Herrlingen und Blaubeuren zerbissen hatte, war er tot.

Erwin Rommel erhielt ein Staatsbegräbnis. Der Staats- und Trauerakt fand am 18. Oktober 1944 im Ulmer Rathaus statt. Über dem auf einer Geschützlafette angefahrenen Sarg lagen die Reichskriegsflagge, der Marschallstab sowie Helm und Degen Rommels.

Der Mythos Rommel lebt allerdings fort – er gilt auch heute noch als einer der populärsten Truppenführer des Zweiten Weltkrieges, und der US-amerikanische General Omar N. Bradley zählt ihn sogar zu den zehn besten Feldherrn der Weltgeschichte.

Das Grab von Generalfeldmaschall Erwin Rommel befindet sich auf dem Friedhof Herrlingen-Blaustein.

Foto: TimePix/Hugo Jaeger

Hans-Ulrich Rudel

Hans-Ulrich Rudel wurde am 2. Juli 1916 in Konradswaldau, Kreis Landeshut/Schlesien, als Sohn eines evangelischen Pfarrers geboren. Nach dem Besuch der Volksschule und des Humanistischen Gymnasiums in Lauban legte Rudel 1936 sein Abitur ab.

Im Herbst 1936 leistete Rudel zunächst seine Arbeitsdienstpflicht beim Reichsarbeitsdienst (RAD) in Muskau ab und trat am 4. Dezember 1936 als Fahnenjunker in die Luftwaffe ein.

Nach seiner Grundausbildung begann für ihn im Juni 1937 die Flugzeugführerausbildung an der Luftkriegsschule Wildpark-Werder bei Berlin. Im Juni 1938 wurde er als Oberfähnrich und Flugzeugführer von der Luftkriegsschule zur I. Gruppe des Sturzkampfbombergeschwaders (StG) 168 nach Graz-Thalerhof versetzt, erbrachte hier bei der Stuka-Ausbildung zunächst wenig überzeugende Leistungen. Zudem war er bei seinen Vorgesetzten bald als „komischer Kauz“ bekannt, der nur Milch trank, nicht rauchte und in der Freizeit „nur“ auf dem Sportplatz oder in den Bergen zu finden war. Deswegen erfolgte am 1. Dezember 1938 seine Versetzung zur Beobachterausbildung an die Aufklärerschule in Hildesheim – nun war man den „komischen Kauz“ und „Stuka-Spätzünder“ los.

Fernaufklärer über Polen

Am 1. Januar 1939 zum Leutnant befördert, wurde Rudel im Juni 1939 als Beobachter zur 2. Staffel (Fernaufklärung) der Aufklärungsgruppe 121 versetzt und nahm mit dieser Einheit im September 1939 am Polenfeldzug teil. Für seine Aufklärungseinsätze über Polen erhielt er am 10. November 1939 das Eiserne Kreuz 2. Klasse.

Ende Juni 1940 erfolgte seine Rückversetzung zur Stuka-Fliegerei. Rudel kam zur sogenannten „Grazer Gruppe“, der I. Gruppe/StG 3 (frühere I. Gruppe/StG 168 und I. Gruppe/StG 76) nach Caen/Frankreich.

Am 1. Oktober 1940 erfolgte seine Beförderung zum Oberleutnant.

Im Frühjahr 1941 wurde Rudel schließlich zur Stuka-Ergänzungsstaffel nach Graz-Thalerhof in der Steiermark abgeschoben. Dort sollte er sich die „Stuka-Feinheiten“ beibringen lassen, die ihm fehlten.

Auf einem Übungseinsatz spürte er es plötzlich: „Jetzt ist der Groschen gefallen, jetzt kann ich alles mit der Maschine machen, was ich will!“

Bald darauf – Mitte April 1941 – wurde Rudel zur I. Gruppe/StG 2 „Immelmann“ nach Griechenland versetzt, durfte aber auch hier, aufgrund eines Vorurteils von Vorgesetzten, während des Kreta-Unternehmens Ende Mai 1941 keine Einsätze fliegen.

Als sich Oberleutnant Rudel beim Gruppenkommandeur vorgestellt hatte, sagte dieser zu ihm: „Natürlich kennen wir uns, denn mein Adjutant kennt Sie ja! Ich kenne Sie sogar so gut, daß Sie vorläufig in meiner Gruppe nicht fliegen dürfen!“

Endlich als Stuka-Flieger am Himmel

Erst mit Beginn des Ostfeldzugs kam Rudel zum eigentlichen Stuka-Einsatz. Hier begann schließlich sein Stern aufzugehen, und er sollte als „Adler der Ostfront“ zu Weltruhm gelangen.

Gleich am ersten Tag, dem 22. Juni, flog Rudel seine ersten vier Einsätze, wurde kurz darauf als Gruppen-Technischer Offizier (TO) zur III. Gruppe/StG 2 „Immelmann“ versetzt und flog dann in der Stabskette der Gruppe.

Bereits am 18. Juli 1941 erhielt er das Eiserne Kreuz 1. Klasse und die Frontflugspange in Gold.

Nach der Einnahme der Häfen von Libau, Windau, Riga, Baltisch-Port und Reval zog sich die sowjetische Baltische Rotbannerflotte in ihren letzten großen Kriegshafen Kronstadt auf der Insel Kotlin westlich von Leningrad zurück. Von dort griffen die Schlachtschiffe, Kreuzer und Zerstörer immer wieder mit ihrer weitreichenden Artillerie störend in die Erdkämpfe ein.

Ab dem 21. September 1941 flog Rudel mit seinen Kameraden fast täglich Einsätze in die „Flakhölle von Kronstadt“. Dabei konnte er am 23. September durch Volltreffer mit einer 1.000 Kilogramm-Bombe das sowjetische Schlachtschiff „Marat“ (23.600 BRT) vernichten; bei den nächsten Einsätzen gelang ihm die Versenkung eines Kreuzers und eines Zerstörers.

Am 20. Oktober 1941 erhielt Rudel den Ehrenpokal für besondere Leistungen im Luftkrieg und am 2. Dezember 1941 – als erster Soldat der III. Gruppe – das Deutsche Kreuz in Gold.

Im Winter 1941/42 unterstützten die Stukas den erbitterten Abwehrkampf des Heeres unter schwierigsten Bedingungen, griffen sowjetische Nachschublinien und Bereitstellungen an und stoppten mehrmals starke Gegenangriffe feindlicher Panzerverbände.

Oberst Hans-Ulrich Rudel. Die Aufnahme aus dem November 1943 zeigt ihn noch als Hauptmann kurz nach der Verleihung der Schwerter. Zudem trägt er über der linken Brusttasche die Frontflugspange für Kampf- und Sturzkampfverbände in Gold mit Anhänger.

Foto: Walter Frentz

Foto: Christos Koussoulas

Das Gemeinsame Flugzeugführer- und Beobachterabzeichen in Gold mit Brillanten

Nach über 400 Feindflügen erhielt Oberleutnant Hans-Ulrich Rudel am 6. Januar 1942 als Flugzeugführer und TO der III. Gruppe/StG 2 „Immelmann" das Ritterkreuz, welches ihm General der Flieger Wolfram v. Richthofen überreichte.

Im Verleihungsvorschlag heißt es: Rudel habe „mit besonderer Tapferkeit das Schlachtschiff ‚Marat' durch Volltreffer kampfunfähig gemacht, das Schlachtschiff ‚Oktober-Revolution' schwer beschädigt, einen schweren Kreuzer versenkt, einen anderen außer Gefecht gesetzt. Im Einsatz gegen Erdziele vernichtete oder beschädigte er schwer: 15 Brücken, 23 Batterien, 4 Panzerzüge, 17 Panzer und Sturmgeschütze".

Von März bis August 1942 war Rudel dann Führer der Ergänzungsstaffel in Graz-Thalerhof und verlegte anschließend mit der gesamten Staffel nach Sarabus auf der Halbinsel Krim.

Wieder im Fronteinsatz

Am 15. August 1942 kehrte er zum Fronteinsatz zurück, flog Einsätze mit der Stuka-Ergänzungsstaffel und als Staffelkapitän der 9. Staffel/StG 2 „Immelmann" im Kaukasusgebiet und am Schwarzen Meer.

Es folgten Einsätze an der Terek-Front und wieder im Raum Tuapse. Am 24. September 1942 flog Rudel bereits seinen 500. Einsatz.

Aufgrund einer Gelbsuchterkrankung mußte er Anfang November 1942 ins Lazarett nach Rostow am Don, entließ sich aber bald selbst und übernahm ab 17. November 1942 als Staffelkapitän die 1. Staffel des Geschwaders. Es folgten schwere Einsätze über und im Raum Stalingrad.

Am 10. Februar 1943 flog Rudel gegen Einheiten der 57. sowjetischen Armee im Kampfraum Isjum, im Südabschnitt der Ostfront, bereits seinen 1.000 Einsatz.

Danach mußte er, trotz seines hartnäckigen Widerstandes, befehlsgemäß einen 14tägigen Fronturlaub nehmen und kam anschließend zu einem Sonderkommando nach Rechlin, welches die Ju 87 G, mit je einer 3,7 cm-Flak unter jeder Tragfläche, zur Panzerbekämpfung erprobte. Die insgesamt zwölf 3,7 cm-Granaten besaßen Wolframkerne. Erst nach Durchschlagen der Panzerung explodierte diese Spezialmunition.

Kurz darauf verlegte Rudel mit dem Kommando nach Kertsch, wo auch das Geschwader „Immelmann" lag. Im Lagunengebiet der Kubanmündung am Asowschen Meer konnte er mit einer Ju 87 G allein über 70 sowjetische Landungsboote versenken.

„Kanonenvogel" im Erdkampf

Diese erfolgreichen Sturzkampfangriffe mit den 3,7 cm-Rohren an den Stukas wurden mit einer automatischen Kamera gefilmt und auch von der „Deutschen Wochenschau" in den Kinos gezeigt.

Am 1. April 1943 wurde er zum Hauptmann befördert und sein Rangdienstalter (RDA) wegen Tapferkeit vor dem Feinde auf den 1. April 1942 vordatiert.

Für seine Erfolge auf über 1.000 Feindflügen erhielt Hauptmann Hans-Ulrich Rudel am 14. April 1943 als Oberleutnant und Staffelkapitän der 1. Staffel/StG 2 „Immelmann" das 229. Eichenlaub zum Ritterkreuz, welches ihm in der Reichskanzlei in Berlin überreicht wurde.

Während des Unternehmens „Zitadelle" flog Rudel ab 5. Juli 1943 im Raum Bjelgorod–Charkow erste Einsätze mit der „Kanonenmaschine" Ju 87 G gegen sowjetische Panzer. Gleich beim ersten Feindflug vernichtete er vier T-34 und bis zum Abend dieses Tages insgesamt zwölf.

Foto: Friedrich Trenz, Wien

Das Goldene Eichenlaub mit Schwertern und Brillanten zum Ritterkreuz des Eisernen Kreuzes

Ab 19. Juli 1943 wurde Rudel, als Nachfolger für den am 17. Juli gefallenen Walter Krauß, mit der Führung der III. Gruppe betraut und kehrte am 12. August 1943 von seinen 1.300 Feindflug zurück. Beim gleichen Einsatz machte sein Bordfunker Oberfeldwebel Erwin Hentschel als erster Bordfunker der Luftwaffe seinen 1.000 Feindflug.

Ab 18. September 1943 zum Kommandeur der III. Gruppe ernannt, flog Rudel am 9. Oktober 1943 seinen 1500. Einsatz. Für seinen Bordfunker Hentschel war es Nr. 1200.

Am 18. Oktober 1943 erfolgte die Umbenennung des Stuka-Geschwaders 2 in Schlachtgeschwader (SG) 2 „Immelmann", und am 30. Oktober 1943 erzielte Rudel mit der Ju 87 G bei Kirowograd seinen 100. Panzerabschuß.

Im November 1943 machte er seinen 1.600. Feindflug und vernichtete am 23. November im

Südabschnitt der Ostfront erneut sieben sowjetische Panzer. Dafür erhielt Hans-Ulrich Rudel am 25. November 1943 als Hauptmann und Führer der III. Gruppe / SG 2 „Immelmann" das 42. Eichenlaub mit Schwertern zum Ritterkreuz des Eisernen Kreuzes, welches ihm im Führerhauptquartier „Wolfschanze"in Ostpreußen überreicht wurde.

Sein bewährter Bordfunker, Oberfeldwebel Erwin Hentschel, bekam am selben Tag das Ritterkreuz überreicht.

Im Januar 1944 errangen Rudel und seine Gruppe, insbesondere die ihm unterstellte Panzerjagdstaffel, gegen die 67. sowjetische Panzerbrigade bei der Schlacht um Kirowograd hervorragende Abwehrerfolge.

In der Zeit vom 7. bis 10. Januar 1944 vernichtete er allein 17 Panzer und sieben Sturmgeschütze. Bereits einen Tag darauf, am 11. Januar 1944, erzielte Rudel mit dem „Kanonenvogel" seinen 150. Panzerabschuß und machte am 16. Januar seinen 1.700 Feindflug.

Ende Januar 1944 flog Rudel Einsätze zur Unterstützung der eingeschlossenen Verbände im Raum Tscherkassy. Trotz hoher Verluste leistete der „wandernde Kessel" in Eis, Schnee und Schlamm erbitterten Widerstand, bewegte sich kämpfend nach Westen und konnte am 17. Februar 1944 unter großen Opfern den sowjetischen Einschließungsring durchbrechen.

Am 22. Februar 1944 erfolgte Rudels Ernennung zum Kommandeur der III. Gruppe / SG 2 „Immelmann", und am 1. März 1944 avancierte er zum Major. Das Rangdienstalter wurde wegen Tapferkeit vor dem Feind auf den 1. Oktober 1942 vordatiert.

Tragischer Rettungsversuch

Beim Angriff auf die Dnjestr-Brücke bei Jampol am 20. März 1944 – es war sein achter (!) Feindflug an diesem Tag – landete Rudel wagemutig auf Feindgebiet, um eine notgelandete Besatzung zu retten. Dabei versackte aber seine Maschine in dem verschlammten Boden. Bald tauchten sowjetische Soldaten auf, und die deutschen Flieger entschlossen sich zur Flucht. Sie konnten ihre Verfolger abschütteln, mußten aber den Hochwasser führenden Dnjestr, der an dieser Stelle rund 600 Meter breit war, bei einer Wassertemperatur von knapp über Null Grad schwimmend durchqueren.

Dabei ertrank Ritterkreuzträger Erwin Hentschel nur zirka 80 Meter vom rettenden Ufer entfernt. Ein Rettungsversuch durch Rudel blieb leider erfolglos. Die beiden anderen Kameraden waren derart erschöpft, daß sie die weitere Flucht vor einem plötzlich auftauchenden sowjetischen Spähtrupp nicht mehr durchhielten und dem Gegner in die Hände fielen. Der sportlich gestählte Rudel aber entkam den Verfolgern, die in der beginnenden Dämmerung hinter ihm herfeuerten. Im Zickzacklauf, mit einem Pistolenschuß durch die Schulter, setzte er seinen Marsch – barfuß und nur noch mit Hemd und Hose bekleidet

Rudels Bordfunker, Oberfeldwebel Erwin Hentschel (rechts), wird am 25. November 1943 zusammen mit seinem Flugzeugführer ins Führerhauptquartier „Wolfschanze" befohlen. Während Hauptmann Rudel die 42. Schwerter verliehen werden, wird Hentschel mit dem Ritterkreuz ausgezeichnet.

Foto: Walter Frentz

– in westliche Richtung fort. Fünfzig Kilometer weit schlug er sich zu den eigenen Linien durch, die er bereits einen Tag später erreichte. Damals prägte er folgende Worte: „Verloren ist nur, wer sich selbst aufgibt!"

Schon wenige Tage nach seiner Rückkehr, am 25. März 1944, flog er seinen 1800. Einsatz und am 26. März vernichtete er 17 Panzer im Gebiet bei Falsty. Darüber hieß es am 27. März 1944 im Wehrmachtbericht: „Major Rudel, Gruppenkommandeur in einem Schlachtgeschwader, vernichtete im Süden der Ostfront an einem Tag 17 feindliche Panzer."

Bereits am nächsten Tag, dem 28. März, meldete der Wehrmachtbericht: „Zwischen Dnjestr und Pruth griffen starke deutsche Schlachtfliegerkräfte in die Kämpfe ein. Sie zerstörten zahlreiche feindliche Panzer und eine große Zahl motorisierter und bespannter Fahrzeuge. Dabei vernichtete Major Rudel wiederum neun feindliche Panzer. Er hat damit in mehr als 1.800 Einsätzen allein 202 feindliche Panzer vernichtet."

Dafür erhielt Hans-Ulrich Rudel am 29. März 1944 als Major und Kommandeur der III. Gruppe/SG 2 „Immelmann" das zehnte Eichenlaub mit Schwertern und Brillanten zum Ritterkreuz des Eisernen Kreuzes, welches ihm durch den Obersten Befehlshaber der Wehrmacht im „Berghof" auf dem Obersalzberg bei Berchtesgaden überreicht wurde.

Als Rudel nach einigen Tagen Heimaturlaub im Rundfunk die Berichte von der Ostfront hörte, brach er den Urlaub ab und flog zurück an die Front.

Weiterhin unermüdlich im Einsatz und immer wieder im Wehrmachtbericht genannt, startete Rudel am 1. Juni 1944 zu seinem 2.000. Feindflug – eine bis dahin für unmöglich gehaltene Zahl – ins Kampfgebiet Schloßberg Stanca bei Jassy in Rumänien. Dabei vernichtete er seinen 301. Panzer (davon 78 mit Bomben und 223 mit Bordkanonen).

Anläßlich seines 2.000. Feindfluges verlieh ihm der Oberbefehlshaber der Luftwaffe, Reichsmarschall Hermann Göring, das Gemeinsame Flugzeugführer- und Beobachterabzeichen in Gold mit Brillanten und die Goldene Frontflugspange für Schlachtflieger mit Anhänger „2.000" und Brillanten, eine Auszeichnung, die nur Rudel erhielt.

300. Panzerabschuß

Am 5. August 1944 erzielte Rudel mit der „Kanonenmaschine" erneut elf Panzerabschüsse. Der Wehrmachtbericht vom 6. August 1944 meldete: „Im Bereich einer Panzerarmee wurden gestern erneut 62 sowjetische Panzer abgeschossen. 27 weitere Panzer wurden durch Schlachtflieger vernichtet. Hiervon schoß Major Rudel allein 11 Panzer ab und erzielte damit seinen 300. Panzerabschuß durch Bordwaffen."

Am 14. August 1944 erzielte Rudel mit acht Panzerabschüssen an der Kurlandfront seine 320. Panzervernichtung. Am 19. August 1944 wurde seine Ju 87 von der feindlichen Flak getroffen bei Ergli/Lettland getroffen. Mit brennender Maschine erreichte Rudel gerade noch die deutschen Linien und machte an einem Waldrand eine Bruchlandung. Dabei wurde er am Bein verletzt und erlitt eine Gehirnerschütterung, während sich sein Bordschütze Dr. Erwin Gadermann mehrere Rippen anbrach. Deutsche Infanteristen brachten sie zum Glück zurück. Trotz ihrer Verletzungen starteten Rudel und Dr. Gadermann wieder nach Ergli und revanchierten sich bei der sowjetischen Flak. Dabei konnte auch die durchgebrochene Panzereinheit durch Rudel und seine Gruppe vernichtet werden.

Zwischen zwei Einsätzen bespricht Major Rudel mit zwei Geschwaderkameraden, einem Feldwebel und einem Unteroffizier, die nächsten Angriffsziele.

Am 23. August griff er mit seiner Gruppe ostwärts von Dorpat erneut eine große sowjetische Panzer- und Lastwagenkolonne vernichtend an und verhinderte dadurch vorerst einen gefährlichen feindlichen Durchbruch.

Am 1. September 1944 erfolgte seine Beförderung zum Oberstleutnant und ab 1. Oktober wurde Rudel mit der Führung des Schlachtgeschwaders 2 „Immelmann" beauftragt.

Am 17. November 1944 wurde Rudel durch Erdbeschuß in Ungarn verwundet (ein Steck- und Durchschuß im linken Oberschenkel) und mußte auf einem Feldflugplatz bei Budapest notlanden.

Nach der Operation wurde er in ein Lazarett an den Plattensee gebracht. Doch bereits acht Tage später „floh" er aus dem Lazarett und flog – mit Gipsverband – wieder Einsätze.

Das Goldene Eichenlaub

Am 22. Dezember 1944 machte er seinen 2.400. Feindflug und vernichtete am Tag darauf über Ungarn seinen 463. sowjetischen Panzer. Dafür erhielt Hans-Ulrich Rudel am 29. Dezember 1944 – unter gleichzeitiger Beförderung zum Oberst – als erster Soldat der deutschen Wehrmacht das Goldene Eichenlaub mit Schwertern und Brillanten zum Ritterkreuz des Eisernen Kreuzes.

Das war die höchste deutsche Tapferkeitsauszeichnung und sollte nur an zwölf bewährte Einzelkämpfer verliehen werden, um diese vor dem deutschen Volk besonders zu ehren. Rudel blieb der einzige Soldat, der diese höchste Auszeichnung je erhielt.

Das Goldene Eichenlaub wurde Oberst Rudel am 1. Januar 1945 im Führerhauptquartier West im Taunus, in Anwesenheit der Oberbefehlshaber von Kriegsmarine und Luftwaffe sowie des OKW-Führungsstabes, durch den Obersten Befehlshaber mit folgenden Worten überreicht: „Sie sind der größte und tapferste Soldat, den das deutsche Volk hat und je gehabt hat."

Gleichzeitig erteilte ihm Hitler Feindflugverbot und meinte, „...daß es jetzt genug sei. Rudel solle später einmal eine andere, größere Aufgabe übernehmen." Daraufhin sagte Rudel: „Mein Führer, ich nehme Auszeichnung und Beförderung nicht an, wenn ich nicht weiter mit meinem Geschwader fliegen darf!" Hitler blickte Rudel lange an und sagte dann: „Nun gut. Wenn Sie unbedingt fliegen wollen.... meinetwegen. Aber geben Sie auf sich acht! Ich brauche Sie. Das deutsche Volk braucht Sie!"

Bei drei Einsätzen am 8. Januar 1945 an der ungarischen Front erzielte Rudel acht Panzerabschüsse und erhöhte damit die Zahl seiner Panzervernichtungen auf 471.

Als die sowjetische Flak einmal besonders ungenau schoß, sagte Rudels Bordschütze Dr. Gadermann lachend: „Wenn die wüßten, wie viel Gold und Brillanten hier oben herumfliegen, würden die sich sicherlich mehr Mühe geben!"

Diese Aufnahme aus dem Jahr 1942 zeigt Rudel noch als Oberleutnant mit dem Ritterkreuz. Zudem trägt er u.a. das Deutsche Kreuz in Gold, die Frontflugspange für Kampf- und Sturzkampfverbände in Gold mit Anhänger und das Gemeinsame Flugzeugführer- und Beobachterabzeichen.

Am 16. Januar 1945 erhielt Rudel die höchste Tapferkeitsauszeichnung Ungarns verliehen: die Goldene Tapferkeitsmedaille. Diese war insgesamt nur sieben Mal verliehen worden. Rudel erhielt sie als einziger Ausländer durch den ungarischen Staatsführer Ferenc Salaszi in Ödenburg (Sopron)/Neusiedlersee überreicht.

Am 30. und 31. Januar 1945 schoß Rudel erneut sieben Panzer ab und hatte damit insgesamt 505 sowjetische Panzer vernichtet.

Es folgten schwere Einsätze zur Unterstützung des verzweifelten Abwehrkampfes der deutschen Verbände in Ober- und Niederschlesien, in Hinterpommern und an der Oderfront.

Unterschenkelamputation

Am 8. Februar 1945 konnte Rudel im Kampfraum Lebus /Oder zwölf Panzer abschießen. Bei der Vernichtung des 13. Panzers wurde er jedoch durch den Volltreffer einer 4 cm-Flak so schwer verwundet, daß sein rechter

Diese Aufnahme aus dem Jahr 1942/43 entstand während des Fluges. Wahrscheinlich löste Oberleutnant Rudel die Kamera selbst aus.

Unterschenkel fast vollständig vom Bein abgetrennt wurde.

Trotz starker Schmerzen und hohen Blutverlustes gelang ihm – unter Aufbietung aller Willenskräfte – noch eine Notlandung auf eigenem Gebiet. Sein Bordschütze, Geschwaderarzt Dr. Gadermann, rettete ihn vor dem Verbluten, indem er sofort das verletzte Bein abband. Auf dem nahegelegenen Hauptverbandplatz der Waffen-SS bei Seelow, 20 Kilometer westlich Küstrin, mußte ihm jedoch der zerfetzte rechte Unterschenkel amputiert werden. Der Arzt wunderte sich dabei noch über den Gipsverband am linken Bein.

Am 10. Februar 1945 meldete der Wehrmachtbericht unter anderem: „…Jagd- und Schlachtfliegerverbände griffen auch gestern in den Schwerpunkten der Erdkämpfe ein und vernichteten außer Hunderten von Fahrzeugen 37 Panzer und 28 Geschütze. Oberst Rudel schoß in den letzten Tagen elf sowjetische Panzer ab und erhöhte damit seine Abschußerfolge auf 516 Panzer."

Wieder am Feind

Nach kurzem Lazarettaufenthalt im Zoo-Bunkerlazarett Berlin kehrte Rudel bereits am 25. März 1945 wieder zum Geschwader zurück und flog ab 4. April 1945 – trotz Flugverbot und mit noch nicht verheiltem Beinstumpf – weitere Einsätze.

Am 8. Mai 1945 landete Rudel mit mehreren Maschinen auf dem Flugplatz Kitzingen/Main wo er in US-amerikanische Kriegsgefangenschaft ging.

Bis Kriegsende flog er insgesamt 2.530 (!) Einsätze, davon 430 mit der Focke-Wulf Fw 190, vernichtete über 519 Panzer, davon 17 an einem Tag, versenkte ein Schlachtschiff, einen Kreuzer, einen Zerstörer, 70 Landungsboote, erzielte neun bestätigte Luftsiege, vernichtete über 800 Fahrzeuge aller Art, mehr als 150 Artillerie-, Pak- und Flakstellungen, vier Panzerzüge, zahlreiche Brücken und Nachschubverbindungen.

Er selbst wurde über 30mal (!) von Flak- und Infanteriewaffen abgeschossen, fünf Mal verwundet. Sechs notgelandete Besatzungen rettete er vor Kriegsgefangenschaft oder Tod.

Nach seiner Entlassung aus dem Kriegslazarett Fürth/Bayern im April 1946 war Rudel zunächst in Coesfeld/Westfalen als Fuhrunternehmer tätig. 1948 überquerte er illegal die Grenze nach Österreich, wanderte durchs Zillertal nach Italien, dann weiter nach Bozen und Rom und flog im Mai nach Argentinien.

Im Dienst des argentinischen Luftfahrtministeriums arbeitete er hier in der Flugzeugindustrie.

In der Nachkriegszeit errang er trotz Beinprothese zahlreiche Sportsiege unter anderem beim Tennis, Schwimmen und im Skisport – auch gegen gesunde Wettkampfteilnehmer.

In den argentinischen Anden bezwang er die höchsten Gipfel und bestieg unter anderem dreimal den 6.920 Meter hohen Llullay-Yacu, den höchsten Vulkan der Erde mitten in der drittgrößten Wüste der Erde – der Puna de Atacama.

Die Erlebnisse seiner drei Anden-Expeditionen schilderte er in dem Buch *Von den Stukas zu den Anden.* Seine Kriegserlebnisse schrieb er in dem Buch *Trotzdem* nieder, welches in acht Sprachen übersetzt wurde und eine Gesamtauflage von über drei Millionen Exemplaren erreichte.

Hans-Ulrich Rudel zog später nach Kufstein/Österreich, verstarb am 18. Dezember 1982 im Krankenhaus in Rosenheim und wurde auf dem kleinen Dorffriedhof in Dornhausen bei Gunzenhausen beigesetzt.

Sein Leitspruch lautete: „Verloren ist nur – wer sich selbst aufgibt!"

Major Hans-Ulrich Rudel Ende März 1944 kurz nach der Verleihung der Brillanten auf dem Obersalzberg bei Berchtesgaden. Am rechten Unterärmel trägt Rudel den Ärmelstreifen des Geschwaders „Immelmann“.

Foto: Walter Frentz

Dietrich von Saucken

Dietrich von Saucken wurde am 16. Mai 1892 in Fischhausen, Samland/Ostpreußen, als Sohn eines Regierungsrates geboren.

Als der Deutsche Orden im Jahre 1230 nach Ostpreußen kam, war die Familie von Saucken dort schon ansässig, leistete dem Ritterorden treue Kriegsdienste und diente später den preußischen Königen.

Nach dem Abitur in Königsberg trat Dietrich von Saucken als Offizieranwärter 1910 in das 3. Grenadierregiment „Friedrich Wilhelm I." ein, wurde 1912 zum Leutnant befördert und kämpfte im Ersten Weltkrieg als Kompanieführer, Bataillons-, Regiments- und Brigadeadjutant.

Er nahm an den Kämpfen vor Verdun, in den Karpaten 1916/17 und an der Märzoffensive 1918 teil, wurde siebenmal verwundet und mehrfach ausgezeichnet.

Nach Kriegsende 1918 wurde von Saucken in das 100.000-Mann-Heer und dann in die Reichswehr übernommen, diente unter anderen beim Infanterieführungsstab in Insterburg, beim Infanterieregiment 1 in Königsberg und beim Reiterregiment 8 in Öls/Schlesien.

Am 1. April 1925 zum Rittmeister befördert, erfolgte seine Versetzung zum Reiterregiment 2 nach Allenstein, Lyck, Osterode und Angerburg/Ostpreußen.

1927 wurde der Weltkriegsveteran als Taktiklehrer an die Kriegsschule Hannover kommandiert. Am 1. April 1937 wurde er Kommandeur des Reiterregiments 2 und am 1. Juni 1939 zum Oberst befördert.

Mit diesem Regiment nahm von Saucken im Verband der 1. Kavalleriebrigade am Polenfeldzug teil und erwarb sich bereits hier beide Spangen zu den Eisernen Kreuzen von 1914.

Kampf um die Festung Holland

Auch am Westfeldzug nahm der Oberst vom ersten Tage an teil, wo ihm die Aufgabe gestellt wurde, in Ostholland bis an die Zuidersee durchzustoßen und dann in die Festung Holland einzudringen. Er löste diese Aufgabe mit Erfolg. Anschließend wurde das Regiment nach Amiens verlegt.

In Eilmärschen zog es über die Seine bei Paris, über die Loire und durch La Rochelle an der Atlantikküste bis nach Bordeaux.

Ab 16. November 1940 wurde von Saucken zum Kommandeur der 4. Schützenbrigade in der 4. Panzerdivision ernannt und kämpfte mit dieser seit dem 22. Juni 1941 im Mittelabschnitt der Ostfront an allen Einsatzbrennpunkten auf dem Vormarsch nach Moskau.

Beim Übergang über den Dnjepr wurde er erstmals seit dem Ersten Weltkrieg wieder verwundet. Nach seiner Wiedergenesung kehrte von Saucken an die Front zurück und stand mit seinen Grenadieren in der Schlacht um Mzensk.

Nach den harten Kämpfen um Orel und Mzensk stieß er im Verband der 4. Panzerdivision ostwärts an Tula vorbei, um den letzten Widerstand im Vorfeld von Moskau zu brechen. Aber Tula war nicht mehr zu nehmen.

Bei Temperaturen von minus 30 Grad tobten schwere Abwehrgefechte, in denen die unzulänglich ausgerüsteten und durch die langen Kämpfe geschwächten deutschen Verbände sich behaupteten.

Kommandeur der 4. Panzerdivision

Ab 25. Dezember 1941 übernahm von Saucken die Führung der 4. Panzerdivision und riegelte in schweren Abwehrkämpfen bei Bolchow, nördlich Orel, den Angriff eines sowjetischen Korps ab, das die Front einer deutschen Infanteriedivision durchbrochen hatte.

Unter seiner wendigen Führung stoppte die 4. Panzerdivision das feindliche Korps und vernichtete mehrere sowjetische Schützen- und Panzerbrigaden. Die Beförderung zum Generalmajor am 1. Januar 1942 war die Anerkennung für seine erfolgreiche Truppenführung. Gleichzeitig wurde er zum Kommandeur der 4. Panzerdivision ernannt.

Wenige Tage darauf wurde Dietrich von Saucken durch Granatsplitter am Kopf schwer verwundet. Im Feldlazarett Smolensk wurde er für seine Erfolge als Generalmajor und Führer der 4. Panzerdivision am 6. Januar 1942 mit dem Ritterkreuz ausgezeichnet, das ihm Generalfeldmarschall von Kluge ans Krankenbett brachte.

Nach seiner Wiedergenesung übernahm von Saucken im August 1942 als Kommandeur die Schule für „Schnelle Truppen" in Krampnitz, wurde am 1. März 1943 zum Generalleutnant befördert und kehrte auf eigenen Wunsch an die Ostfront zurück, wo er am 31. Mai 1943 als Kommandeur wieder seine 4. Panzerdivision übernahm.

Mit ihr nahm er ab 5. Juli 1943 am Unternehmen „Zitadelle" teil. Dabei zeichnete sich von

General der Panzertruppe Dietrich von Saucken. Die Aufnahme aus dem Jahr 1944 zeigt ihn noch als Generalleutnant kurz nach der Verleihung der Schwerter.

Foto: Walter Frentz

Generalleutnant von Saucken als Kommandierender General des III. Panzerkorps bei einer Lagebesprechung im Raum Lemberg.

Saucken durch besondere Kaltblütigkeit aus: „Überlegene Sowjetkräfte standen im Rücken und der Flanke der Division. Der Kommandeur handelte, durchbrach die Gefechtslinie eingedrungener Feindkräfte und besetzte eine beherrschende Höhe. Neben den deutschen Grenadieren, die in den Deckungslöchern vor feindlichem Feuer Schutz suchten, stand plötzlich ihr General und fragte mit eiskalter Ruhe, wie viele Gefangene sie heute gemacht hätten. Keinen? Und das sei jetzt unmöglich? Ruhig ging der General zum Panzer zurück und dirigierte ihn in ein Getreidefeld, aus dem er kurz zuvor beschossen wurde. Der General stand mit schußbereiter Pistole im Turmluk, als eine Gruppe Sowjets aufsprang. Zwei wurden überwalzt, einige von den Kugeln des Generals getötet. Der letzte hob die Hände und wurde auf das Heck des Panzers gezogen. Den General umpfiffen Geschosse und Splitter, der Kopfhörer wurde ihm von den Ohren weggeschossen und die Feldmütze vierfach durchlöchert. Während er mit seinem Gefangenen zurückrollte, äußerte er seelenruhig: ‚Jede Kugel trifft ja nicht!'"

Abwehrschlachten

Nach der sowjetischen Gegenoffensive mußte das Unternehmen „Zitadelle" Mitte Juli 1943 abgebrochen werden. Mit der Verlegung des sowjetischen Angriffskeils nach Westen übernahm die 4. Panzerdivision bei Jablonowez, südlich von Orel, die Hauptlast der Verteidigung. Im Nachtmarsch mußte die Division nach Süden abschwenken, um einen sowjetischen Zangenangriff gegen die 9. Armee aufzuhalten. Saucken griff den Feind aus der Bewegung heraus an, schlug ihn und hielt seine Stellungen gegen alle wütenden Angriffe der Sowjets. Diese wurden im Gegenstoß zurückgeworfen, 62 Feindpanzer abgeschossen.

Für diesen kampfentscheidenden Einsatz erhielt Dietrich von Saucken am 22. August 1943 als Generalleutnant und Kommandeur der 4. Panzerdivision das 281. Eichenlaub zum Ritterkreuz.

Im Raum Gomel war von Saucken auch Ende 1943 mit seiner Division Dreh- und Angelpunkt erfolgreicher Abwehrkämpfe. Als die Verbindung zwischen den Heeresgruppen Mitte und Süd abriß, zerschlug seine Division einen feindlichen Brückenkopf. Doch der Gegner sammelte neue Kräfte, so daß es im Raum von Kalinkowitschi zu einer mehrtägigen Abwehrschlacht gegen eine zehnfache Übermacht kam. Die tapfere 4. Panzerdivision verhinderte den sowjetischen Durchbruch erneut. Dadurch konnte eine entstandene Lücke entlang der strategisch wichtigen Nahtstelle wieder geschlossen und eine Offensive der Roten Armee eingedämmt werden.

Dafür erhielt Dietrich von Saucken am 31. Januar 1944 als Generalleutnant und Kommandeur der 4. Panzerdivision das 46. Eichenlaub mit Schwertern zum Ritterkreuz des Eisernen Kreuzes.

Im Frühjahr 1944 war die Division im Rahmen des LVI. Panzerkorps am Einsatz der Festung Kowel beteiligt. Der erste Stoß ging nach Norden in den Rücken der Sowjets, um in der Nacht – nach Süden schwenkend – den Ring um Kowel unerwartet vom Norden her zu durchbrechen und die Verbindung mit der eingeschlossenen Besatzung herzustellen. Doch die Sowjets griffen immer wieder an und drängten die 4. Panzerdivision zurück. Einzelne Kampfgruppen der Division traten dann schließlich zusammen mit anderen Einheiten, wie der 5. Panzer- und der 5. Jägerdivision, doch noch zum erfolgreichen Entlastungsangriff an. Oftmals fuhr von Saucken persönlich im Panzer die Angriffe mit, trug dafür das Panzerkampfabzeichen, führte von vorne und wurde daher auch oft verwundet.

Am 10. Mai 1944 zum Führer des III. Panzerkorps im Raum Lemberg ernannt, übernahm von Saucken im Juni 1944 schließlich die Führung des XXXIX. Panzerkorps und wurde am 1. August 1944 zum General der Panzertruppe befördert.

Mit insgesamt 84 Ritterkreuz- und neun Eichenlaubträgern war die 4. Panzerdivision bei Kriegsende die höchstdekorierte Einheit der gesamten deutschen Panzerwaffe.

Mit den Verbänden des XXXIX. Panzerkorps hatte von Saucken entscheidenden Anteil an der Abwehr der sowjetischen Sommeroffensive, die er an der Memel noch einmal zum Stehen brachte.

Während der Schlacht um Warschau führte er seine Verbände gegen einen sechsfach überlegenen Gegner. Seine Panzer attackierten dabei das 3. sowjetische Panzerkorps mitten in dessen Angriffsbewegungen hinein, zerschlugen mehrere Divisionen und schossen hierbei rund 200 Panzer und Fahrzeuge ab.

Im Dezember 1944 erhielt von Saucken vom Oberkommando der Wehrmacht den Befehl, aus den Divisionen „Großdeutschland" und „Brandenburg" das Panzerkorps „Großdeutschland" aufzustellen. Der Unterbringungsraum befand sich im Raum Rastenburg–Sensburg–Angerburg und Lötzen.

Kampf um die deutschen Ostprovinzen

Mit Beginn der sowjetischen Großoffensive zwischen dem 12. und 14. Januar 1945 wurde das Korps jedoch auseinandergerissen und kämpfte bis Kriegsende in getrennten Kampfgebieten. Während die Division „Großdeutschland" in Ostpreußen kämpfte, wurde der Korpsstab mit der Division „Brandenburg" sowie der unterstellten Fallschirmjägerpanzerdivision 1 „Hermann Göring" westlich Litzmannstadt eingesetzt und der 9. Armee unterstellt. Dort war die Front bereits von den Sowjets durchbrochen, und eigene Truppen befanden sich auf dem Rückzug. Von Sauckens Aufgabe lautete: „Im Rücken des vordringenden Feindes bleiben, sich mit einer Kampfgruppe des XXIV. Panzerkorps unter Walther Nehring, das sich noch kämpfend zwischen den Sowjets bewegte, zu vereinigen und danach zur deutschen Front durchzuschlagen."

Diese Aufgabe löste von Saucken in erbitterten Kämpfen auf hervorragende Weise. In dieser Phase wurde Dietrich von Saucken jedoch wegen Meinungsverschiedenheiten mit dem Chef des Generalstabes des Heeres abgelöst und in die Führerreserve versetzt. Dort fand man bald wieder Verwendung für den fähigen General: Am 12. März 1945 wurde von Saucken zur Lagebesprechung ins Führerhauptquartier gebeten, wo ihm der Befehl über die 2. Panzerarmee, dem späteren Armee-Oberkommando Ostpreußen mit den Resten der 4. Armee, mit Gefechtsstand in Danzig / Gotenhafen übertragen werden sollte.

Seine angeschlagene Armee stand hier einer zehnfachen Übermacht gegenüber, ohne Luftwaffenunterstützung, ohne ausreichend Kraftstoff und Verbindung mit anderen Fronten. Dazu kamen noch Hunderttausende von Flüchtlingen aus Ost- und Westpreußen, die es galt zu ernähren und abzutransportieren.

Nach dem Fall von Königsberg mußte von Saucken den Befehl über die im Samland kämpfenden deutschen Truppen übernehmen, und am 1. Mai 1945 wurden ihm auch die Reste der zerschlagenen 18. Armee auf der Halbinsel Hela unterstellt. Die Absicht, alle Truppen und Flüchtlinge über die Ostsee in Sicherheit zu bringen, ließ sich leider nicht mehr verwirklichen.

„Ich bleibe, wo meine Soldaten sind!"

Am 8. Mai 1945 erfuhr von Saucken durch Funkspruch, daß ab 0 Uhr die Kampfhandlungen einzustellen sind und er den Befehl habe, sich in den Westen fliegen zu lassen.

Er selbst weigerte sich zu gehorchen und funkte an Großadmiral Karl Dönitz (223. Eichenlaub) zurück: „Herr Großadmiral, ich bleibe, wo meine Soldaten sind!"

Statt dessen ließ von Saucken das für ihn bestimmte Flugzeug mit Schwerverwundeten und Familienvätern abfliegen. Nur ein Mann seines Stabes war nicht zu bewegen, dem Befehl Folge zu leisten. Sein Adjutant erklärte standhaft, er gehöre an die Seite seines Chefs und habe mit ihm sein Schicksal zu teilen. Vor soviel hartnäckiger Anhänglichkeit und treuem Pflichtgefühl mußte von Saucken schließlich nachgeben.

Für die erbitterten Abwehr- und Kampfleistungen seiner Truppen erhielt Dietrich von Saucken am 8. Mai 1945 – unter Nennung im letzten Wehrmachtbericht – als General der Panzertruppe und Oberbefehlshaber des Armeeoberkommandos Ostpreußen das 27. Eichenlaub mit Schwertern und Brillanten zum Ritterkreuz des Eisernen Kreuzes. Er war damit der letzte Brillantenträger der deutschen Wehrmacht.

Diesen hohen Orden konnte von Saucken allerdings nicht mehr in Empfang nehmen. Von Saucken selbst marschierte mit seinen Soldaten in sowjetische Kriegsgefangenschaft.

Am 9. Mai 1945 meldete der letzte deutsche Wehrmachtbericht unter anderem folgendes: „In Ostpreußen haben deutsche Divisionen noch gestern die Weichselmündung und den Westteil der Frischen Nehrung bis zuletzt tapfer verteidigt, wobei sich die 7. Infanteriedivision besonders auszeichnete.

Dem Oberbefehlshaber, General der Panzertruppe von Saucken, wurden als Anerkennung für die vorbildliche Haltung seiner Soldaten die Brillanten zum Eichenlaub mit Schwertern zum Ritterkreuz des Eisernen Kreuzes verliehen."

Am 16. Mai 1945 flogen ihn die Sowjets nach Moskau. Anschließend blieb von Saucken über zweieinhalb Jahre im berüchtigten Gefängnis Lubjanka, später saß er in anderen Zuchthäusern, zum Teil auch in Einzelhaft.

Nach erfundenen Anschuldigungen wurde der Ehrenmann zu 25 Jahren Zwangsarbeit verurteilt.

Doch auch dies konnte ihn nicht brechen, denn

selbst in der Kriegsgefangenschaft bewahrte er sich seine soldatisch und menschlich vorbildliche Haltung.

Die Heimat im Herzen

Als einer der allerletzten Kriegsgefangenen kehrte er dann erst im Oktober 1955 als schwer kranker Mann wieder nach Deutschland zurück.

Es vergingen Jahre, bis er sich einigermaßen von den Strapazen der Gefangenschaft erholte und sich einer neuen Lebensaufgabe widmete: Er zeichnete und malte. Wäre er nicht Soldat geworden, wäre er sicherlich als Künstler hervorgetreten.

1962 war er in München Mitbegründer der Vereinigung „Zunft der Sonntagsmaler" und erregte auf verschiedenen Ausstellungen mit seinen Bildern Aufsehen. Im Rollstuhl sitzend, malte er am liebsten Bilder aus seiner ostpreußischen Heimat.

Dietrich von Saucken trotzte dem Schicksal, das ihn so unzählige Male schlug: 13 Verwundungen in zwei Kriegen, sein ältester Sohn war als Infanterieoffizier im Osten gefallen, er selbst durch die Spätfolgen der jahrelangen Gefangenschaft an den Rollstuhl gefesselt. Aber er blieb sich selber treu, ungebeugt und den Menschen verbunden.

Am 27. September 1980 verstarb Dietrich von Saucken im Alter von 88 Jahren in München und wurde auf dem Friedhof von München-Solln beigesetzt.

Das zähe Ringen der deutschen Wehrmacht um jeden Meter Boden in Ostpreußen gegen einen zahlenmäßig weit überlegenen Gegner ermöglicht vielen Frauen, Kindern und alten Menschen die Flucht über das zugefrorene Frische Haff nach Pillau, von wo aus die Flüchtlinge mit Schiffen in den Westen gelangen können.

Foto: BPK Berlin/Vinzenz Engel

Heinz-Wolfgang Schnaufer

Heinz-Wolfgang Schnaufer wurde am 16. Februar 1922 in Calw / Württemberg als erster Sohn eines Ingenieurs und Kaufmanns geboren.

Schnaufer trat schon als Kind und Jugendlicher unter seinen Alterskameraden hervor und lernte bereits mit fünf Jahren Schwimmen und Reiten. Im Alter von zehn Jahren rettete er einmal seinen jüngsten Bruder vor dem Ertrinken.

Seine schulischen Fähigkeiten konnte er unter anderem an der Nationalpolitischen Erziehungsanstalt (NAPOLA), die im Dritten Reich als Nachfolgerin der Kadettenanstalt galt, beweisen und jede Schulklasse als Bester beenden. Hier erwarb er das Reichsjugendsportabzeichen, den Grundschein der DLRG, das HJ-Leistungsabzeichen in Bronze und legte die B-Prüfung im Segelfliegen ab. Schon seine Mitschüler respektierten ihn als ihren unbestrittenen Anführer, der stets das Sagen hatte. Bereits im Alter von 14 Jahren wußte er, daß er einmal Offizier werden wollte. Schon vor Abschluß seiner Schulzeit bewarb sich der 17jährige Abiturient 1939 als Offiziersanwärter bei der Luftwaffe.

Im November 1939 bestand er als einer der Besten der NAPOLA in Potsdam das Abitur mit Auszeichnung.

Umfassende Ausbildung

Auch die Aufnahmeprüfung als Offiziersanwärter der Luftwaffe bestand er ohne Schwierigkeiten. Am 15. November 1939 trat der junge Mann in das Fliegerausbildungsregiment 42 in Salzwedel ein. Danach in die Schülerkompanie der Flugzeugführerschule Guben versetzt, hatte Schnaufer hier noch das Glück, eine vielseitige friedensmäßige Ausbildung mitzumachen, was ihm bei seinen späteren Fronteinsätzen sehr zugute kam.

Von August 1940 bis Mai 1941 lernte er an der Flugzeugführerschule Alt-Lönnewitz bei Torgau die Jagdfliegerei kennen, wurde auf Sturzkampfbomber geschult und erhielt eine Blindflugausbildung für Jäger und Zerstörer im Einzel- und Verbandsflug auf der Blindflugschule 2 in Neuburg an der Donau. Danach wurden seine Fähigkeiten auch noch auf der Nachtjagdschule in Schleißheim durch die Nachtblindflugausbildung und die taktische Einweisung in die Nachtjagd ergänzt. Am 1. April 1941 wurde Schnaufer zum Leutnant befördert.

Danach wurde der erst 19jährige zum Frontverband versetzt und kam zur II. Gruppe des Nachtjagdgeschwaders (NJG) 1 nach Venlo.

Das NJG 1 sollte im weiteren Verlaufe des Krieges die erfolgreichsten Nachtjäger hervorbringen. Flieger-Asse wie Helmut Lent, Werner Streib, Manfred Meurer, Hans-Joachim Jabs, Günther Radusch, Heinz Strüning, Walter Ehle und Martin Drewes gehörten zur Elite ihrer Waffengattung.

Erste Erfolge

In der Nacht vom 1. auf den 2. Juni 1942 erzielte der Nachwuchsflieger bei seinem 13. Einsatz seinen ersten Nachtabschuß. Dafür erhielten er und sein Bordfunker Friedrich Rumpelhardt am 2. Juni 1942 das Eiserne Kreuz 2. Klasse.

Jedoch war Schnaufer bei diesem Einsatz durch einen Steckschuß in die linke Wade verwundet worden. Nach seiner Wiedergenesung gelang es ihm binnen kurzer Zeit, fünf weitere Gegner abzuschießen. So konnte er am 1. August 1942 über Holland in einer Stunde drei Nachtabschüsse erzielen. Drei Siege in einer Nacht waren viel für einen Anfänger. Drei Nachtabschüsse beim zweiten Feindflug – das ließ aufhorchen. Für diese Leistung erhielt der Hoffnungsträger am 9. Juni 1942 das Eiserne Kreuz 1. Klasse.

Bis Ende 1942 hatte Schnaufer sieben Luftsiege erzielt. Im Sommer 1943 begann sein Aufstieg an die Spitze der Nachtjagdexperten.

In der Nacht vom 29. auf den 30. Mai 1943 schoß er zwei Gegner (Nr. 10–11) ab, am 28. auf den 29. Juni 1943 folgten wieder drei Abschüsse (Nr. 15–17).

Seinen 20. Abschuß erzielte er in der Nacht vom 8. auf den 9. Juli 1943. Schnaufer war immer noch Technischer Offizier. Nun bat er um Zuteilung als

Major Heinz-Wolfgang Schnaufer. Die Aufnahme aus dem Jahr 1944 zeigt ihn noch als Hauptmann mit den Brillanten. Zudem trägt er die Frontflugspange für Nahnachtjagdverbände in Gold.

Foto: Walter Frentz

Flugzeugführer in eine Staffel. Seine Vorgesetzten hatten seine Fähigkeiten erkannt. Da zu dieser Zeit personelle Umbesetzungen in der Nachtjagd stattfanden, konnte sein Wunsch berücksichtigt werden. Am 20. August 1943 erhielt der junge Draufgänger die 12. Staffel im NJG 1 in Quakenbrück.

Am 26. Juli 1943 erhielt Schnaufer den Ehrenpokal der Luftwaffe und am 16. August 1943 das Deutsche Kreuz in Gold.

Den 30. Nachtluftsieg erzielte er in der Nacht vom 8. auf den 9. Oktober 1943. In der Nacht vom 16. auf den 17. Dezember 1943 gelang es ihm – mit vier Abschüssen britischer Lancaster-Bomber – seine Erfolgbilanz auf 40 Luftsiege zu erhöhen.

Unaufhaltsame Siegesserie

Am 31. Dezember 1943 wurde Oberleutnant und Staffelführer Schnaufer mit dem Ritterkreuz ausgezeichnet. Von nun an begann seine unaufhaltsame Siegesserie an die Spitze aller Nachtjäger, und es verging kaum eine Nacht, in der er nicht mit einer oder gar mehreren Erfolgsmeldungen heimkehrte.

Sein 50. Nachtjagdsieg in der Nacht vom 15. auf den 16. Februar 1944 – in der er drei Abschüsse erzielte – war zugleich auch der 500. Luftsieg der IV. Gruppe des NJG 1, was entsprechend gefeiert wurde.

Ab 1. März 1944 übernahm Schnaufer als Nachfolger von Major Hans-Joachim Jabs, der nun als Nachfolger von Werner Streib das Geschwader als Kommodore führte, die IV. Gruppe des NJG 1 als Kommandeur und verlegte mit dieser am 17. März 1944 nach St. Trond / Belgien. Am 1. Mai 1944 wurde Schnaufer zum Hauptmann befördert.

In der Nacht vom 24. auf den 25. Mai 1944 erzielte Schnaufer bei einem britischen Luftangriff auf Aachen innerhalb von 14 Minuten fünf Abschüsse von britischen viermotorigen Bombern, und am 12. Juni schoß er bei Cambrai / Frankreich innerhalb von sieben Minuten drei britische Lancaster ab. Nach der Landung in St. Trond hatten die Waffenwarte festgestellt, daß für alle drei Abschüsse mit zwei Maschinenkanonen MK 108 insgesamt nur 18 Granaten verschossen worden waren. Dies dürfte wohl ein einzigartiger Rekord geblieben sein.

Bei einem alliierten Bombenangriff auf Lille / Frankreich in der Nacht vom 16. auf den 17. Juni 1944 fiel der 75. Gegner bei Arras brennend vom Himmel.

Nach 84 Nachtabschüssen erhielt Heinz-Wolfgang Schnaufer am 24. Juni 1944 als Hauptmann und Kommandeur der IV. Gruppe / NJG 1 das 507. Eichenlaub zum Ritterkreuz.

Nur knapp fünf Wochen später erzielte er in der Nacht vom 28. auf den 29. Juli 1944 seinen 87. bis 89. Luftsieg und erhielt dafür das 84. Eichenlaub mit Schwertern zum Ritterkreuz des Eisernen Kreuzes.

Mit seinen gerade mal 22 Jahren hatte Schnaufer bereits kriegsgeschichtlich einmalige Leistungen vollbracht und zählte jetzt zu den legendären Soldaten des II. Weltkrieges. Doch diese Leistungen erzielte er nicht alleine. Mit seiner Besatzung bildete er eine verschworene Gemeinschaft, die ganz wesentlich zu seinen Erfolgen beitrug. Als eine der wenigen Kampfgemeinschaften des Krieges trugen sie alle das Ritterkreuz.

So erhielten sein Bordschütze Oberfeldwebel Wilhelm Gänsler und sein Bordfunker Leutnant Friedrich Rumpelhardt beide am 27. Juli 1944 diese Auszeichnung.

Nachtgespenst von St. Trond

Die Schwerter zum Eichenlaub erhielt Schnaufer vom Obersten Befehlshaber persönlich ausgehändigt, als er am 2. August 1944 zur Entgegennahme des Eichenlaubes im Führerhauptquartier weilte.

Der britische Nachrichtendienst war über den Ausnahmeflieger, der Nacht für Nacht ihre Maschinen aus den Bomberströmen herausschoß,

bestens informiert. Von seinen britischen Gegnern wurde er respektvoll das „Nachtgespenst von St. Trond" genannt. Für den „Bomberschreck Schnaufer" hatten sich die Briten dann auch etwas ganz Besonderes ausgedacht. Sie setzten ganze Schwärme von „Mosquito"-Nachtjägern gegen ihn und seine Staffeln ein. Sie wollten ihn noch vor dem Start erwischen und die Rollbahn mit Bomben zerstören. Doch diese Taktik schlug fehl. Obwohl die Briten sogar Agenten ansetzten, um herauszubekommen, wo Schnaufer sich befand, kamen die „Mosquitos" immer zu spät. Entweder war er bereits in der Luft oder aber er hatte einen anderen Platz ausgewählt.

100. Nachtjagdsieg

Anfang September 1944 verlegte die Gruppe nach Dortmund-Brakel, und am 23. September 1944 gelangen dem Flieger-As wieder vier Abschüsse innerhalb von 32 Minuten, diesmal über dem Grenzgebiet auf der Höhe Arnheim–Rheine.

In fünf aufeinanderfolgenden Nächten schoß Schnaufer jeweils vier viermotorige Bomber ab und errang so in der Nacht vom 9. auf den 10. Oktober 1944 seinen 100. Nachtjagdsieg, davon 92 über viermotorige Bomber. Dafür erhielt Heinz-Wolfgang Schnaufer am 16. Oktober 1944 als Hauptmann und Kommandeur der IV. Gruppe/NJG 1 das 21. Eichenlaub mit Schwertern und Brillanten zum Ritterkreuz des Eisernen Kreuzes.

In der Nacht vom 6. auf den 7. November 1944 schoß Schnaufer innerhalb von 15 Minuten drei weitere Lancaster-Bomber ab und verzeichnete damit seinen 101. bis 103. Nachtjagdsieg.

Am 20. November 1944 wurde er zum Kommodore des NJG 4 in Gütersloh ernannt. Schon am 22. November flog er mit seiner Besatzung von dort aus den ersten Einsatz im Raum Dortmund und erkämpfte gleich zwei Luftsiege. Das NJG 4 war am 1. Mai 1942 mit der Aufgabe aufgestellt worden, zunächst Süddeutschland vor den beginnenden nächtlichen Großangriffen zu schützen.

In Gütersloh war neben dem Geschwaderstab auch die II. Gruppe stationiert. Die I. Gruppe lag in Frankfurt/Main und die III. Gruppe in Kassel-Rothwesten.

Damit war der 22jährige Schnaufer nun Geschwaderkommodore. Mit Wirkung vom 1. Dezember 1944 wurde er zum Major befördert.

Eine Nachtjagdmaschine vom Typ Messerschmitt Bf 110 G-4 der I. Gruppe des Nachtjagdgeschwaders 4 bei einer Erprobungsstelle der Reichsluftwaffe. Hier werden alle möglichen neuen technischen Errungenschaften in die Maschinen eingebaut und erprobt. Im Vordergrund ist Oberstleutnant Alfred Helm, Leiter der Erprobungsstelle für Nachtjagdverfahren, zu sehen.

Foto: BPK Berlin/Michael Sobotta

Doch mit der Übernahme des Geschwaders wechselte auch sein Aufgaben- und Verantwortungsbereich enorm, so daß er nicht mehr jede Nacht zum Feindflug starten konnte. Er mußte die einzelnen Gruppen besuchen, Einsatzbesprechungen abhalten und den „Papierkrieg" erledigen. Trotzdem ließ er sich nicht davon abhalten, weitere Einsätze zu fliegen.

In seiner Dienststellung als Geschwaderkommodore erfüllte er sich aber auch einen Wunsch: Er wollte unbedingt die Messerschmitt Bf 110 mit den vier nach oben gerichteten 2 cm-Kanonen – später als „schräge Musik" bekanntgeworden – selbst im Einsatz fliegen. Auf eigene Veranlassung ließ er sich eine solche Maschine zusammenbauen und flog kurz darauf seinen ersten Einsatz.

Am 27. November 1944 flog die Besatzung nach Berlin, wo Schnaufer vom Obersten Befehlshaber persönlich die Brillanten überreicht bekam.

Nach den Fotoaufnahmen durch Hitlers Fotografen Heinrich Hoffmann und einem Besuch bei Oberst Nicolaus von Below – dem Verbindungsoffizier zur Luftwaffe im Führerhauptquartier – kehrte die Besatzung nach einer kleinen Feier am dritten Tag nach Gütersloh zurück.

Mit seinem 106. Abschuß am 12./13. Dezember 1944 setzte sich Schnaufer an die Spitze der deutschen Nachtjäger. Somit hatte er sogar den bis dahin führenden Nachtjäger Helmut Lent übertroffen.

Bei Göring in Carinhall

Am 8. Februar 1945 wurde Schnaufer in das Hauptquartier des Oberbefehlshabers der Luftwaffe, Reichsmarschall Hermann Göring, nach „Carinhall" befohlen. Dieser hatte ihm gegenüber seine Absicht kundgetan, ihn zum neuen Inspekteur der Nachtjagd zu ernennen. Diese Position hatte zu jener Zeit jedoch Oberst Werner Streib inne. Schnaufer wehrte sich gegen dieses Vorhaben, da es gegen sein Naturell war, einen seiner besten Freunde und Mentoren aus seiner Position zu verdrängen. Schnaufer, der seine Ablehnung damit begründete, daß er lieber sein Wissen und seine ganze Kraft weiterhin im Einsatz einbringen wolle, konnte Göring davon überzeugen, ihn auf seinem jetzigen Posten zu belassen.

Am 16. Februar 1945 feierte Schnaufer mit Kameraden seinen 23. Geburtstag, als ihm eine ganz besondere Ehre zuteil wurde: Als am Abend im Offizierkasino der Rundfunkempfänger lief und ein Offizier den verbotenen Soldatensender Calais eingeschaltet hatte, wurden Schnaufer von britischer Seite Glückwünsche übermittelt. Eine fließend deutsch sprechende Stimme ertönte: „Hallo, Kameraden des vierten Nachtjagdgeschwaders in Gütersloh! Sie wissen, Herr Major, daß unsere Bomberbesatzungen Ihnen den Ehrentitel ‚Nachtgespenst' verliehen haben. Wir bemühen uns, fair zu sein. Wir achten den Gegner. Und weil wir wissen, daß auch Ihr Einsatz fair ist, schätzen wir Sie. An diesem Ihrem Geburtstag spielt für Sie die Tanzkapelle der BBC den Schlager ‚Das Nachtgespenst, das Nachtgespenst, es geht in unserem Schloß herum'."

Die schweren Einsätze gingen weiter, und in der Nacht vom 21. auf den 22. Februar 1945 errang Schnaufer seinen bisher größten Erfolg, als er bei einem britischen Großangriff auf Berlin innerhalb von nur 26 Minuten acht Lancaster-Bomber abschießen konnte. Bei einem zweiten Einsatz schoß er zwei weitere Bomber ab und hatte damit in einer Nacht eine ganze Staffel britischer Bomber allein abgeschossen.

Einsatz trotz Feindflugverbot

Nachdem er vom 7. auf den 8. März 1945 seinen 119. bis 121. Nachtjagdsieg errungen hatte, erhielt Schnaufer Feindflugverbot. Die Führung wollte seine Erfahrungen und Fähigkeiten nicht mehr aufs Spiel setzen.

Hauptmann Schnaufer steht zwischen seinem Bordfunker Leutnant Friedrich Rumpelhardt (links) und seinem Bordschützen Oberfeldwebel Wilhelm Gänsler. Auf dieser Aufnahme vom Sommer 1944 tragen beide das Ritterkreuz, das Deutsche Kreuz in Gold sowie die Frontflugspange für Nahnachtjagdverbände in Gold.

Statt dessen erprobte er die legendäre Dornier Do 335 für den Nachteinsatz. In der Nacht vom 19. auf den 20. April 1945 flog Schnaufer – trotz Verbots – seinen letzten Einsatz.

Bei Kriegsende geriet Schnaufer in britische Kriegsgefangenschaft. Endlich hatten die britischen Vernehmungsoffiziere den Mann vor sich, der so viele ihrer Bomber abgeschossen hatte. Von seinen 121 Nachtabschüssen, die er auf nur 164 Feindflügen erzielte, waren insgesamt 114 viermotorige Bomber.

Seine Messerschmitt Bf 110 G-4/U8 wurde im Londoner Hyde Park aufgestellt und konnte dort wochenlang von tausenden Interessierten bestaunt werden. Auf einem Schild war zu lesen: „Diese Maschine flog der erfolgreichste Nachtjäger der Welt, der 23jährige Major Heinz-Wolfgang Schnaufer."

Aufbauleistung nach dem Krieg

Bereits im November 1945 wurde der gefeierte Flieger nach einer Erkrankung aus der Kriegsgefangenschaft entlassen. Danach übernahm Schnaufer die Firma seines Vaters im Schwarzwald und baute sie mit Willenskraft und Tatendrang zu einem bedeutenden Unternehmen aus. Ehemalige Angehörige des NJG 4, die nicht in ihre ostdeutsche Heimat zurückkehren konnten, fanden im Betrieb eine Stelle.

Während einer Geschäftsfahrt in Frankreich verunglückte Heinz-Wolfgang Schnaufer auf einer Landstraße zwischen Biarritz und Bordeaux bei einem von ihm unverschuldeten Autounfall und verstarb zwei Tage später – am 15. Juli 1950 – an den Folgen der schweren Verletzungen.

Noch nie sah Calw so viele Menschen einem Toten das letzte Geleit geben wie am Tag seiner Beisetzung, als Tausende dem prominenten Sohn der Stadt die letzte Ehre erwiesen. Sogar eine Hauptstraße wurde nach ihm benannt.

Auf der Grabtafel an der Familiengrabstätte steht:

Hier ruht der beste und nie besiegte
Nachtjäger des 2. Weltkrieges

Major und Geschwaderkommodore
Heinz-Wolfgang Schnaufer
1922–1950

Foto: Walter Frentz

Ferdinand Schörner

Ferdinand Schörner wurde am 12. Juni 1892 in München als Sohn eines Polizeioberinspektors geboren.

Nach vier Jahren Volksschule besuchte Schörner das Münchner Luitpold-Gymnasium und bestand dort 1911 das Abitur. Das sicherte ihm das Recht, sich den Truppenteil für eine einjährige freiwillige Wehrdienstzeit auszuwählen, um sich dort zum Reserveoffizier ausbilden zu lassen. So trat er 1911 in das Bayerische Infanterie-Leibregiment in München ein. Anschließend studierte er ab 1912 sechs Semester an den Universitäten München, Grenoble und Lausanne Philosophie und Neuere Sprachen mit dem Ziel, einmal Lehrer an Höheren Schulen zu werden. In den Semesterferien meldete er sich zu Reserveübungen oder reiste zu praktischen Sprachstudien ins Ausland und legte schließlich noch Dolmetscherprüfungen in Französisch und Italienisch ab.

Doch der Ausbruch des Ersten Weltkrieges beendete sein Studium, denn am 1. August 1914 mußte Schörner als Vizefeldwebel der Reserve und Zugführer zur 12. Kompanie seines Regiments einrücken, wo er bereits am 29. November 1914 zum Leutnant der Reserve – mit einer Vorpatentierung auf Juni 1913 – befördert wurde und bald darauf eine Kompanie übernahm. In allen Kämpfen, an denen er mit seiner Kompanie teilnahm, bewies Schörner außergewöhnliche Tapferkeit und erhielt am 22. Dezember 1914 das EK II.

Erstürmung des Monte Kolovrat

Im Juni 1916 wurde er bei Verdun verwundet und kam in ein Heimatlazarett nach München. Als sein Regiment nach Rumänien verlegt wurde und auf dem Transport München berührte, entließ er sich selbst aus dem Lazarett und schloß sich seinem Regiment wieder an. In Rumänien konnte er mit einer verstärkten Kompanie während der Schlacht von Hermannstadt/Rumänien den Roten Turm-Paß sperren und dadurch großen Teilen der aus Siebenbürgen nach Rumänien zurückflutenden rumänischen 1. Armee den Rückweg verlegen. Am 27. Januar 1917 erhielt Ferdinand Schörner das EK I.

Danach in Italien im Einsatz, brach er, aus eigenem Entschluß, mit seiner Kompanie während der 12. Isonzo-Schlacht am 24. Oktober 1917 bei Tolmein durch und nahm im Handstreich den Monte Kolovrat. Mit so einem Erfolg hatte das deutsche Oberkommando nicht gerechnet und sich statt dessen auf einen langen und harten Kampf eingestellt. Für seine hervorragende Leistung erhielt Ferdinand Schörner am 5. Dezember 1917, als Leutnant der Reserve und Führer der 12. Kompanie des Bayerischen Infanterie-Leibregiments, den preußischen Orden Pour le Mérite.

Von der Südfront wieder an die Westfront verlegt, wurde Schörner vor Reims erneut schwer verwundet. Im März 1918 wurde er in den aktiven Dienst übernommen und zum Oberleutnant befördert. Aber noch einmal machte der dreimal schwerverwundete Oberleutnant Schörner auf sich aufmerksam, als er im April 1918 an der Erstürmung des Kemmelberges in Flandern großen Anteil hatte. Das Kriegsende erlebte er im Südosten, wo seine Einheit als letzte Serbien räumte.

Sturmfahrt auf Lemberg

Nach dem Krieg 1918 kämpfte er im Freikorps Epp im Ruhrgebiet und in Oberschlesien, wurde Kompanieführer im Jägerbataillon 21 und 1920 in das Infanterieregiment Nr. 19 des Hunderttausend-Mann-Heeres übernommen.

1922 bestand Schörner die Führergehilfenausbildung, wurde zur weiteren Ausbildung beim Wehrkreiskommando VII nach München einberufen und war dort von 1923 bis 1926 Führergehilfe. Seine Generalstabsausbildung beendete er im Reichswehrministerium, avancierte am 1. Juli 1926 zum Hauptmann und wurde anschließend Chef der 16. Kompanie des Infanterieregiments Nr. 19 in Landshut und beim Jägerbataillon 19 in Kempten. 1931 stellte ihn die Reichswehr als ersten deutschen Offizier zur Dienstleistung als Dolmetscher bei den italienischen Alpentruppen ab. Aus Italien zurückgekehrt, lehrte er Taktik an der Infanterieschule Dresden. 1934 übernahm Schörner als Major die Leitung der Gruppe 4 in der III. Abteilung des Generalstabes (Abteilung Fremde Heere). Hier oblag ihm die Bearbeitung der Angelegenheiten im Süden und Südosten.

Am 1. März 1937 zum Oberstleutnant befördert, kehrte Schörner am 1. Oktober 1937 als Kommandeur des Gebirgsjägerregiments 98 der 1. Gebirgsdivision in Mittenwald zur Truppe zurück und nahm – am 27. August 1939 zum Oberst befördert – mit dem Regiment im September 1939 am Polenfeldzug teil. Hier machte er bereits durch die berühmt gewordene „Sturmfahrt auf Lemberg" von sich reden. Mit einer motorisierten Vorausabteilung seiner Gebirgsjäger jagte er damals mitten durch die polnische Armee in die galizische

Generalfeldmarschall Ferdinand Schörner. Die Aufnahme zeigt ihn noch als Generaloberst mit dem preußischen Orden „Pour le Mérite".

Foto: Walter Frentz

Hauptstadt Lemberg und versperrte den Nachhuten der polnischen Südarmee in neuntägigen schweren Kämpfen den Ausbruch nach Süden. Am 12. September 1939 erhielt Ferdinand Schörner die Wiederholungsspange zum EK II von 1914 und am 20. September 1939 jene zum EK I.

Hissen der Flagge auf der Akropolis

Im Westfeldzug vom Mai 1940 überschritt sein Regiment im Rahmen des XVIII. Armeekorps als erste deutsche Einheit die Maas. Ende Mai 1940 wurde Schörner mit der Führung der neuaufgestellten 6. Gebirgsdivision beauftragt und stieß mit ihr durch die Vogesen in Richtung St. Die. Nach dem Ende des Westfeldzuges erfolgte am 1. August 1940 seine Beförderung zum Generalmajor.

Mit seiner 6. Gebirgsdivision kämpfte Schörner im April 1941 auf dem Balkan, wo sie ihre eigentliche Bewährungsprobe erhielt, und zeichnete sich auch hier in hervorragender Weise aus. Bereits am ersten Feldzugstag erzwang er mit seiner Division den Durchbruch durch die von den Griechen hartnäckig verteidigte Metaxaslinie und drang – zum Teil auf unwegsamen Strecken – durch das Olymp-Gebirge bis auf Athen vor. Dafür erhielt Ferdinand Schörner am 20. April 1941, als Generalmajor und Kommandeur der 6. Gebirgsdivision, das Ritterkreuz des Eisernen Kreuzes. Seine Division war es, die als erste die Reichskriegsflagge auf dem Olymp und am 27. April 1941 auf der Akropolis in Athen hißte.

Im Herbst 1941 wurde die 6. Gebirgsdivision zur Ablösung der 2. und 3. Gebirgsdivision aus dem sonnigen Griechenland an die eisige Murmansk-Front verlegt. Jetzt befand sich Schörner im Kampf gegen die Sowjetunion. Bisher standen hier nur zwei abgekämpfte deutsche Divisionen unter unvorstellbaren polaren Witterungs- und Geländeschwierigkeiten überlegenen sowjetischen Verbänden gegenüber. Mit seiner Division stabilisierte er die Lage.

Der „wilde Ferdinand"

Nun zeigte er beispielhaft seine rücksichtslose Entschlossenheit und nach vorne drängende Tatkraft, die sich gerade in Krisenlagen immer wieder bewährten. Wo ein Loch in der Front auftauchte und die Nachschubverbindungen bedroht waren, führte er persönlich rückwärtige Teile, Trosse und

Stabspersonal mit dem Karabiner nach vorn und befehligte Entlastung bringende Gegenstöße. Ferdinand Schörner war unkompliziert, rücksichtslos, grob, scharf und streng nach unten, furchtlos nach oben und persönlich außergewöhnlich tapfer. Am 27. Januar 1942 zum Generalleutnant befördert, war er aufgrund dieser Eigenschaften bereits als hervorragender „Krisenmanager" bekannt.

Am 2. Februar 1942 übernahm Schörner als Nachfolger von Generaloberst Eduard Dietl die Führung des XIX. Gebirgskorps im äußersten Norden Rußlands – an der Eismeerküste – und hielt hier die Front in einem Stellungskrieg einigermaßen stabil. Am 1. Juni 1942 wurde er – unter gleichzeitiger Beförderung zum General der Gebirgstruppe – Kommandierender General des XIX. Gebirgskorps. Schon damals eilte ihm der Ruf voraus, ein äußerst strenger und harter Truppenführer zu sein. Er wurde zum Schrecken der Rückwärtigen Dienststellen, wenn er Kontrollen durchführte, Offiziere absetzte und Stabsoffiziere an die Front jagte, so daß er bald als der „wilde Ferdinand" bekannt war. Seine Devise lautete: „Alles für die Fronttruppe – denn wer vorne kämpft und sein Leben einsetzt, hat das Recht, gut verpflegt und ausgerüstet zu werden."

Anfang Oktober 1943 ernannte ihn Hitler zum Kommandierenden General des XXXX. Panzerkorps im Brückenkopf Nikopol in der Ukraine. Dort standen mehrere deutsche Divisionen in Gefahr, von den Sowjets eingekesselt und vernichtet zu werden. Hitler sah in Schörner den kompromißlosen „Steher" und einen Rettungsanker für den Süden der Ostfront. Dort wehrte Schörner Ende 1943 bis Mitte Februar 1944 im Brückenkopf von Nikopol alle sowjetischen Angriffe ab und konnte einen Einbruch und die Gefahr der Einschließung beseitigen. Dabei durfte Schörner auch zurückgehen, wenn er dies militärisch für geboten hielt; denn Hitler wußte: Wenn ein Schörner zurückgeht, ist dies alternativlos.

Am 27. April hißte eine Vorausabteilung der von Generalmajor Schörner geführten 6. Gebirgsdivision die Reichskriegsflagge auf der Akropolis in Athen. Das Bild zeigt einen Appell der italienischen Verbündeten auf der Akropolis im Mai 1941. V.l.n.r. wehen die deutsche Reichskriegsfahne sowie die italienische und griechische Staatsfahne.

Tatsächlich befreite er so seine Truppen aus der gefährlichen Umklammerung im Brückenkopf von Nikopol und konnte dabei auch noch alle Verwundeten mitnehmen – ein Umstand, der ihm den Dank der Frontsoldaten einbrachte. Dafür erhielt Ferdinand Schörner am 17. Februar 1944, als General der Gebirgstruppe, für seine Leistungen als Kommandierender General des XXXX. Panzerkorps das 398. Eichenlaub zum Ritterkreuz des Eisernen Kreuzes.

Nach der Wiedereinnahme der niederschlesischen Stadt Lauban am 6. März 1945 begrüßt der Oberbefehlshaber der Heeresgruppe Mitte, Generaloberst Schörner, auf dem Marktplatz der Stadt Reichspropagandaminister Dr. Joseph Goebbels.

Schörner schien Hitler dafür geeignet, erster Chef des NS-Führungsstabes im Oberkommando der Wehrmacht (OKW) zu werden, welcher die Aufgabe hatte, mit sogenannten NS-Führungsoffizieren die Truppe politisch zu schulen. Doch nur rund 14 Tage lang hatte Schörner diesen Posten inne, denn er scheute sich nicht davor, sich auch mit dem Reichsleiter der NSDAP Martin Bormann anzulegen, und lehnte jede Einflußnahme der Partei entschieden ab. Also kehrte Schörner wieder an die Front zurück und übernahm ab dem 2. März 1944 den Oberbefehl über die 17. Armee und ab dem 30. März 1944 – als Nachfolger des abgesetzten Generalfeldmarschalls von Kleist – jenen über die Heeresgruppe Süd und wurde am 1. April 1944 zum Generaloberst befördert.

Schörner setzte bei Hitler durch, was von Kleist verweigert worden war: die Räumung des Gebietes um Odessa, wodurch die Einkesselung der neuen 6. Armee verhindert und der Aufbau einer neuen Abwehrfront am Dnjestr ermöglicht wurde. Bis zum Sommer 1944 führte er die Heeresgruppe in schweren Rückzugskämpfen nach Rumänien, wo er eine neue Abwehrfront aufbaute.

Meisterhaft geführter Rückzug

Danach wurde Schörner von Hitler am 20. Juli 1944 als „Krisenmanager" und Oberbefehlshaber der Heeresgruppe Nord in den Nordabschnitt der Ostfront berufen, wo sich auf der Linie Dünaburg–Pleskau–Narwa 22 abgekämpfte deutsche Divisionen gegen eine starke Übermacht zu behaupten hatten. Die Heeresgruppe war am 30. Juli 1944 durch den sowjetischen Vorstoß bei Tukkum an den Rigaer Meerbusen von den anderen deutschen Verbänden abgeschnitten worden. Zwar konnte die Verbindung am 20. August 1944 noch einmal hergestellt werden, doch die mit großer Übermacht geführte sowjetische Herbstoffensive zwang Schörner zur beinahe „fluchtartigen" Räumung Estlands und der baltischen Inseln. Mit geschickter Kampftaktik führte er die nördlich Riga–Dünaburg stehende 16. Armee und die Armee-Abteilung Narwa durch den Flaschenhals bei Riga nach Kurland zurück. Auch bei der Räumung der Insel Ösel bewahrte er 20.000 Soldaten vor dem sicheren Untergang. Alle Truppenteile wurden bis auf den letzten Mann gerettet, und das gesamte Material konnte geborgen werden. Der sowjetische Durchbruch auf Memel Anfang Oktober 1944 führte zur Einschließung der Heeresgruppe Nord in Kurland. Dort gliederte Schörner die Heeresgruppe neu und verhinderte in drei erbitterten Kurland-Schlachten ein Zusammenbrechen der stark bedrängten deutschen Abwehrfront. Für seine dabei bewiesenen Führungsleistungen erhielt Ferdinand Schörner am 28. August 1944, als Generaloberst und Oberbefehlshaber der Heeresgruppe Nord, das 93. Eichenlaub mit Schwertern zum Ritterkreuz des Eisernen Kreuzes und bereits drei Monate später – am 1. Januar 1945 – das 23. Eichenlaub mit Schwertern und Brillanten zum Ritterkreuz des Eisernen Kreuzes.

Am 20. Januar 1945 mußte Schörner als Oberbefehlshaber die Heeresgruppe Mitte übernehmen, die nach dem Beginn der großen sowjetischen Winteroffensive am 12. Januar 1945 aus dem Baranow-Brückenkopf heraus vor ihrer Vernichtung stand. Es gelang Schörner, seine Truppen in schweren Rückzugskämpfen nach Westen zu führen und an der Oder eine neue Abwehrfront aufzubauen. Um das Industriegebiet von Mährisch-Ostrau in Schlesien zu retten, verteidigte er dieses mit seinen Truppen in einer 20tägigen Schlacht und brachte den Sowjets eine schwere Niederlage bei. Der sowjetische Vormarsch wurde zeitweilig gestoppt und verlangsamt, so daß sich Hunderttausende von Flüchtlingen aus Schlesien einigermaßen sicher in Richtung Westen retten konnten.

Am 5. April 1945 wurde Ferdinand Schörner von Hitler zum Generalfeldmarschall befördert und – in Hitlers politischem Testament – am 30. April 1945 zum Oberbefehlshaber des Heeres ernannt.

Doch die bedingungslose Kapitulation machte allem ein Ende. Am 9. Mai 1945 flog Schörner in Zivil mit einem Fieseler „Storch" nach Mittersill/Tirol, angeblich, um den Auftrag zu befolgen, dort eine deutsche „Alpenfestung" aufzubauen, doch später wurde ihm zum Vorwurf gemacht, daß er nicht bei seinen Soldaten geblieben war und sich nicht mit ihnen zusammen in Kriegsgefangenschaft begeben hatte. Als Schörner feststellte, daß es in Tirol keine militärischen Aufgaben für ihn gab, stellte er sich am 15. Mai 1945 den US-Amerikanern und wurde von ihnen Ende Mai 1945 an die Sowjets ausgeliefert.

Kerker und Isolationshaft

Es folgten zehn schwere Jahre in Gefangenenlagern und Gefängnissen. Nach kurzem Aufenthalt im Sammellager Krasnogorsk wurde er von August 1945 bis Herbst 1954 in sowjetischen Strafanstalten völlig von der Umwelt isoliert.

1947 saß er im Moskauer KGB-Gefängnis Lubjanka ein, wo er innerhalb eines Jahres nur etwa 20mal an die frische Luft durfte. 1949 schaffte man ihn ins Gerichtsgefängnis Lefortowo, dann in die Strafanstalt Butyrskaja, wo er einige Male in den berüchtigten „Kältekeller" geworfen wurde. 1952 verurteilte ihn ein Moskauer Gericht zu 25 Jahren Haft in einem „Besserungslager".

Nach der Urteilsverkündung lebte Schörner mehrere Monate lang zusammen mit 35 Schwerverbrechern in einer Zelle und wurde vom Sommer 1952 bis November 1954 200 Kilometer östlich von Moskau eingekerkert. Hier wurde er wegen seines Eintretens für Mitgefangene wiederholt mit Nahrungsentzug bestraft; und im Winter 1953/54 bekam er keine Winterkleidung, nur Leinenwäsche und die übliche Häftlingskleidung. Erst im Januar 1954 erhielt Schörner die erste Post und erfuhr, daß seine Frau und sein ältester Sohn bereits 1949 durch Freitod aus dem Leben geschieden waren.

Nachdem er bei seiner Entlassung aus sowjetischer Kriegsgefangenschaft im Januar 1955 das Angebot, Generalinspekteur der „DDR"-Volksarmee zu werden, ausgeschlagen hatte, kehrte er am 28. Januar 1955 in die Heimat nach Bayern zurück. Doch da setzte auch schon eine – aus dem Osten gesteuerte – Hetzkampagne und Diffamierungswelle gegen ihn ein.

Diffamiert in der Heimat

Die gegen ihn erhobenen mannigfachen Anschuldigungen reduzierten sich schließlich auf zwei Anklagepunkte. Am 15. Oktober 1957 wurde er vom Münchner Schwurgericht – unter anderem wegen Totschlags (er hatte einen pflichtvergessenen deutschen Soldaten angeblich ohne Verhandlung standrechtlich erschießen lassen) – zu viereinhalb Jahren Gefängnis verurteilt, von denen er zwei Jahre in Landsberg verbringen mußte, ehe er 1960 entlassen wurde. Nach einem Sondergesetz („Lex Schörner") erkannte man ihm seine Pension ab; er war nun völlig mittellos. Etliche seiner ehemaligen Soldaten schickten ihm Geld und Lebensmittel, und so überstand er die schlimmste Zeit. Zurückgezogen lebte Ferdinand Schörner in München, wo er am 2. Juli 1973 an den Folgen eines Schlaganfalls verstarb.

Er war ein äußerst strenger, harter, furchtloser Truppen- und Heerführer, der sich aber auch durch persönliche Tapferkeit, Entschlußkraft und eine hervorragende taktische Begabung auszeichnete. Seine letzte Ruhestätte fand er in seiner alten ehemaligen Garnison Mittenwald.

General der Gebirgstruppe Ferdinand Schörner (1942), Zeichnung von Wolfgang Willrich (1897–1948)

Adelbert Schulz

Adelbert Schulz wurde am 20. Dezember 1903 in Berlin als Sohn eines städtischen Beamten geboren. Nach dem Abitur an einem Berliner Realgymnasium erlernte Schulz zuerst das Bankfach und besuchte anschließend von 1923 bis 1924 die Handelshochschule. Im Dezember 1925 trat er als Polizeianwärter in die preußische Polizei ein, wurde 1927 nach abgeschlossener Ausbildung zum Polizeiwachtmeister befördert und avancierte schließlich am 20. April 1934 zum Polizeileutnant.

Das Berliner Stadtschloß. Gegenüber vom Westportal erhebt sich das zu Ehren von Kaiser Wilhelm I. geschaffene Nationaldenkmal (rechts).

Am 1. Oktober 1935 wurde er als Oberleutnant in die Wehrmacht übernommen, wo man ihn zunächst einer Panzerabwehrabteilung zuteilte.

Feuertaufe in Polen

Am 12. Oktober 1937 wurde Schulz zum Chef der 1. Kompanie des Panzerregiments 25, der 2. leichten Division, ernannt und 1938 zum Hauptmann befördert. Mit seiner Kompanie nahm er 1938 am Einmarsch in Österreich teil und zog schließlich mit ihr am 1. September 1939 in den Krieg. In der Schlacht um Radom erhielt Schulz seine Feuertaufe.

Nach dem Polenfeldzug wurde die 2. leichte Division im Winter 1939/40 zur 7. Panzerdivision umgebildet und erhielt ab 5. Februar 1940 Generalmajor Erwin Rommel als neuen Kommandeur. Der Pour-le-Mérite-Träger Oberst Karl Rothenburg übernahm den Befel über das Panzerregiment 25.

Im Westfeldzug ab 10. Mai 1940 zeichnete sich Schulz durch seine Entschlossenheit und seine bei der Truppe vertrauenerweckende Ruhe aus. So kam er dem von feindlichen Panzern im Rücken angegriffenen Schützenregiment 7 bei Sommieres zu Hilfe und drängte den Gegner zurück.

Bei Philippeville gelang es Schulz in kurzer Zeit, 19 schwere und 14 leichte Feindpanzer abzuschießen. Am 15. Mai 1940 konnte die 7. Panzerdivision große Erfolge aufweisen: 450 französische Soldaten wurden gefangengenommen, 75 Panzer und 18 Geschütze vernichtet oder erbeutet sowie drei Flugzeuge abgeschossen. Noch am selben Abend begab sich Divisionskommandeur Rommel zur 1. Panzerkompanie, um sich bei Hauptmann Schulz für seinen hervorragenden Einsatz bei Philippeville persönlich zu bedanken.

Bei Hersin–Barlin wehrte Schulz einen Angriff gegnerischer Panzer ab, die bereits in deutsche Stellungen eingedrungen waren, vernichtete drei dieser Panzer und veranlaßte den Rest zum Rückzug.

Verfolgungskämpfe im Westen

Bei Hescamps gelang es ihm, 300 Franzosen gefangenzunehmen, eine Artillerieabteilung und ein Pionierbataillon zu überrennen und zehn französische Panzer sowie einhundert Lastwagen zu erbeuten.

Bald schon konnte Generalmajor Rommel seinem Panzeroffizier das Eiserne Kreuz 1. Klasse überreichen und ihn schließlich für seinen Einsatz bei Sommieres zum Ritterkreuz vorschlagen.

Am 6. Juni 1940 zum Führer der I. Abteilung des Regiments ernannt, stürmte Schulz mit seinen Panzern der Truppe weit voraus, sperrte am 7. Juni mit seiner gepanzerten Gruppe die Straße Dieppe–Paris bei Saumont, überrannte dabei belgische, französische sowie britische Stellungen und ermöglichte dadurch den schnellen Durchbruch nach Cherbourg.

Am 8./9. Juni 1940 stürmte die 7. Panzerdivision in Richtung Rouen und eroberte im raschem Zugriff die Seine-Brücken bei Tourville und Elbeuf. Am 10. Juni stießen die gepanzerten Einheiten der 7. Panzerdivision über Rouen hinaus bis ans Meer bei Veulettes. Bei Fécamp wurde eine aufmarschierende französische Division aufgerieben, danach konnte die Hafenstadt umfaßt werden, so daß der Verkehr in Richtung Le Havre

Generalmajor Adelbert Schulz. Die Aufnahme vom 9. Januar 1944 zeigt ihn nach Beförderung und Überreichung der Brillanten mit seinem neuen Dienstgrad.

Foto: Walter Frentz

unterbunden war. Am folgenden Tag, wurde Fécamp genommen, anschließend stieß die Division an der Küste entlang bis St. Valery vor. Das Feuer von den Panzern der Kompanie Schulz verhinderte die bereits im Gang befindliche Einschiffung des Gegners und zwang ihn nach hartem Kampf zur Aufgabe. Auch am 12. Juni 1940 gelang es, die französischen und englischen Truppen an der Einschiffung zu hindern. Sogar die abfahrbereiten Transportschiffe konnten gestoppt oder ihr Auslaufen verhindert werden. In schnellem Tempo rollten die Panzer auf der Küstenstraße in Richtung Le Havre. Voraus meistens die 1. Kompanie unter Hauptmann Adelbert Schulz, der als erster am Gegner sein wollte.

Einnahme der Festung Cherbourg

Le Havre fiel ihr am 15. Juni 1940 kampflos in die Hände. Schulz machte an diesem Tag große Beute. Zahlreiche Küsten- und Flakbatterien wurden erbeutet. Am 16. Juni 1940 überschritt die Division bei Rouen die Seine und setzte am nächsten Tag die Verfolgung des weichenden Gegners in Richtung Cherbourg fort. An diesem Tag, dem 17. Juni 1940, legte die 7. Panzerdivision 250 Kilometer zurück. Am 18. Juni erreichte das Panzerregiment 25 die Höhen in der Nähe des Kriegshafens Cherbourg. Einen Tag später kapitulierte die Festung nach heftigen Kämpfen.

Für hervorragende Leistungen seines Panzerverbandes vor dem Feind und für sein persönliches todesmutiges Verhalten erhielt Hauptmann Adelbert Schulz am 29. September 1940 das Ritterkreuz.

In der Verleihungsbegründung hieß es u.a.: *„Bei insgesamt 17 Panzerangriffen hat Hauptmann Schulz seine Kompanie und später die I. Abteilung/Panzerregiment 25 geführt und vor allem durch persönliche Tapferkeit und ausgezeichnete Führung seines Verbandes gemeinsam mit der Truppe Leistungen vollbracht, die von schlachtentscheidender Bedeutung waren, nicht nur für die 7. Panzerdivision.*

Besonders am 14./15. Mai hatte er die kritisch gewordene Lage im Brückenkopf Dinant in schweren Kämpfen durch seine vorbildliche, kaltblütige Haltung wiederhergestellt. Das Gleiche galt für den Einsatz am 23. Mai im Raume Hersin, wo er die Lücke schloß und den Gegner durch Gegenstöße vernichtete."

Am frühen Morgen des 22. Juni 1941 rollte die I. Abteilung des Panzerregiments 25 unter ihrem

Abteilungskommandeur Hauptmann Schulz im Rahmen der 7. Panzerdivision in die Sowjetunion. Schulz zeichnete sich auch hier durch seine persönliche Tapferkeit aus.

Bereits am ersten Angriffstag rollte er mit seiner Abteilung auf Olita zu. Mit seiner Abteilung gelang es ihm, eine der beiden über den Njemen führenden Brücken unzerstört zu besetzen. Auch die zweite Brücke wurde vom Regiment genommen. Doch dann griffen die Sowjets an, um die beiden Brückenköpfe einzudrücken. Bis in die späten Abendstunden dauerte das Gefecht. Schulz erzielte sechs Panzerabschüsse; insgesamt wurden 82 Feindpanzer vernichtet.

Im Sommer war Schulz an der Eroberung Wilnas beteiligt. Anschließend kämpften seine Männer im Raum Jarzewo wochenlang der nachrückenden Truppe den Weg frei.

Im Panzersack

Im Winter zeichnete sich Schulz besonders bei Klin im Abschnitt der Heeresgruppe Mitte aus. Bei 40 Grad Kälte leistete er mit wenigen einsatzbereiten Panzern so heftigen Widerstand, daß die Sowjets Truppen von anderen Abschnitten abziehen mußten, um ihn aus der Stellung werfen zu können. Doch der erfahrene Kommandeur lockte die Sowjets in eine Falle, ließ die Feindpanzer an sich vorbeirollen und griff sie von hinten an. Dabei schlug er eine achtfache sowjetische Übermacht. Im gleichen Angriffszug deckte er den Rückmarsch deutscher Truppen und den eines Feldlazaretts mit über 4.000 Verwundeten.

Dafür erhielt Adelbert Schulz am 31. Dezember 1941, als Hauptmann und Kommandeur der 1. Kompanie des Panzerregiments 25 der 7. Panzerdivision, das 47. Eichenlaub zum Ritterkreuz und wurde mit Wirkung vom 1. Januar 1942 zum Major befördert.

Nach Auffrischung und Vervollkommnung der Ausbildung des Ersatzes in Frankreich wurde die 7. Panzerdivision zu Weihnachten 1942 wieder an die Ostfront verlegt. Der zweite Einsatz in Rußland begann für die 7. Panzerdivision im Südabschnitt in Schachty. Die Division war der Armeegruppe „Hollidt" (238. Eichenlaub) unterstellt worden. Den ersten Angriff in seinem zweiten Rußland-Einsatz führte Major Schulz aus dem Raum Swerdlowka in nördlicher Richtung. Nikiferowka wurde den Sowjets entrissen, danach

Ein deutscher Panzerkampfwagen IV, Ausführung F, im Anmarsch auf den Verteidigungsring vor Stalingrad im August 1942. Der ursprünglich graue Anstrich wurde mit beigen Tarnflecken überdeckt.

Foto: Bundesarchiv/169-0669

folgten mehrere Einsätze hintereinander, dabei schoß das Panzerregiment 25 in nur zwei Tagen 41 feindliche Panzer ab. Im März 1943 wurde die 7. Panzerdivision in den Raum Charkow geworfen, um den dort immer wieder anrennenden Feind abzuwehren.

Panzer-Schulz

Schulz erwies sich weiterhin als ein brillanter Truppenführer, der auch dann die Nerven behielt, nachdem sein eigener Panzer zum zehnten Male abgeschossen worden war. Etliche Male befreite er die Panzergrenadiere seiner Division aus bedrängten Lagen und wurde dadurch als „Panzer-Schulz" bekannt.

Daher war es schon fast eine Selbstverständlichkeit, als er am 5. März 1943 die Führung des Regiments übernahm und am 1. April 1943 zum Oberstleutnant befördert wurde.

Immer wieder stand Schulz mit seinem Regiment im Zentrum der Verteidigung oder des Angriffs. So im Frühjahr 1943 bei den schweren Abwehrkämpfen im Donez-Gebiet und von April bis Juli 1943 bei Charkow und Bjelgorod. Am 11. März 1943 trat die 7. Panzerdivision im Verband der 4. Panzerarmee zur Gegenoffensive in Richtung des kurz zuvor geräumten Charkow an. Dabei führte Schulz seine Kampfgruppe in eines der erfolgreichsten Gefechte der Division. Während der Vernichtung der 3. sowjetischen Panzerarmee schossen allein seine Besatzungen über einhundert Feindpanzer ab und zersprengten mehrere Artilleriestellungen.

Schlacht um Kursk

Am 5. Juli 1943 begann das Unternehmen „Zitadelle", und sechs Tage später zerschlug Schulz in einem beispielhaft geführten Panzerdurchbruch zahlenmäßig überlegene sowjetische Kräfte in starken Stellungen, erweiterte das in das sowjetische Verteidigungssystem geschlagene Loch und faßte, obwohl von allen Seiten bedroht, im Rücken einer feindlichen Kampfgruppe Fuß. Fast 600 Gefangene, 83 Geschütze aller Art, über einhundert Granatwerfer und schwere Maschinengewehre waren neben sonstiger Beute das Ergebnis dieses Tages.

In elftägigem Kampf hatte er außerdem mit seinem Regiment 76 feindliche Panzer vernichtet. Für seine Erfolge und Leistungen während der Kämpfe um Charkow und des Unternehmens „Zitadelle" erhielt Adelbert Schulz am 6. August 1943 als Oberstleutnant und Kommandeur des Panzerregiments 25 der 7. Panzerdivision das 33. Eichenlaub mit Schwertern zum Ritterkreuz des Eisernen Kreuzes.

Am 1. November 1943 erfolgte die bevorzugte Beförderung zum Oberst wegen Tapferkeit vor dem Feind. Im Herbst 1943 zeichnete sich Schulz erneut bei den schweren Abwehrkämpfen am mitt-

Foto: SV-Bilderdienst / Knorr+Hirth

Am 9. Januar 1944 empfängt Adolf Hitler Oberst Schulz im Führerhauptquartier „Wolfschanze" und überreicht ihm als neuntem Soldaten der Wehrmacht die Brillanten. Gleichzeitig wird Schulz von Hitler zum Generalmajor befördert.

leren Dnjepr, im Raum Kiew und zuletzt bei der Wiedereinnahme von Schitomir besonders aus.

Am 18. November 1943 kämpfte er sich an der Spitze seiner Panzer an den Stadtrand heran, überwand einen mit Panzerabwehrkanonen besetzten Abwehrriegel und erzwang mit einem verstärkten Grenadierbataillon die Räumung der Stadt. In den schweren Gefechten schossen seine Panzer innerhalb von nur zwölf Stunden über 200 sowjetische Panzer ab.

Verleihung der Brillanten

Auf Vorschlag seines Kommandeurs, Generals Hasso von Manteuffel, erhielt Adelbert Schulz am 14. Dezember 1943 als Oberst und Kommandeur des Panzerregiments 25 der 7. Panzerdivision das 9. Eichenlaub mit Schwertern und Brillanten zum Ritterkreuz des Eisernen Kreuzes.

Im Tagesbefehl des Oberbefehlshabers der Heeresgruppe Süd, Generalfeldmarschall Erich von Manstein (209. Eichenlaub), hieß es: „Ich habe Oberst Schulz im Namen aller Soldaten der Heeresgruppe meine herzlichen Glückwünsche auszusprechen und möchte hierbei zum Ausdruck bringen, daß wir alle auf diesen hervorragenden Offizier stolz sind."

Ein anderer Glückwunsch zur Verleihung der Brillanten aber brachte diesen unerschrockenen Panzerführer beinahe aus der Fassung: Zwei Landser der Panzergrenadiere reichten ihm ein Stück Pappkarton, auf das sie geschrieben hatten: „Unserem ‚Panzer-Ehrengrenadier-Oberst' herzlichen Glückwunsch!" Diese Geste rührte Schulz dann doch zutiefst. „Verdammt", sagte er zur Besatzung seines Panzers, „die braven Kerle machen einen noch weich!" War dies doch ein großer Beweis echter Frontkameradschaft.

Am 9. Januar 1944 durfte Schulz im Führerhauptquartier die Brillanten entgegennehmen. Gleichzeitig wurde er zum Divisionskommandeur ernannt und mit Wirkung vom 1. Januar 1944 zum Generalmajor befördert.

Nach einem Sonderurlaub kehrte Schulz an die Front zurück. Seine Division war inzwischen im Raum Schepetowka eingesetzt und sollte zum Gegenangriff antreten.

Kommandeur der 7. Panzerdivision

Am 26. Januar 1944 übernahm Schulz seine geliebte 7. Panzerdivision. In den frühen Stunden des 28. Januar 1944 griffen die Einheiten der 7. Panzerdivision Schepetowka an.

Schulz war selbst mit einer kleinen Eingreifgruppe – bestehend aus einigen Panzern, Schützenpanzern und 2-cm-Flak auf Selbstfahrlafette – daran beteiligt. Mitten durch den Ort brauste nun die Eingreifgruppe von Generalmajor Schulz zum südlichen Stoßkeil und erreichte die Spitze der südlichen Kampfgruppe. Der Gegner tastete das Gelände mit Granaten und Werferfeuer ab. Es war gegen 11.35 Uhr, als ein Feuerüberfall schwerer Granatwerfer aus nächster Nähe auf die Panzer und Schützenpanzer niederging. Dabei traf ein Splitter den Panzer-General am Kopf. Bewußtlos brach er zusammen. Obwohl er sofort ins Lazarett transportiert wurde, kam jede Hilfe zu spät. Unterwegs starb Adelbert Schulz gegen 13 Uhr, ohne das Bewußtsein wiedererlangt zu haben. Auf seinem Panzer „R O1" wurde der tapfere Panzerführer zur letzten Ruhestätte gefahren. In weitem Kreis standen die Männer im Schnee, Panzerfahrer und Grenadiere, dicht beisammen. Sechs Offiziere des Panzerregiments trugen den Sarg. Als er hinabgesenkt wurde, nahmen sie Abschied von ihrem General, der wie ein Vater zu ihnen gewesen war.

Am 30. Januar 1944 meldete der Wehrmachtbericht: „Bei weiteren Vorstößen unserer Panzerverbände westlich von Polonnoje wurden mehrere Ortschaften zurückgewonnen. Der Feind hatte auch hier hohe Verluste. In diesen Kämpfen fand an der Spitze seiner Division der vor wenigen Tagen mit der höchsten Tapferkeitsauszeichnung beliehene Kommandeur einer Panzerdivision, Generalmajor Schulz, den Heldentod. Mit ihm verliert das Heer einen seiner besten Offiziere, die Panzerwaffe einen vorbildlichen Kommandeur."

Auch die Bundeswehr ehrte diesen großartigen Soldaten durch die Namensgebung für die „General Schulz-Kaserne" in Munster.

Grabstätte von Adelbert Schulz auf dem Soldatenfriedhof Starokonstantinow in der Sowjetunion

Hyazinth Graf Strachwitz von Groß-Zauche und Camminetz

Hyazinth Graf Strachwitz von Groß-Zauche und Camminetz wurde am 30. Juli 1893 auf dem Familienanwesen von Groß-Stein, Kreis Groß-Strelitz/Oberschlesien, als Sohn eines Land- und Forstwirtes geboren.

Seit 700 Jahren erhielt jeweils der Erstgeborene den Vornamen des schlesischen Heiligen, zu dessen Ehren die Grafen Strachwitz im Schloßhof zu Großstein eine Kapelle bauten. Seine schulische und vormilitärische Ausbildung erhielt Graf Strachwitz im Königlich-Preußischen Kadettenkorps in Berlin-Lichterfelde, wo er besondere Freundschaft mit Manfred Freiherr von Richthofen und Hans von Aulock schloß.

1911 trat er beim „Garde du Corps" in Potsdam ins Heer ein, wo er sich bei sportlichen Wettkämpfen besonders auszeichnete. 1912 wurde er zum Leutnant befördert. Mit dem berittenen Garderegiment „Garde du Corps" zog er im August 1914 in den Ersten Weltkrieg.

Tod durch Erschießen

Im September 1914 führte Graf Strachwitz eine berittene Fernpatrouille ins feindliche Hinterland und stieß dabei weit vor. Zum Schrecken der Franzosen tauchte er vor Paris auf löste hier fast eine Panik aus. Doch er wurde gefangengenommen und zum Tode verurteilt. Er stand schon vor dem Erschießungspeleton, als der Befehl rückgängig gemacht wurde.

Nach mehreren Fluchtversuchen kam er vor Gericht, und am 14. Oktober 1914 wurde der junge Leutnant zur Zwangsarbeit in der berühmt-berüchtigten Strafkolonie Cayenne – dort, „wo der Pfeffer wächst" – verurteilt. Tatsächlich verbrachte man ihn aber über Lyon und Montpellier ins Zuchthaus der Insel Ré. Erst Jahre später fand ihn eine Schweizer Ärztekommission vom Internationalen Roten Kreuz im Zuchthaus von Carcassonne völlig abgemagert vor, worauf er als Schwerkranker in die Schweiz überführt wurde. Von dort aus kehrte er nach Kriegsende 1918 in seine Heimat zurück.

In der Heimat gewährte man dem wegen einer lebensgefährlichen Nervenentzündung Dienstunfähigen einen längeren Erholungsurlaub, ehe er 1921 vom Reichswehrministerium als Oberleutnant verabschiedet wurde.

Sturm des Annaberges

Danach schloß er sich dem Freikorps der „Garde-Kavallerie-Schützen-Division" an. Als die Polen ab 1920 versuchten, die deutsche Schwäche auszunutzen und Oberschlesien vom Reich abzutrennen, wurde Strachwitz einer der unermüdlichsten Organisatoren des Selbstschutzes.

In den Jahren 1921/22 kämpfte Graf Strachwitz in den Freikorps „von Hülsen" und „Schweidnitz" in Oberschlesien erfolgreich gegen die einfallenden Polenbanden, die daraufhin ein hohes Kopfgeld auf ihn aussetzten.

In der Schlacht um den Annaberg, dem Wahrzeichen Oberschlesiens, erreichte er in den letzten Gefechten nach erbittertem Nahkampf als erster Deutscher den Gipfel. Seit jenen Tagen ist der Name des Grafen für immer mit dem Kampf um Oberschlesien verbunden. Nach der Niederschlagung des polnischen Aufstandes kümmerte er sich um die Verwaltung der Familiengüter.

Erst 1934 leistete Graf Strachwitz beim Reiter-Regiment 7 in Breslau wieder eine Reserveübung ab, die ihm die Beförderung zum Rittmeister d.R. einbrachte. Inzwischen hatte die im Aufbau befindliche Panzertruppe weitgehend die Funktion der Kavallerie übernommen, weshalb er 1935 seine Versetzung zur Panzertruppe beantragte. Dem Antrag wurde stattgegeben, und so leistete er seine weiteren Reserveübungen beim Panzerregiment 2 in Eisenach ab.

Kurz nach Kriegsbeginn wurde er Divisionsnachschuboffizier für die 1. Panzerdivision. Im Polenfeldzug erwarb Graf Strachwitz 1939 die Wiederholungsspange zum Eisernen Kreuz 2. Klasse von 1914.

Während des Westfeldzuges ab 10. Mai 1940 war er zwar ebenfalls nur als Nachschuboffizier bei der 1. Panzerdivision eingeteilt, fand aber dennoch Gelegenheit, sich auszuzeichnen, so daß er als erster Offizier des Regiments die Wieder-

Generalleutnant d.R. Hyazinth Graf Strachwitz noch als Oberstleutnant im Jahre 1942. Auf der linken Brustseite trägt er oben das Band zur Ostmedaille sowie die Wiederholungsspange zum Eisernen Kreuz 2. Klasse, darunter das Eiserne Kreuz 1. Klasse mit der Wiederholungsspange und daneben den Schlesischen Adlerorden.

Foto: Walter Frentz

holungsspange zum Eisernen Kreuz 1. Klasse von 1914 erwarb.

Erfolgreiche Alleingänge

Zu seinen erfolgreichen Einsätzen gehörte unter anderem auch die Gefangennahme von rund 600 französischen Soldaten einer Nachrichtenabteilung in ihrer eigenen Kaserne ungefähr 30 Kilometer vor der kämpfenden Truppe. Nur von einem Offizier und seinem Fahrer begleitet, erschien Graf Strachwitz überraschend vor der Kaserne, passierte ungehindert den verdutzten Posten, ließ sich beim „Offizier vom Dienst" melden und veranlaßte ihn, seine Männer zum Abmarsch in die Gefangenschaft antreten zu lassen.

Nach dem Feldzug im Westen wurde er zum Major d.R. befördert und übernahm in seinem Stammtruppenteil aus der Friedenszeit die I. Abteilung des Panzerregiments 2 als Kommandeur, sein jüngerer Bruder Mauritz führte die II. Abteilung. Noch im Oktober 1940 wurde die I. Abteilung der 16. Panzerdivision unter Generalmajor Hans-Valentin Hube zugeteilt. 1940/41 stand die Division als Lehrtruppe in Rumänien, ehe sie im April 1941 am Balkanfeldzug teilnahm.

Mit seiner Abteilung wurde Graf Strachwitz dem Infanterieregiment (motorisiert) „Großdeutschland" unterstellt und rollte am 13. April 1941 von Norden her in Belgrad ein. Zur gleichen Stunde rollte von Süden die 11. Panzerdivision an, bei der sich sein Sohn befand. So trafen sich in Belgrad Vater und Sohn Strachwitz.

Ab dem 22. Juni 1941 war Graf Strachwitz an der Ostfront im Einsatz und zeichnete sich hier mit seiner Panzerabteilung bereits vom ersten Kampftag an immer wieder durch Handstreiche und kühne Vorstöße in die Tiefe des gegnerischen Gebietes aus. Bereits nach wenigen Kriegstagen wurde er im Südabschnitt der Ostfront verwundet, blieb jedoch bei der Truppe und führte sie an vorderster Front weiter.

Der Panzergraf

In den Panzerkämpfen bei Werba vernichtete seine Abteilung allein 30 – zum Teil schwerste – Sowjetpanzer. Erst nachdem der Feind zurückgeschlagen war, ließ sich der „Panzergraf" ärztlich behandeln.

Beim Durchbruch durch die Stalinlinie im Südabschnitt der Ostfront stieß Graf Strachwitz mit seiner Abteilung 35 Kilometer tief in die feindlichen Nachhuten hinein, überrannte dabei zahlreiche Kolonnen, schaltete trotz heftigstem Abwehrfeuer mehrere schwere und leichte Batterien aus und erbeutete 50 Geschütze.

Anfang August 1941 nahm er im Handstreich den Verkehrsknotenpunkt Perwomaisk sowie eine wichtige Brücke über den Bug, überrannte eine feindliche Kolonne von mehr als 300 Last-

Generalmajor Graf Strachwitz auf einer Erkundungsfahrt im Raum Narwa im Frühjahr 1944 gemeinsam mit finnischen Kameraden

Zu Beginn des Jahres 1944 erhält Oberst Graf Strachwitz (links) von einem Oberleutnant einen Gefechtsbericht über den Kampfverlauf eines Gegenstoßes.

kraftwagen und erbeutete abermals 30 Geschütze. Dafür erhielt Graf Strachwitz am 2. August 1941 eine Anerkennungsurkunde und am 25. August 1941 als Major d.R. und Kommandeur der 1. Kompanie des Panzerregiments 2 das Ritterkreuz – als erster Offizier des Regiments.

Am 1. Januar 1942 zum Oberstleutnant d.R. befördert, stand er im Rahmen der Division in schweren Abwehrkämpfen in der Miusstellung. Dann folgten die Kämpfe um Barwenkowo, Charkow, Woltschansk und Isjum.

Mit seiner Abteilung bewährte sich Strachwitz dann auch Anfang August 1942 in der Panzerschlacht bei Kalatsch: Die von ihm geführte I. Abteilung vernichtete am 7. und 8. August 1942 über 270 sowjetische Panzer sowie mehrere Artilleriebatterien, erreichte wenige Tage später bereits den Don und walzte während des Vormarsches zur Wolga nördlich Stalingrad 37 feindliche Feuerstellungen nieder.

Erster deutscher Soldat an der Wolga

Nachdem die 16. Panzerdivision den Don erreicht hatte, begann am 23. August der Vorstoß zur Wolga nördlich von Stalingrad. Die Aufklärungsabteilung 16 erreichte dabei als erste deutsche Einheit die Wolga.

Mit seiner Panzerabteilung war Graf Strachwitz dann zur Unterstützung der 3. Infanteriedivision im Raum nördlich von Stalingrad eingesetzt. Dabei kurvte er mit seinen Panzern oft weit vor der Masse der eigenen Truppen herum und erreichte die Straßen von Stalingrad als einer der ersten deutschen Soldaten.

Hier verhinderte er im Herbst 1942 in erbitterten Kämpfen alle gegnerischen Durchbruchversuche nördlich von Stalingrad, wo die sowjetische Armee mit überlegenen Kräften nach Süden durchzustoßen versuchte, um den Deutschen in der Stadt in den Rücken zu fallen.

Danach wurde Strachwitz mit seinen Panzern an die äußerste Nordfront des Stalingradabschnitts verlegt, wo er mit seiner Abteilung einen sowjetischen Flugplatz einschloß. Seine Panzer waren so hervorragend getarnt, daß die sowjetischen Piloten sie nicht bemerkten und, von den Deutschen eingewunken, prompt zur Landung ansetzten, wobei sie dann abgeschossen wurden. 158 sowjetische Flugzeuge wurden auf diese Weise von der Abteilung vernichtet.

Zudem bekämpfte Graf Strachwitz mit seinen Panzern den Schiffsverkehr auf der Wolga. Dennoch nahm die Übermacht der sowjetischen Verbände von Tag zu Tag zu. Die wenigen Panzer bildeten das Rückgrat der Armee in diesem Abschnitt und stellten den einzigen Rückhalt für die schwer ringende Infanterie dar. Inzwischen war es den Sowjets gelungen, deutsche Truppen und auch die Kampfgruppe „Strachwitz" in kleinere Kessel einzuschließen.

Mit vier Panzern rollte der Graf zur Erkundung vor, um einen Weg für den Durchbruch zu er-

Oberstleutnant Graf Strachwitz. Die Aufnahme aus dem Jahre 1942 zeigt ihn kurz nach der Verleihung des Eichenlaubes.

Foto: Walter Frentz

kunden, als er noch weit am Horizont ein nicht enden wollendes graues Band auf sich zurollen sah – russische Panzer!

„Tarnen und warten!" war sein nächster Befehl. Eine Stunde nach diesem Befehl hatte er mit den 31 Panzern seiner Abteilung 105 sowjetische Panzer vernichtet – ohne einen einzigen eigenen Verlust. Doch lange konnte sich Strachwitz darüber nicht freuen, denn bereits wenige Tage später wurden er und sein Feldwebel erneut verwundet – doch dieses Mal schwer. General Hans Hube sorgte persönlich für den Flugtransport des Grafen und seines Feldwebels Haase nach Breslau in ein Heimatlazarett. Hier lag Strachwitz dann zu seiner Überraschung mit seinem ebenfalls verwundeten Sohn auf einer Stube.

Für seine herausragenden Leistungen erhielt Graf Strachwitz am 13. November 1942 als Oberstleutnant d.R. und Kommandeur der 1. Kompanie des Panzerregiments 2 der 16. Panzerdivision das 144. Eichenlaub zum Ritterkreuz.

Kampfgruppe „Strachwitz"

Am 1. Januar 1943 zum Oberst d.R. befördert, wurde Graf Strachwitz nach seiner Wiedergenesung zum Kommandeur des neu aufzustellenden Panzerregiments „Großdeutschland" ernannt.

Am 7. März 1943 ging die „Kampfgruppe Strachwitz" – bestehend aus dem Panzerregiment „GD" ohne I. Abteilung, der 3. Kompanie des Artillerieregiments „GD", der 6. Batterie des Artillerieregiments „GD", vier Grenadierbataillonen, einer Kompanie Sturmpioniere und einer Kompanie der Panzerjäger von „GD" – ins Gefecht. Zudem erhielt er als erster Regimentskommandeur eine geschlossene „Tiger"-Abteilung zur Erprobung. Diese Panzer mit ihren gefürchteten 8,8 cm-Kanonen, die bei hoher Treffsicherheit eine effektive Reichweite von vier Kilometern hatten, waren dem sowjetischen T-34 klar überlegen.

Mit diesem legendären Regiment bewährte sich Graf Strachwitz bei der Schlacht um Charkow und Bjelgorod im Frühjahr 1943. Ziel der Gesamtoperation war es, den aus dem Raum Bjelgorod und Charkow nach Westen angreifenden Gegner in der Flanke zu packen, ihn von Charkow abzudrängen und die Verbindung nach Norden, zur Heeresgruppe Mitte, wiederherzustellen.

Als die deutschen Verbände Bjelgorod fast erreicht und die bis an den Dnjepr vorgedrungenen sowjetischen Angriffsarmeen schon geschlagen hatten, warf ihnen das sowjetische Oberkommando ein frisches Panzerkorps entgegen. Dieses griff Graf Strachwitz mit seinem Panzerregiment unverzüglich an und zerschlug es nach fünftägigem schwerem Ringen in der Panzerschlacht bei Borissowka, westlich von Bjelgorod, vollständig.

Dabei wurden nicht weniger als 150 Feindpanzer vernichtet oder erbeutet. Während eines Panzergefechtes schossen allein vier seiner „Tiger" binnen einer Stunde über 100 Panzer ab.

Sein Grundsatz – „Ich hasse nichts mehr als Panzer, die in der Gegend herumstehen. Panzer müssen rollen. Sie sind nur dann gefährdet, wenn sie langsam fahren oder stehenbleiben" – hatte sich hier wieder einmal bewährt.

„Der Panzergraf", wie er allgemein ehrfürchtig genannt wurde, führte sein Regiment – oft als Kern einer unabhängigen Kampfgruppe – weit vor dem Hauptteil der Division.

Nach Abschluß der Gesamtoperationen erhielt Hyazinth Graf Strachwitz am 28. März 1943 als Oberst d.R. und Kommandeur des Panzerregiments „GD" der Panzergrenadierdivision „Großdeutschland" das 27. Eichenlaub mit Schwertern zum Ritterkreuz des Eisernen Kreuzes. Außerdem trug er mittlerweile auch das Goldene Verwundetenabzeichen. Sichtbarer Ausdruck für zwei Kopfschüsse, neun schwere und mehrere leichte Verwundungen – bis Kriegsende insgesamt 14 an der Zahl.

Am 29. Mai 1943 erhielt jedoch nicht Oberst d.R. Graf Strachwitz das Deutsche Kreuz in Gold – wie in vielen Nachschlagewerken fälschlicherweise verzeichnet –, sondern sein ältester Sohn gleichen Vornamens, Oberleutnant Graf Strachwitz. Graf Strachwitz senior wurde hingegen nicht mit dem Deutschen Kreuz in Gold ausgezeichnet.

Mit Gips an die Front

Im Juli 1943 stand Strachwitz während der Operation „Zitadelle" im schwersten Fronteinsatz, wobei sein linker Arm während des Abschusses einer Granate durch den Kanonenverschluß gequetscht wurde. Die Besatzung band den Arm ab und brachte ihn ins Lazarett. Doch kaum war der Arm in Gips gelegt, fuhr der Verwegene wieder zu seinem Regiment zurück. Der Chefarzt beschwerte sich persönlich beim Kommandeur der Division „Großdeutschland", Generalleutnant Walter Hoernlein, über die Eigenmächtigkeit seines Patienten. Als der General dann auch noch erfuhr, daß Strachwitz mit eingegipstem Arm sein Regiment erneut zum Angriff geführt hatte und dabei wiederum verwundet worden war, wurde er ernstlich böse. Er gab Strachwitz den dienstlichen Befehl, zum Hauptverbandplatz zurückzukehren.

Unmittelbar nach seiner Entlassung aus dem Lazarett übernahm Strachwitz für kurze Zeit vertretungsweise die Führung der Panzerdivision „Großdeutschland", verließ jedoch im November 1943 die Division – offiziell aus gesundheitlichen Gründen.

Graf Strachwitz war als eigenwilliger Offizier bekannt, der auch nach oben konsequent seine Ansichten vertrat. Er verfügte über ein gesundes Selbstbewußtsein: „Mir kann keener, ick bin Jraf, ick bin Oberst, ick bin Ritterkreuzträger und ick bin SS-Obersturmbannführer!" (Strachwitz war Angehöriger der Allgemeinen SS und trug den Ehrenring des Reichsführers-SS.)

Anfang 1944 wurde dem „verwegenen Grafen" kurzfristig die Führung der im Kampfabschnitt Narwa eingesetzten 1. Panzerdivision anvertraut.

Danach wurde er als „Höherer Panzerführer" zur Heeresgruppe Nord kommandiert, womit ihm drei Panzerdivisionen und eine motorisierte Panzerjagdbrigade unterstanden. In dieser Funktion oblag es ihm, alle Panzerangriffe innerhalb der Heeresgruppe anzusetzen und zu führen.

Abwehrkämpfe im Raum Narwa

In der zweiten Februarhälfte 1944 gelang es der 8. sowjetischen Armee, bei Kriwasso einen Brückenkopf zu errichten und bei Waiwara die Bahnlinie zu unterbrechen. Dieser Brückenkopf wurde als „Westsack" bezeichnet. Mit der Bildung eines zweiten Brückenkopfes, dem „Ostsack", war im Raume Narwa eine weitere kritische Lage entstanden. Hier kam es in den folgenden Wochen zu schwersten Abwehrkämpfen. Die Infanterie forderte: „Tiger nach vorn!" So wurden sechs „Tiger"-Panzer der 2. Kompanie der schweren Panzerabteilung 502 zu den bedrohten Frontabschnitten in Marsch gesetzt. Vier rollten in den Abschnitt „Westsack", die restlichen beiden mit den hervorragenden Kommandanten Otto Carius und Albert Kerscher (Ritterkreuz am 23. Oktober 1944) kamen zum „Ostsack" bei Lembitu–Auwere.

Diese wenigen „Tiger" verdarben in den folgenden Abwehrkämpfen der 8. sowjetischen Armee das Konzept. Doch trotz der Abwehrerfolge war es der deutschen Führung klar, daß der Gegner nach Auffrischung erneut angreifen würde. Man wollte ihm zuvorkommen und die beiden Brückenköpfe zerschlagen. Wer eignete sich für diese Aufgabe besser als der „Panzergraf"?

Bis zum Abend des 29. März 1944 gelang es, den „Westsack" auszuräumen. Graf Strachwitz war sich darüber im klaren, daß die Beseitigung des „Ostsackes" schwieriger werden würde, denn das Überraschungsmoment entfiel. Zudem wurde der Brückenkopf laufend von den Sowjets verstärkt – und schwere Pak herangebracht. Aus diesem Grunde sollte der Brückenkopf durch schweres Artilleriefeuer sturmreif geschossen werden. Am Morgen des 6. April 1944 eröffneten Flak, 28 cm-Haubitzen und Nebelwerfer, die Flammöl- und Brisanzgranaten verschossen, in einem Halbkreis um den „Ostsack" das Feuer. Die Sowjets erlitten hohe Verluste.

Am Abend dieses Tages war dank des hervorragend kämpfenden Grenadierregiments 151 der 61. Infanteriedivision die längste Etappe des gesteckten Zieles erreicht. In der Nacht jedoch versuchten die sowjetischen Verbände aus dem Restteil des Sackes auszubrechen, wobei die eigene Infanterie Ausfälle zu beklagen hatte.

Am frühen Morgen des 7. April wurde der eigene Angriff fortgesetzt und das Ziel erreicht. Damit waren beide sowjetische Brückenköpfe eingedrückt. Nunmehr mußte nur noch der Restbrückenkopf Kriwasso vernichtet werden.

Für die Beseitigung der gefährlichen sowjetischen Brückenköpfe, die den eigenen Narwabrückenkopf und damit auch Estland bedrohten, erhielt Oberst d.R. Graf Strachwitz am 15. April 1944 als Kommandeur einer Panzergruppe bei der Heeresgruppe Nord als elfter Soldat der Wehrmacht das Eichenlaub mit Schwertern und Brillanten zum Ritterkreuz des Eisernen Kreuzes. Rückwirkend zum 1. April 1944 erfolgte auch seine Beförderung zum Generalmajor d.R.

Der letzte Angriff auf den Restbrückenkopf Kriwasso begann am 19. April 1944, aber Sumpfgelände und schwere sowjetische Sturmgeschütze brachten den Angriff zum Stehen. Auch ein erneuter Versuch am 20. April schlug nicht durch, denn die geschickt postierten sowjetischen Sturmgeschütze vom Typ SU-152 verhinderten jedes Weiterkommen. Das Unternehmen mußte abgebrochen werden.

Wenige Wochen später stand Strachwitz im Führerhauptquartier Hitler gegenüber, der weiterhin die Bereinigung des dritten Brückenkopfes forderte. Graf Strachwitz verwies auf das sumpfige Gelände und legte die Undurchführbarkeit des Führerbefehls dar. Zur allgemeinen Überraschung aller Umstehenden akzeptierte Hitler die Ausführungen von Strachwitz in einer ruhigen Art und Weise.

Über Tukkum nach Riga

Am 21. August 1944 machte Graf Strachwitz erneut von sich reden, als er mit nur zehn Panzern und 15 Mannschaftstransportwagen aufbrach, um die wichtige Stadt Tukkum – 100 Kilometer hinter der eigenen Front – einzunehmen, um damit die seit dem 29. Juli 1944 unterbrochene Verbindung der Heeresgruppe Nord mit der 3. Panzerarmee wiederherzustellen. Unterstützt wurde die kleine Kampfgruppe dabei durch den Schweren Kreuzer „Lützow" im Riga-Busen mit seinen 28 cm-Kanonen. Strachwitz täuschte den Gegner, umfuhr die Stadt und rollte von Osten her durch die Straßen, in denen rund 50 sowjetische Panzer vom Typ T-34 und KW-85 standen, die ihre Rohre nach Westen gedreht hatten. Innerhalb von Minuten brannten sie alle.

Nach der handstreichartigen Einnahme von Tukkum brach Graf Strachwitz von dort mit nur noch drei Panzern in Richtung Riga auf, stieß durch einen Pak-Riegel und schließlich die letzte sowjetische Infanterielinie. 60 Kilometer durch feindbesetzten Wald waren geschafft, das Ziel erreicht und sein Auftrag erfüllt, als er mit dem letzten Panzer nach Riga hineinrollte.

Die Stadt war freigekämpft und der Abtransport der vielen dort liegenden Verwundeten konnte beginnen. Nach Abschluß des Unternehmens wurden die Gefangenen- und Beutezahlen bekannt: 18.000 Gefangene, 28 Batterien sowie eine große Anzahl Panzer, Pak und sonstiger Waffen. Und dies wurde erreicht mit nur zehn Panzern und 15 Mannschaftstransportwagen.

Als Graf Strachwitz danach von einigen Generalen gefragt wurde, wie er das denn gemacht habe, antwortete er: „Ja, sehen Sie, meine Herren, ich bin halt Karl May persönlich."

Am 1. Januar 1945 zum Generalleutnant d.R. befördert, hatte Strachwitz während einer Inspektionsfahrt an der Front einen schweren Autounfall und erlitt dabei seine 14. Verwundung in Form eines Schädelbruches sowie weiterer Brüche an Armen, Beinen und Händen.

Nur durch Zufall gefunden, wurde er sofort in das Lazarett nach Riga gebracht und hier durch den ausgezeichneten Chefchirurgen Prof. Kingrin versorgt. Dennoch waren die Aussichten auf Überleben gering.

Panzerjagd in Schlesien

Doch dank seines ungeheuer zähen Willens wurde der Graf auch damit fertig und meldete sich unter Mißachtung aller Proteste und Mahnungen – an zwei Krücken humpelnd – wieder einsatzbereit. Er erhielt den Auftrag, Panzerjagdbrigaden zur Verteidigung seiner schlesischen Heimat aufzustellen und leitete die Aufstellung noch vom Lazarett Bad Kudowa aus.

Innerhalb weniger Tage fanden sich 8.000 Freiwillige, die sich unter sein Kommando stellten. Es handelte sich um hervorragend ausgebildete Soldaten, deren Spezialität es war, Panzer in allen Lagen zu vernichten.

Mit neun Hubschraubern wurden Panzerjägertrupps, nach vorheriger Luftaufklärung, hinter die Front geflogen und abgesetzt. Mit Panzerfäusten gingen sie an die gemeldeten sowjetischen Panzeransammlungen heran, vernichteten sie oder fügten ihnen schwere Verluste zu. Zum geschlossenen Einsatz kamen diese Jagdverbände und diese hervorragende deutsche Panzerabwehrtaktik allerdings nicht mehr, sondern sie wurden angesichts der sich verschlechternden Kriegslage immer wieder ausgegliedert und als „Feuerwehr" an die Front geschickt.

Graf Strachwitz selbst schonte sich – er ging immer noch an Krücken – in diesen erbitterten Kämpfen um seine Heimat nicht. Schließlich war seine Familie hier seit mehr als 700 Jahren ansässig. Er fühlte sich als Schlesier auf das engste mit seinen Landsleuten und dem Land verbunden.

Schwere Schicksalsschläge

Bei Kriegsende schlug sich Graf Strachwitz mit seinem Adjutanten durch das Sudetenland bis nach Velden/Bayern durch und geriet hier als körperlich schwer geschundener Mann in amerikanische Kriegsgefangenschaft.

Einer seiner Söhne war noch in der Schlußphase des Krieges als Fahnenjunker-Unteroffizier durch Bombenvolltreffer gefallen.

Während Strachwitz hinter Stacheldraht saß, wurde seine Frau Alda, die während des Krieges als Rot-Kreuz-Schwester im Einsatz gestanden hatte, am 8. Mai 1946 von einem amerikanischen Fahrzeug überrollt. Ihrem Mann wurde nicht einmal gestattet, an ihrem Begräbnis teilzunehmen.

Graf Strachwitz ließ sich durch all diese Schicksalsschläge nicht entmutigen, gründete noch einmal eine Familie und ging mit seiner jungen Frau nach Syrien. Dort war er von 1947 bis 1949 als Landwirtschafts- und Militärberater tätig, siedelte dann nach Italien über und bewirtschaftete bei Livorno ein Weingut. Im Herbst 1951 kehrte der Kriegsveteran nach Deutschland zurück, wo er von einer kümmerlichen Rente lebte.

Am 25. April 1968 verstarb Graf Strachwitz in Trostberg/Oberbayern und wurde mit militärischen Ehren in Prien am Chiemsee beigesetzt.

Generalmajor Graf Strachwitz im Turm seines Führungspanzers

Foto: SV-Bilderdienst

Theodor Tolsdorff

Theodor Tolsdorff wurde am 3. November 1909 auf dem Rittergut Lehnarten, Kreis Oletzko/Ostpreußen, als Sohn des Gutsbesitzers geboren.

Der ostpreußische Grenzkreis Oletzko hatte bei der Volksabstimmung am 11. Juli 1920 bis auf zwei (!) Stimmen für den Verbleib im Deutschen Reich gestimmt. Wegen dieses einmaligen Bekenntnisses zum Vaterland hießen seit 1928 Kreis und Kreisstadt – Treuburg.

Im August 1914 brachen die Russen in Ostpreußen ein. Während der Vater als Offizier an der Front stand, brachte sich Frau Tolsdorff mit ihren vier Kindern, dabei „Theo“ als der einzige Sohn, nach Westen in Sicherheit. „Die Kosaken kommen!“, lautete 1914 der Schreckensruf für die Bevölkerung im deutschen Ostpreußen.

Kurz nach Ende des Krieges verstarb Tolsdorff senior an den Verletzungen, die er sich als Artilleriehauptmann zugezogen hatte.

Theodor Tolsdorff besuchte das Gymnasium in Königsberg, absolvierte eine Landwirtschaftsschule und bildete sich in Abendlehrgängen weiter. Aufgrund dessen und sich abzeichnender Führungsfähigkeiten konnte der junge Gutsherr schon frühzeitig die Verwaltung des 695 Hektar großen Rittergutes Lehnarten übernehmen.

Landwirt und Soldat

Vor der Übernahme der Gesamtverwaltung wollte sich der junge Landwirt zunächst aber zum Soldaten ausbilden lassen. Getreu der Überlieferung seiner Familie wollte er dem Vaterland, wenn es seiner bedurfte, als wehrfähiger Mann und ausgebildeter Soldat zur Verfügung stehen. Zu diesem Zeitpunkt war es keineswegs seine Absicht, aktiver Offizier zu werden. So trat der 24jährige am 1. Oktober 1934 als Freiwilliger – wohlgemerkt nicht als Offizieranwärter – in das Infanterieregiment 1 in Insterburg ein. Wegen hervorragender Eignung wurde er am 1. Juni 1936, noch vor Ablauf der Ausbildungszeit, außer der Reihe zum Leutnant befördert. Der Soldatenberuf gefiel dem jungen Tolsdorff so gut, daß er dann doch Berufsoffizier wurde.

Am 1. Oktober 1938 zum Oberleutnant befördert, übernahm Tolsdorff am 1. April 1939 die 14. (Panzerjäger-) Kompanie des neuaufgestellten Infanterieregiments 22 der 1. Infanteriedivision. Mit dieser Einheit kämpfte er dann in Polen.

Schon am zweiten Kriegstag bewies er neben Umsicht und Tapferkeit seine taktischen Fähigkeiten. Als der eigene Angriff gegen die Bunkerlinie Gora Kamienka im feindlichen Feuer liegenzubleiben drohte, griff er aus eigenem Entschluß mit seinen Pak-Geschützen aus offener Feuerstellung in das Gefecht ein, kämpfte den Feind nieder und sicherte damit den Gesamterfolg. Dafür erhielt er das Eiserne Kreuz 2. Klasse.

Kurz darauf vereitelte er den Durchbruch eingeschlossener Polen, die in der Nacht ihre Umfassung zu sprengen versuchten. Mit Kavallerie griffen sie die deutschen Stellungen an. Tolsdorff erkannte die Absicht des Gegners, schoß aus kürzester Entfernung mit seinen 3,7 cm-Pak-Geschützen die Angreifer zusammen und verhinderte damit den Ausbruch. Dafür erhielt er am 23. Oktober 1939 das Eiserne Kreuz 1. Klasse.

In den letzten Kampftagen in Polen wurde er durch einen Schulterschuß zum erstenmal verwundet, blieb aber bei der Truppe.

Im Mai und Juni 1940 war Tolsdorff wieder an der Spitze seiner Männer im Westfeldzug dabei, doch die Anstrengungen der Kämpfe ließen seine alte Wunde wieder aufbrechen, so daß er Anfang August 1940 zur endgültigen Ausheilung ins Lazarett verlegt werden mußte. Nach seiner Wiedergenesung kehrte er im Oktober 1940 zu seiner Kompanie zurück, die inzwischen mit dem Regiment nach Ostpreußen verlegt worden war.

Vorstoß bis Leningrad

Seit dem 22. Juni 1941 stand Tolsdorff mit seiner Kompanie in schweren Angriffskämpfen im Baltikum. Mit seinen Panzerjägern kämpfte er sich im Verband des Regiments vorwärts.

Am 16. August 1941 übernahm Tolsdorff – nach Ausfall des verwundeten Kommandeurs – die Führung über das I. Bataillon, trieb den Angriff – der liegenzubleiben drohte – weiter und erreichte das Tagesziel.

Nach harten Kämpfen am Luga-Brückenkopf erfolgte die Eroberung von Kingisepp und der weitere Vormarsch auf Leningrad. Im November 1941 wurde die 1. Infanteriedivision an den sogenannten „Flaschenhals“ zwischen Newa und Wolchow südlich von Schlüsselburg verlegt.

Am 21. November 1941 führte Oberleutnant Tolsdorff persönlich einen Gegenangriff gegen starke Feindverbände auf einen Brückenkopf am Südostufer der Newa. Obwohl er dreimal hintereinander erheblich verwundet wurde, blieb er bei seiner Truppe, bis die Sowjets unter Verlust von

Generalleutnant Theodor Tolsdorff, Gemälde von Werner Horn

Major Tolsdorff an der Ostfront im Jahre 1943/44. Neben dem Eichenlaub trägt er das Infanteriesturmabzeichen, das Eiserne Kreuz 1. Klasse und das Verwundetenabzeichen.

300 Mann geworfen waren und er die Abwehr in der neu gewonnenen Stellung organisiert hatte.

Dann schleppte er sich erst noch auf seinen Bataillonsgefechtsstand und traf auch dort alle erforderlichen Anordnungen. In bedenklichem Zustand wurde er schließlich zum Verbandplatz gebracht. Im Lazarett erhielt Theodor Tolsdorff am 4. Dezember 1941 das Ritterkreuz, welches ihm sein Regiments- und späterer Divisionskommandeur Generalmajor Martin Grase überreichte.

Am 1. Dezember 1941 zum Hauptmann befördert, kehrte Tolsdorff nach seiner Genesung am 20. April 1942 zur Truppe zurück und kämpfte mit seinen Männern um Schlüsselburg.

Nach erbitterten Abwehr- und Angriffskämpfen an der Newa erfolgte im Mai 1942 die Verlegung der 1. Infanteriedivision an die Wolchowfront, wo Feindverbände eingekesselt wurden. Bei einem Angriff am Ufer des Ladoga-Sees wurde Tolsdorff erneut schwer verwundet und mußte mit tiefen Splitterverletzungen am rechten Fuß wieder in ein Lazarett gebracht werden. Mit seinen Männern hatte Tolsdorff jedoch hervorragenden Anteil an der Schließung des Wolchow-Kessels gehabt und erhielt dafür am 23. August 1942 das Deutsche Kreuz in Gold.

Nach seiner Wiedergenesung zurückgekehrt, nahm Tolsdorff an den weiteren Kämpfen am Wolchow teil und erlitt dabei eine Kopfverletzung. Nur der schnelle Abtransport in ein Feldlazarett und die Kunst der Ärzte retteten ihm das Leben. Bis zum 20. September 1942 mußte er die Verwundung auskurieren.

Am 1. Januar 1943 – unter gleichzeitiger Beförderung zum Major – erfolgte seine Ernennung zum Kommandeur des I. Bataillons des Füsilierregiments 22. Er bewährte sich mit dem Bataillon in den schweren Schlachten am Ladogasee und stand stets im Brennpunkt der Kämpfe.

Während der dritten Ladoga-Schlacht im August 1943 hielt Tolsdorff in schweren Abwehrkämpfen mit seinen Männern mehrere Tage lang – trotz schwerem Artilleriefeuer, Luftangriffen und dauernden Angriffen weit überlegener Feindkräfte – seine Stellungen im Abschnitt Gaitolowo und fügte den Sowjets hohe Verluste zu. Nach zehn Tagen schwerer Kämpfe ging beim Nachbarbataillon die Munition zur Neige. Unter schwierigsten Bedingungen führte er den Kameraden die Hälfte seiner Munitionsbestände zu und stellte darüber hinaus im Nachbarabschnitt durch Zurückwerfen des Gegners die alte Lage wieder her. Dabei war er immer wieder mit der Waffe in der Hand – im Angriff wie in der Verteidigung – in vorderster Front zu finden.

Für diesen beispielhaften persönlichen Einsatz und die herausragenden Leistungen seiner Soldaten erhielt Theodor Tolsdorff am 15. September 1943, als Major und Kommandeur des I. Bataillons des Füsilierregiments 22 der 1. Infanteriedivision, das 302. Eichenlaub zum Ritterkreuz, welches ihm im Führerhauptquartier „Wolfschanze" durch Adolf Hitler persönlich überreicht wurde.

Nach dem Soldatentod des am 18. November 1943 gefallenen Ritterkreuzträgers Oberst Ulrich Iffland übernahm Tolsdorff die Führung des Füsilierregiments 22.

Nahkämpfe in Stellungsgräben

Nach Verschlechterung der Gesamtlage an der Ostfront erfolgte im Januar 1944 die Verlegung der 1. Infanteriedivision zur Heeresgruppe Süd in den Raum südlich von Winniza. Als sowjetische Infanterie zum Angriff antrat und die deutschen Stellungen erreichte, kam es zu erbitterten Handgemengen. Dabei stand Tolsdorff in den vordersten Gräben im Nahkampf und erhielt aus kürzester Entfernung einen Bauchschuß. Erneut mußte er schwer verwundet ins Lazarett gebracht werden. Aber schon wenige Wochen danach war er wieder bei seinen Männern an der Front. Kurz darauf traf ihn abermals ein Kopfschuß. Er überwand aber auch diese Verletzung.

Nach einem Lazarettaufenthalt in Lublin sollte sich Tolsdorff zunächst einmal schonen. Dort wurde am 1. März 1944 zum Oberstleutnant befördert und erhielt anschließend seine Versetzung als Taktiklehrer an die Fahnenjunkerschule Metz. Aber eine solche Tätigkeit behagte ihm nicht: Schon nach drei Tagen war er wieder – auf eigenes Gesuch – an die Ostfront unterwegs. Erstaunlich, woher dieser Mann die Kraft hernahm, alle schweren Verwundungen – insgesamt 14 – so rasch zu überstehen und wieder voll einsatzbereit zu sein.

Der unermüdliche Kämpfer kam gerade rechtzeitig zum Großangriff der Roten Armee am 22. Juni 1944 im Bereich der Heeresgruppe Mitte. In dieser äußerst schwierigen Situation war es von strategischer Bedeutung, wichtige Plätze wie Wilna so lange wie möglich zu halten, starke feindliche Verbände zu binden und einen geordneten Abtransport von mehreren tausend Verwundeten aus den Lazaretten zu gewährleisten.

Der Verteidiger Wilnas

Tolsdorff bildete im rückwärtigen Armeegebiet aus hastig zusammengestellten Alarm- und Urlauberkompanien einen regimentsstarken Verband unter der Bezeichnung Kampfgruppe „Tolsdorff" bzw. Grenadierregiment 1067 und kämpfte sich in Richtung Wilna durch. Noch auf dem Marsch wurde gemeldet, daß sich außerhalb der Stadt ein Verbandplatz mit über 3.000 Verwundeten befände, der vor dem Zugriff des Feindes bewahrt werden mußte. Der sofortige Entschluß des Kampfgruppenkommandeurs galt der Rettung der verwundeten Kameraden. Der Verbandplatz lag bereits unter feindlichem Feuer, als er mit seinem Kampfverband erschien. Über Funk erreichte ihn der Befehl: „Einschließen lassen, Kessel bilden, Feindkräfte binden!"

Neben einigen wenigen Fallschirmjägern und Infanteristen, die er sich unterstellte, gliederte er auch Versprengte bei sich ein und organisierte – wenn auch an Zahl dem Feind weit unterlegen – eine wirkungsvolle Verteidigung der Stadt und der seinem Schutz anvertrauten Verwundeten.

Die Wucht der feindlichen Angriffe nahm jedoch ständig zu. Gegen die Absicht der Sowjets, die Eingeschlossenen zu vernichten, blieb nur deren eiserner Wille, bis zum letzten zu kämpfen. Der Feind führte immer weitere Kräfte heran, und es konnte nicht mehr lange dauern, bis der Widerstand der deutschen Soldaten erlöschen würde. Selbst Tolsdorff sah das Ende näherkommen. Er funkte offen: „Es geht nicht mehr!" Der Oberbefehlshaber der 3. Panzerarmee, Generaloberst Georg-Hans Reinhardt, antwortete und befahl: „Durchhalten! Komme mit zwei Divisionen!" Das gab neuen Auftrieb für die Verteidiger. Es gelang, die erschöpften Männer noch einmal hochzureißen, bis tatsächlich eigene Truppen erschienen, die den Einschließungsring aufbrachen und die Sowjets zurückwarfen.

Als Führer seiner Kampfgruppe hatte Tolsdorff in erbitterten Abwehrkämpfen in fast aussichtslos erscheinender Lage die Stadt Wilna gehalten und es ermöglicht, die Verteidiger der eingeschlossenen Stadt und rund 3.000 Verwundete aus den dortigen Lazaretten aufzunehmen.

Als die Einheiten nach Erfüllung ihres Auftrages den Befehl zum Durchbruch nach Westen erhielten, kämpften sich die Gruppen „Stahel" und „Tolsdorff" gemeinsam mitten durch die Sowjets zurück, bis sie durch Panzer der 6. Panzerdivision entsetzt wurden.

Verteidiger seiner Heimat

Es war im wesentlichen Oberstleutnant Tolsdorff zu verdanken, daß der Ansturm der Sowjets noch vor der Reichsgrenze zum Stehen gebracht und eine Verteidigung aufgebaut werden konnte. Seinem Kampfwillen allein verdanken seine Männer und tausende Verwundete, einem mit Sicherheit qualvollen Schicksal in sowjetischer Gefangenschaft entgangen zu sein. Bei den an diesen Kämpfen beteiligten Soldaten war Tolsdorff seitdem als der „Löwe von Wilna" bekannt.

Über den Ausgang der Kämpfe um Wilna informierte am 14. Juli 1944 der Wehrmachtbericht: „Die tapfere Besatzung der alten litauischen Hauptstadt Wilna unter Führung ihres Kommandanten, Generalleutnant Stahel, durchbrach nach fünftägigem Widerstand gegen überlegene feindliche Kräfte befehlsgemäß den sowjetischen Einschließungsring und kämpfte sich zu den westlich unter Oberst Tolsdorff bereitstehenden deutschen Truppen durch. Pflichterfüllung und Standhaftigkeit dieser beiden Kampfgruppen verdienen höchste Anerkennung…"

Major Tolsdorff bei seinem offiziellen Empfang im ostpreußischen Treuburg nach der Verleihung des Eichenlaubes im Herbst 1943

Für seinen tapferen Abwehrkampf in Wilna erhielt Theodor Tolsdorff am 18. Juli 1944, als Oberstleutnant und Kommandeur des Grenadierregiments 1067 und Führer der Kampfgruppe „Tolsdorff", das 80. Eichenlaub mit Schwertern zum Ritterkreuz des Eisernen Kreuzes, gleichzeitig wurde er vorzeitig zum Oberst befördert. Generalleutnant Rainer Stahel erhielt dafür das 79. Eichenlaub mit Schwertern.

Anfang August 1944, als Tolsdorff im Führerhauptquartier das Eichenlaub mit Schwertern in Empfang nahm, befahl ihm Hitler persönlich, an einem Nachwuchslehrgang für Divisionsführer in Hirschberg / Riesengebirge teilzunehmen. Er wurde als „besonders geeignet" zum Divisionsführer befunden.

Nach seinen eigenen Worten empfand Tolsdorff die größte Freude und Befriedigung angesichts der Erfüllung seines Auftrages weder in der hohen Auszeichnung noch in der neuerlichen Beförderung, sondern ausschließlich in der Rettung der Verwundeten vor dem sicheren Untergang und in der Tatsache, daß es gelungen war, seine Heimat und seine Landsleute vor dem Einfall der Sowjets zu bewahren.

Am 1. September 1944 erhielt Theodor Tolsdorff den Auftrag, in Thorn / Westpreußen die 340. Volksgrenadierdivision aufzustellen. Der erst 35jährige Oberst genoß wegen seiner hohen Auszeichnungen und seiner zahlreichen Verwundungen den Ruf, ein Draufgänger zu sein. Jedoch überzeugte der junge Offizier seine Männer durch hingebungsvollen Einsatz und überlegte Führung.

Bereits Mitte November 1944 wurde die Division nach Westen verlegt, um ab 16. Dezember im Rahmen der 5. Panzerarmee unter Hasso von Manteuffel an der Ardennenoffensive teilzunehmen. Nach beachtlichen Anfangserfolgen blieb die Division jedoch vor Bastogne liegen. Danach zogen sich die deutschen Armeen in Richtung Rhein zurück. Am 30. Januar 1945 erfolgte Tolsdorffs Beförderung zum Generalmajor.

Damit hatte er eine einzigartige Laufbahn hinter sich, die ihn in nicht einmal ganz elf Jahren vom Rekruten zum Generalmajor aufsteigen ließ.

Für seinen hervorragenden Kampfeinsatz mit der Division während der Ardennenoffensive, den anschließenden Rückzugskämpfen zum Rhein und die geglückte Aufgabe, an operativ entscheidender Stelle den Rhein-Übergang offenzuhalten, erhielt Theodor Tolsdorff am 18. März 1945 als Generalmajor und Kommandeur der 340. Volksgrenadierdivision – unter gleichzeitiger Beförderung zum Generalleutnant – das 25. Eichenlaub mit Schwertern und Brillanten zum Ritterkreuz des Eisernen Kreuzes. Damit war er der einzige Brillantenträger der Infanterie.

Tolsdorff hatte nie an einem Generalstabskurs teilgenommen oder in einem höheren Stabe Dienst getan, als er am 1. April 1945 mit der Führung des auf dem Balkan stehenden LXXXII. Armeekorps betraut wurde.

Gang in US-Gefangenschaft

Durch geschickte Führung und hartnäckigen Widerstand an entscheidender Stelle gelang es ihm, das Korps am 8. Mai 1945 im Raum Amberg / Bayern in amerikanische Gefangenschaft zu führen. Er hatte damit Zehntausenden seiner Soldaten die mit Sicherheit unmenschliche jugoslawische Gefangenschaft erspart und sie damit vor dem fast sicheren Tod gerettet.

Generalmajor Tolsdorff erhält von Hitler die am 18. März 1945 verliehenen Brillanten. Zwischen beiden ist der Chef des Oberkommandos der Wehrmacht, Generalfeldmarschall Wilhelm Keitel, zu sehen.

Dann begann auch für ihn eine entbehrungsreiche Zeit, ehe er am 9. Mai 1947 aus US-Kriegsgefangenschaft entlassen wurde.

Danach versuchte Tolsdorff für sich und seine Familie als Lkw- und Busfahrer in Wuppertal den Lebensunterhalt zu verdienen, bis ein schwerer Unfall diese Tätigkeit beendete.

Später unterhielt er einen Baustoffhandel. Doch dann fesselte ihn ein weiterer schwerer Arbeitsunfall monatelang ans Bett. Nach seiner Genesung fand er eine Anstellung in einer Straßenbaufirma. 1960 trat er bei der Deutschen Asphalt AG ein, übernahm 1961 die Karlsruher Niederlassung und stand danach von 1969 bis zu seiner Pensionierung 1974 an der Spitze der Außenstelle Dortmund.

Am 25. Mai 1978 verstarb Theodor Tolsdorff in Dortmund und wurde am 1. Juni 1978 in Wuppertal beigesetzt.

Pour le Mérite

Die besten Soldaten der Welt – in Farbe!

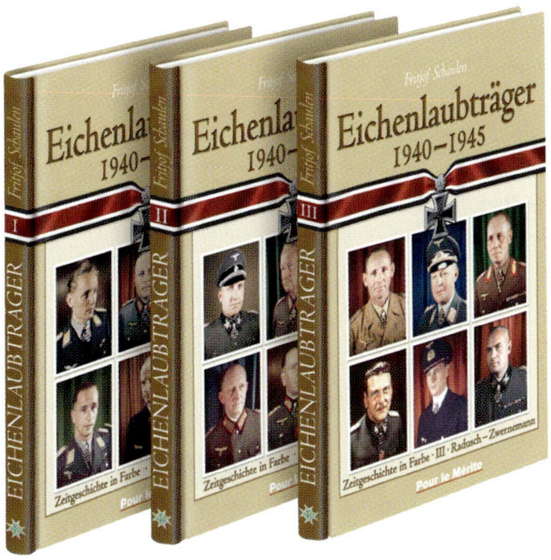

Fritjof Schaulen

Eichenlaubträger 1940–1945

Zeitgeschichte in Farbe. – Das 1813 erstmalig als höchste preußische Kriegsauszeichnung gestiftete Eiserne Kreuz wurde 1939 erneuert und in seiner Erweiterung als „Ritterkreuz mit Eichenlaub" bis Kriegsende an insgesamt 882 Soldaten verliehen. Die dieses Ehrenzeichen erhielten, gelten unter Militärhistorikern als die besten Soldaten ihrer Epoche. Von über 350 von ihnen liegen durch glückliche Umstände hochkarätige Farbfotos vor. Alle in dieser Trilogie abgebildeten Eichenlaubträger werden mit Kurzbiographien gewürdigt und in gestochen scharfen, meist unveröffentlichten farbigen Porträts gezeigt.

Band I
Abraham – Huppertz. – 160 S., durchgängig vierfarbig, geb. im Atlas-Großformat.
€ 25,95

Band II
Ihlefeld – Primozic. – 160 S., durchgängig vierfarbig, geb. im Atlas-Großformat.
€ 25,95

Band III
Radusch – Zwernemann. – 160 S., durchgängig vierfarbig, geb. im Atlas-Großformat.
€ 25,95

Die gesamte Trilogie zum Sonderpreis:
Alle drei Bände nur € 65,90 (Sie sparen € 11,95!)

Fritjof Schaulen

Die deutsche Militärelite 1939–1945

Zeitgeschichte in Farbe. – Weltweit wird die deutsche Militärelite des Zweiten Weltkrieges bestaunt: Wie schafften es die Reichsregierung und ihre Wehrmacht so lange, den Armeen fast der ganzen Welt zu trotzen? Die Oberbefehlshaber von Heer, Marine, Luftwaffe und SS, wichtige Generalstabsoffiziere, die Generalfeldmarschälle, eine große Zahl von Armee- und Heeresgruppenführern sowie die kleine Gruppe der Träger der höchsten deutschen Tapferkeitsauszeichnung – des Eichenlaubes mit Schwertern und Brillanten zum Ritterkreuz – zeigt dieser Bildband in bisher unveröffentlichten Farbfotos von überwältigender Schärfe und Brillanz. Die herausragendsten soldatischen Köpfe einer Epoche in einzigartigen Porträtfotos und Gruppenaufnahmen präsentiert dieser Farbbildband der Superlative! Mit einer sachkundigen Einführung, die den zeitgenössischen Kontext objektiv darstellt. 160 S., geb. im Atlas-Großformat. **€ 25,95**

Erich Raeder

Wilhelm Keitel

Felix Steiner

Eduard Dietl

Reinhard Oltmann

Der Rußlandkrieg in Farbe!

Der Ostfeldzug war gekennzeichnet von immensen Geländegewinnen und riesigen Kesselschlachten mit Millionen von russischen Kriegsgefangenen. Aber die deutschen Soldaten lernten auch die Tücken des Feindeslandes kennen: verschlammte Rollbahnen, mörderische Winter und Partisanen. Nach einer sachkundigen Einführung erstehen in atemberaubenden, teilweise bisher unveröffentlichten Farbfotos Faszination und Schrecken dieses Feldzugs zu neuem Leben. 160 S., durchgängig farbig, geb. im Atlas-Großformat. **je Band € 25,95**

Band 1: Sturm auf Moskau
Von Finnland bis zum Schwarzen Meer (1941)

Band 2: In die Tiefen Rußlands
Durchbruch zu Wolga und Kaukasus (1942)

Band 3: Schicksalswende im Osten
Von Stalingrad nach Ostpreußen (1943/45)

Alle drei Bände zusammen für nur **€ 65,90!**

Verlag für Militärgeschichte

Pour le Mérite

PETER STOCKERT
DIE DEUTSCHEN GENERALFELDMARSCHÄLLE UND GROSSADMIRALE 1936–1945
Zeitgeschichte in Farbe.
176 S. – durchgängig vierfarbig – geb. im Atlas-Großformat – € 25,95. – Legendäre Soldaten im Porträt.

MEINOLF REITZ
GROSSADMIRAL KARL DÖNITZ
und die deutsche Kriegsmarine. Zeitgeschichte in Farbe.
160 S. – durchgängig vierfarbig. – geb. im Atlas-Großformat – € 25,95. – In diesem Bildband werden Leben und Wirken von Karl Dönitz aufgezeigt.

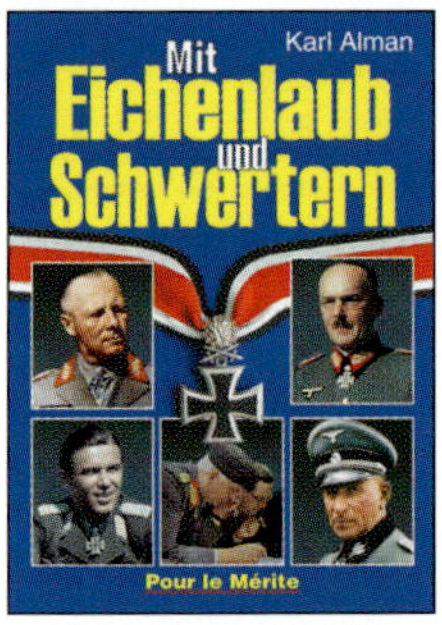

KARL ALMAN
MIT EICHENLAUB UND SCHWERTERN
320 S. – s/w. Abb. – geb. im Großformat – € 19,95. – Die Lebensdaten aller 150 Schwerterträger sind hier zusammengetragen. 19 von ihnen werden zudem ausführlich vorgestellt.

VIKTOR SUWOROW/ DMITRIJ CHMELNIZKI
ÜBERFALL AUF EUROPA
Plante die Sowjetunion 1941 einen Angriffskrieg?
320 S. – viele s/w. Abb. u. Karten – geb. im Großformat – € 25,95. – Neun russische Historiker belasten Stalin schwer.

RÜDIGER W.A. FRANZ
KAMPFAUFTRAG: „BEWÄHRUNG“
Das SS-Fallschirmjäger-Bataillon 500/600 1943–1944.
384 S. – viele s/w. Abb. – geb. im Großformat – € 25,95. – Die Einsätze einer Bewährungseinheit der Waffen-SS.

OTTO WILL
TAGEBUCH EINES OSTFRONT-KÄMPFERS
Mit der 5. Panzerdivision im Einsatz 1941–1945.
320 S. – viele s/w. Abb. – geb. im Großformat – € 25,95. – Packend schildert der hochdekorierte Autor den Kriegsalltag im Osten.

FRANZ W. SEIDLER
SCHULDIG!
Die alliierten Siegerprozesse gegen deutsche Soldaten, Polizisten und Zivilisten. – Fliegerprozesse, Malmedy-Prozeß, Oradour-Prozeß, Schanghai-Prozeß.
288 S. – viele s/w. Abb. – geb. im Großformat – € 19,95.

HEINZ MAGENHEIMER
MOSKAU 1941
Entscheidungsschlacht im Osten.
320 S. – viele s/w. Abb. u. Karten – geb. im Großformat – € 25,95. – Der angesehene österreichische Historiker schildert packend den Kampf um Stalins Machtzentrum.

JAMES BACQUE
DER GEPLANTE TOD
Deutsche Kriegsgefangene in amerikanischen und französischen Lagern 1945–1946.
480 S. – viele s/w. Abb. – geb. im Großformat – € 19,95. – Ein entlarvendes Zeugnis über „westliche Humanität“.

WILHELM TIEKE
IM FEUERSTURM LETZTER KRIEGSJAHRE
II. SS-Panzerkorps mit 9. und 10. SS-Division „Hohenstaufen“ und „Frundsberg“.
676 S. – viele s/w. Abb. – geb. im Großformat – € 25,95. – Packende Berichte von Kommandeuren und Soldaten.

VIKTOR SUWOROW
DER TAG M
Stalin mobilisiert zum Angriff auf Deutschland.
356 S. – s/w. Abb. – geb. im Großformat – € 24,80. – Mit einer Fülle von Details zeichnet der Autor die Planung des sowjetischen Angriffskrieges gegen Westeuropa nach.

KURT PFÖTSCH
DIE HÖLLE VON KURSK
SS-Grenadiere 1943 im Kampf.
256 S. – s/w. Abb. – geb. im Großformat – € 19,95. – Ein aufwühlendes Tagebuch, das in der Kriegsliteratur seinesgleichen sucht.

Verlag für Militärgeschichte

IM NAMEN
DES DEUTSCHEN VOLKES
VERLEIHE ICH
DEM GENERAL DER PANZERTRUPPE
ERWIN ROMMEL
DAS EICHENLAUB MIT SCHWERTERN
ZUM RITTERKREUZ
DES EISERNEN KREUZES
FÜHRERHAUPTQUARTIER
DEN 20. JANUAR 1942
DER FÜHRER
UND OBERSTE BEFEHLSHABER
DER WEHRMACHT